未來

未來
미래
미래를 보는 세 개의 창

오세훈 지음

12 서문

27 1장. 번영의 원리

28 **부의 이동**
　　유태인 추방과 스페인의 몰락
　　네덜란드의 새로운 혁신 시스템
　　영국의 시스템과 제도 변혁
　　부는 새로운 가치관을 따른다

38 **힘들지만 바른길**
　　인센티브가 작동하는 사회
　　악마의 거래
　　번영과 쇠퇴의 갈림길
　　포퓰리즘의 극복

48 **국가 번영의 조건**
　　4차 산업혁명과 자본주의 5.0
　　대한민국의 노조
　　왜 어떤 나라는 잘살고, 어떤 나라는 못사는가

57 2장. 북핵 이후의 한반도

58 한반도에서 벌어지는 미중 패권 경쟁
    한반도의 정세
    미중 패권 경쟁
    중국의 야망
    미국의 중국 봉쇄
    한국의 딜레마

72 북핵을 둘러싼 국제 관계
    트럼프의 정치적 계산
    중국과 러시아의 셈법
    북핵 도발과 강한 일본
    격랑의 한반도

84 외교에도 원칙이 필요하다
    한국의 지정학적 성찰
    북핵 이후의 한반도
    외교 대원칙
    트럼프의 미국 우선주의
    미국 중심의 21세기 국제 질서
    우리의 현실
    발전적 한미 동맹

98 북한이 핵무기를 고집하는 이유
    속아서 잃어버린 25년
    방관할 수 없는 북한 인권
    북한의 경제난

　　　　김정은의 이미지 전략
　　　　김정은이 핵무기에 집착하는 이유
　　　　김정은은 왜 대화에 나왔을까
　　　　강력한 압박 정책이 답이다
　　　　북핵 폐기 가능할까

128　**문재인 정권의 대북 정책, 과속과 도박**
　　　　확증 편향 대북 정책
　　　　핵 있는 평화는 가짜 평화다
　　　　중재자인가 당사자인가
　　　　휴브리스의 함정에 빠진 정부
　　　　키신저와 퍼거슨 보고서
　　　　다시 생각하는 우리의 전략적 옵션
　　　　양보할 수 없는 자주 국방
　　　　한미 동맹의 의미

156　**북핵 이후, 세계 국가를 향해**
　　　　통일은 새로운 도약의 기회
　　　　북한의 경제 개방 모델
　　　　분단 비용과 통일 비용
　　　　재통일이 아닌 신통일
　　　　통일을 위한 주변국 외교
　　　　남북 경제 공동체 마스터플랜

177　3장. 저출산 고령 사회

178　하류노인이 온다
고령 사회 시대
하류노인
캥거루족과 빈곤의 악순환
노인 빈곤, 나아질 기미가 없다

184　인구 감소와 가구 형태의 변화
눈앞에 와 있는 인구 절벽
지방 소멸
인구 절벽의 해법
가구 형태와 경제 환경의 변화
외국인 정책의 한계와 제언

196　양성평등
한국의 딸들
유럽의 양성평등 정책
대한민국의 양성평등 정책

202　저출산 고령 사회 대비 정책
장기적 가족 정책으로서의 저출산 대책
출산 정책의 현재
프랑스와 일본의 출산 장려 정책
일본의 저출산 고령 사회 대비 정책
고령 친화 산업 육성
고령 사회의 부동산 대책
바람직한 국민연금 개혁 방안

재원 대책 없는 포퓰리즘 정책 '문재인 케어'

262 **2030이 행복한 정부? 미래 세대 부담만 늘리는 정부**
무분별한 신규 사업 추진, 훼손되는 재정건전성
20년 만에 반 토막 난 대한민국의 잠재성장률
미래 세대의 잠재적 조세부담률
청년의 미래를 훔치는 문재인 정부(벼랑 끝의 2030세대)

239 4장. 4차 산업혁명

240 대한민국, 4차 산업혁명을 만나다
4차 산업혁명을 말한다
인류 역사의 과제, 빈부 격차
두 나라 이야기
노동 소득과 자본 소득
디지털 실업과 빈부 격차의 확대
뉴 디지털 디바이드
기술의 발전 속도와 수용 속도
차고 넘치는 적기조례
기술의 역설
사회 유동성
문화 자본

262 노동과 일자리
노동과 일자리의 미래
노동 시간의 변화
최악의 실업률 해소를 위한 극과 극의 대처
노동 시장 패러다임의 변화
노동 개혁(직무급제 도입)
세계적 흐름에 역행하는 문재인 정부 친노조 정책

272 빈부 격차와 복지 정책
바닥을 친 사회 유동성
이승만의 토지 개혁이 주는 교훈
스스로를 오해하는 국민
복지 정책의 부작용

부메랑이 될 현금성 복지 지원
역대 최악의 빈부격차(문재인 정부의 초라한 성적표)
기본 소득과 안심 소득
후진국의 기본 소득 실험
정책 전환의 선결 과제
복지 '행정' 비용
복지 정책의 4대 원칙

300 **교육 혁명**
미래형 인적 자원
창의 교육
소프트웨어 교육
산학 연계 교육
독일 기업의 직업 재교육
인재 전쟁

318 **블록체인의 미래**
신뢰의 기술
블록체인이 바꾸는 세상
거래의 비용
전자 정부의 미래

327 주

서문

번영하는 국가는 무엇이 다른가

왜 어떤 나라는 잘살고, 어떤 나라는 못사는가. 왜 어떤 나라는 계속 번영하며 세계 질서를 주도하고, 어떤 나라는 의식주조차 해결하지 못해서 다른 나라의 도움을 구할까. 개인에 초점을 맞추면 왜 누구는 잘살고, 누구는 뒤처질까. 정치를 시작한 이래 잠시도 내려놓지 못한 관심사이자 화두이다.

이 질문의 해답을 찾는 작업은 몇 해 전 한국국제협력단KOICA 중장기 자문단의 일원으로 중남미와 아프리카에 6개월씩 머물며 자원봉사를 할 때 본격화되었다.[1] 당시 나를 찾아와 진지한 눈빛으로 "어떻게 하면 코리아처럼 될 수 있는가"를 묻던 각국의 정책 당국자들에게 명쾌한 답을 주고 싶었다. 페루 리마와 르완다 키갈리 시청의 엘리트 공무원들은 선진국 대한민국의 서울시장 경험에서 우러나오는 생생한 조언을 원했다.

그러나 근대화의 역사가 다르고 가치관을 달리하는 이들에게 우리의 경험을 고스란히 전달하기가 쉽지 않았다. 책 한 권을 써도 모자란 이야기를, 수많은 경제학자들의 복잡한 이론을, 지루해하지 않을 시간 내에 알기 쉽게 설명하기가 무척 어려웠다. 그래서 내 생각과 경험을 압축하고 정리하는 작업에 착수했다. 우리나라에만 국한되는 것이 아니라 세계 어느 곳에서도 통용될 수 있는 일반론적인 답을 찾기 위해 연구하고 정리하는 작업에 매달렸다.

개인과 나라를 막론하고 번영의 원리는 무엇인가? 요약하자면 이렇다. 산업화는 개인의 작은 도전과 모험, 성취와 좌절이 모이고 쌓인 결과다. 사람은 일을 통해 도전하고 모험하며 살아간다. 성공에서 만족감과 보상을 얻고, 실패에서 다음 도전의 방법을 배운다. 살아가는 과정 자체를 즐길 수 있다면 '행복한 삶'이라 할 수 있다. 이러한 개인의 행복한 삶이 모여 '국가적 번영'을 이룬다. 서구 선진국들은 개인의 작은 도전과 모험이 쌓이는 과정에서 산업혁명이라는 커다란 도전과 모험을 성공시켰고, 그 바탕 위에서 국가 번영을 이루어 냈다.

그렇다면 후발 주자들은 영원히 불리할까? 그렇지 않다. 어찌 보면 후발 주자들이 이 도전과 모험의 장에서 선진국보다 유리할 수 있다. 선진국들이 크고 작은 산업혁명으로 이룩한 '기술적 진보'와 이를 이익으로 실현하고 확대 재생산하는 '기업이라는 제도'를 '수입해서 쓰는 요령'만 제대로 익히면 되기 때문이다. 거인의 어깨 위에 올라타면 더 멀리 내다볼 수 있는 법이다.

정리하자면 부를 창출하는 두 가지 요소는 기술과 기업이다. 국가가 번영하려면 기술과 기업의 가치를 제대로 이해하려는 마음가짐과 올바르게 활용하려는 사회 분위기가 필요하다. 이런 마음가짐과 사회 분위기를 반영해 국가 제도를 창출하고 안착시키면 경제 발전과 국가 번영은 자연스레 따라온다. 그래서 마음가짐과 사회 분위기가 무엇보다 중요한데, 우리는 이를 넓은 의미에서 문화라고 부른다.

문화는 가치관의 총합이다. 인류 역사에서 오랫동안 일은 먹고살기 위해 죽지 못해 하는 것이었다. 이런 일에 소명 의식을 결부시켜 설명하기 시작한 신학자들이 있었고, 이들의 종교 개혁으로 비로소 근대적 가치관이 형성됐다. 이들은 반복되는 일상적인 일도, 새로운 도전과 모험도 모두 인간에게 주어진 소명이며 사회에 대한 기여라고 정의했다. 이 일을 향한 열정이 자유로운 시장 질서 안에서 꽃피우고 열매를 맺으며 번영을 이뤄 냈는데, 이 시스템이 바로 자유 시장 경제다.

자유 시장 경제는 자유 민주주의와 뗄 수 없는 관계다. 자유 민주주의가 없으면 자유 시장 경제의 질서를 유지할 수 없고, 자유 시장 경제가 없으면 자유 민주주의는 불가능을 넘어 공허하다. 자유 없는 번영은 없다. 서구 근대화의 역사가 자유를 얻기 위한 투쟁의 역사임은 우연이 아니다.

보수 우파와 진보 좌파

자유를 얻기 위한 투쟁의 역사는 어떤 원리로 작동해 왔을까? 역사는 보수 우파가 진보 좌파의 어젠다 제기로 인해 진화해 온 발자취이다. 주어진 의식주에 만족하지 않고 삶의 의미를 추구하며 바로 다음, 그다음을 지속해서 갈구해 온 덕분에 발전했다. 오늘의 진보는 내일의 보수다. 진보가 보수의 밑거름이 되지 않으면 역사는 일보도 전진하지 못한다. 역사는 정반합의 과정을 거치며 일보 전진 반보 후퇴를 거듭하며 도도히 흘러왔고 앞으로도 그럴 것이다.

보수와 진보를 각각 살펴보자. 먼저, 보수는 '물' 같은 것이다. 매일 아침 일어나 마시는 물 한 잔에 특별한 감흥을 가지지 않는 것처럼, 보수는 겉보기에 대단한 이념이나 이상이 들어 있지 않은 것으로 느껴진다. 하지만 속을 자세히 들여다보면 개인의 도전과 국가의 발전을 가능하게 한 근본이념인 자유와 경쟁이 바탕을 이루고 있다.

반면 진보는 '사이다'다. 톡 쏘는 시원함과 청량감이 있다. 진보가 하는 말을 들으면 사이다를 마신 것처럼 시원하고 가슴이 뛴다. "인간은 모두 평등하다. 어떤 연유로 불평등해졌다면 평등하게 만들어야 한다." 이 얼마나 인간적인가.

보수 우파는 역사의 저류임과 동시에 현실이다. 재미없고 지루하지만 실수가 적어 시행착오를 최소화할 수 있고 실용적이다. 인간이 오랫동안 먹고 입고 행한 것에는 다 그럴 만한 이유가 있기 마련 아닌가? 반면 진보 좌파는 이상을 바라보며 변화와 혁신을 추구한다. 당연히 가슴 뛰고 재미있고 흥미진진하다. 그러나 가보지 않은 길이기에 실수가 잦고, 시행착오를 거친 뒤에야 비로소 인간 삶에 안착할 수 있다. 어떤 경우에는 불가능하기까지 하다. 오히려 이상적인 유토피아를 만든다는 환상이 이데올로기가 되어 지상 지옥을 만들기도 한다.

    보수 우파는 인간 본성에 충실하다. 인간은 이기적이라는 가슴 아픈 현실을 인정하고 출발하므로 오류가 적다. 보수가 경제에 강한 이유다. 진보 좌파는 인간이 이상적 존재여야 한다고 믿는다. 감동적이고 매력적인 스토리지만 그런 사람이 다수라면 감동적일 리가 없다. 소수이기 때문에 감동적인 것이다. 극소수의 경우에나 가능한 일을 보편화하려다 보니 좌절과 오류가 빈번하다. 진보가 경제에 약한 이유다.

한국 좌파의 화두

보수 우파와 진보 좌파는 이처럼 사고방식에서 근본적인 차이를 지닌다. 이들이 천착하는 화두 역시 다를 수밖에 없다. 한국 좌파는 평등, 정의, 인권, 평화, 통일, 복지, 환경 같은 이상적 화두를 모두 선점했다.

    먼저 경제 사회적 평등 화두를 살펴보자. 좌파는 대한민국이 세계 10위권 경제 대국으로 급격하게 성장하면서 생긴 그늘인 '부익부 빈익빈'을 토대로 우리 사회를 분노 사회로 이끄는 데 성공했다. 발전 속도가 더뎌지고, 실업이 증가하고, 특히 청년 실업이 만성화되고, 비정규직이 정규직에 비해 턱없이 부족한 대우를 받는 것이 모두 대기업 중심의 잘못된 경제 구조 때문이라고 규정했다. 이는 자연스럽게 정의론으로 이어졌고, 평등 화두와 결합해 정의 실현이라는 국정 모토로 작동하고 있다. 그 결과가 적폐 청산으로 대표되는 상시 사정 정국이다.

인권은 언제나 진보 좌파의 최고 가치 체계다. 소수자 보호라는 이상적인 가치는 사회적 약자를 향한 지식인과 청년의 책임감을 자극한다. 성 소수자 이슈도 마찬가지다. 반면 북한 인권에 침묵한다는 뼈아픈 지적에는 무시 전략으로 대응한다.

좌파는 2010년 천안함 폭침 직후 치러진 지방 선거에서 '전쟁이냐, 평화냐'를 선거 구호로 내걸어 우위를 점했다. 지금도 예측 불허의 트럼프 스타일과 김정은의 핵미사일 개발 전략이 충돌하는 가운데, 국민이 느끼는 전쟁 공포를 활용해 '평화' 이슈 전략을 구사하고 있다.

평창올림픽을 기점으로 북한의 평화 공세는 핵보유국 기정사실화, 북미 직접 대화, 정전 협정 논의 등의 성과를 거뒀다. 북한 입장에서는 모든 숙원의 실현 단계에 진입한 것이다. 유엔의 대북 제재가 해제되고 국제 사회의 지원이 현실화되면 이 책에서 설명할 북한 외교 전략의 완벽한 성공이다. 이것이 평화 통일의 길인지, 남북 분단 고착화의 길인지는 머지않아 판명될 것이다. 튼튼한 안보가 평화를 보장한다는 진리는 이미 무너지고 있다. 군 복무 기간이 단축되고 초기 형태의 군축이 진행되고 있다.

복지 역시 좌파의 주요한 화두다. 좌파의 복지 담론은 원래 사회적 약자를 보호하고 가난한 자의 소득을 보전해 주는 복지가 이상적이라는 것인데, 기이하게도 '보편적 복지'라는 이름으로 하후상박下厚上薄이 무너지고 모두에게 같은 액수를 현금으로 주는 형태가 늘어나고 있다. 서구에서는 우파 포퓰리즘이 문제인데, 우리나라에서는 좌파 포퓰리즘이 오히려 문제다.

환경 문제에서도 기이한 현상이 벌어지고 있다. 환경 시민 단체가 지켜야 할 산등성이와 호수, 저수지가 중금속 범벅의 태양광 패널로 뒤덮이고 있다. 탈원전 정책과 이를 벌충하기 위한 신재생 에너지의 상관관계가 배경이다. 환경론자와 환경 시민 단체는 엄중한 선택의 갈림길에 직면해 있다.

한국 우파의 화두

이제 한국 보수 우파의 관점에서 화두들을 들여다보자.

첫째, 평등이다. 부의 낙수 효과와 분수 효과는 모두 평등을 설명하기에는 부족하다. 지속적인 경제 발전만이 소외 계층과 경제적 약자에게 더 많은 기회를 제공한다. 정부는 기회를 공정하게 제공하기 위해 최선의 노력을 기울여야 한다. 다만 상대적 박탈감은 불행하다는 느낌의 토대가 되므로 하후상박의 정부 지원 정책이 지속돼야 한다. 또한 사회 전체가 느끼는 상대적 빈곤감도 치유가 시급하다. 이를 위해 구성원 개개인이 자신이 통계적으로 어느 정도의 소득 계층에 해당하는지를 정확히 알 수 있는 계량화된 정보를 제공해야 한다. 우리나라 고소득층의 절반은 자신을 중산층이라 생각하고, 중산층의 절반 이상이 자신을 빈곤층으로 분류한다. 중산층 이상은 누진적으로 세금 부담의 주체이다. 그러나 통계청이 발표한 자료에 따르면 문재인 정부 출범 이후 빈부 격차가 더 벌어지고 있고, 소득 빈부 격차는 최고치를 계속 갱신 중이다.

둘째, 정의다. 감성을 자극하는 거창한 구호나 거대 담론보다 현실적으로 더 중요하고 절실한 것은 하루하루 충족감이 느껴지는 행복한 삶이다. 이것이 인간에게 필요한 가장 기본적인 정의다. 여기에 계층 이동의 사다리를 확실히 제공하여 오늘보다는 내일, 당대보다는 후대가 더 풍요롭고 명예로운 삶. 이것이 우리 모두의 바람이며 정의인 것이다. 물질적 풍요도 중요하지만 정신적 만족감과 성취감, 자존감과 기대감을 만끽할 수 있는 사회 시스템의 복원이야말로 우리가 지향해야 할 가치이다. 적폐 청산을 빙자한 사정 정국은 보다 중요한 가치인 사회 통합에 역행한다. 사회 통합은 발전과 번영의 에너지원이다. 발전의 원동력은 몽둥이에서 나오지 않는다.

셋째, 인권이다. 소수자의 인권만큼 다수자의 심리적 안정과

정서도 중요하다. 지난 미국 대선에서 유권자 다수가 정치적 정당성 PC·Political Correctness 에 피로감을 보이며 트럼프를 선택한 것이 그 반증이다. 무엇이든 과유불급過猶不及이다. 성 소수자도 우리가 함께 살아야 할 사회 구성원임은 분명하다. 그러나 대다수 평범한 국민들이 불편할 정도로 드러내고 장려할 바는 아니다. 또 북한 인권 문제만큼은 결코 무시할 수 없다. 당장 우리가 도움을 줄 수 있는 방법은 미약하나마 국제 사회에 계속해서 문제를 제기하는 것이다. 북한 정치범 수용소의 실태가 우리가 상상하는 것보다 훨씬 심각하고 가슴 아프다는 것을 잊어서는 안 된다.

넷째, 평화다. 북핵 해결이 외교 안보 이슈의 전부가 아니다. 설사 북핵이 폐기되고 평화 통일이 눈앞에 온다 하더라도 통일 이후 우리가 국경을 맞댈 나라는 중국과 러시아다. 국제 관계에서 패권주의적 행태를 보이는 국가의 의사 결정 과정이 비민주적이라면 늘 각종 분쟁에 휘말릴 수 있다는 것을 염두에 두어야 한다. 우리의 민족적 자존심이 한순간에 짓밟힐 수도 있다. 동북아에 배치된 4강의 군사력, 특히 동북 3성과 산둥성에 산재한 중국군 북부전구의 육해공 전투력과 중무장은 우리에게 현실적인 위협이다. 주변국과 사이좋게 지내는 평화주의자가 되고 싶은가? 무장하고 개발하고 투자하라. 그것이 답이다.

다섯째, 통일이다. 대한민국 국민 가운데 북한에 흡수 통일되는 것을 바라는 사람이 있을까? 북한의 체제, 경제, 인권 수준에 맞춰 살고 싶은 국민이 있을까? 단 한 명도 없을 것이다. 한반도 전체가 북한의 궁정 경제, 장마당 경제에 입각한 생활을 영위할 수는 없는 일이다. 우리에게 통일은 자유 민주주의와 자유 시장 경제를 바탕으로 한 통일이어야 한다. 북한이 왜 대화의 길로 들어섰을까? 우리가 확보해야 할 안보 역량은 어디까지일까? 지금 진행되고 있는 남북 대화와 북미 대화, 그리고 중국의 역할, 나아가 주변 4강과의 외교가 분단 고착화에 기여할 것인지, 이상적인 통일에 기여할 것인지 문제의식을 가지고 지켜봐야 한다.

여섯째, 복지·노동·교육이다. 4차 산업혁명은 모든 사회 정책의 패러다임을 바꾼다. 이 거대한 변화의 물결은 국가 간 경쟁 형태로 이미 시작되었다. 이 경쟁에서 앞서면 살고 뒤처지면 죽는다. 승자 독식의 디지털 전환 시장에서는 1등이 90퍼센트 이상의 이익을 가져간다. 이는 시간이 흐를수록 심화되고 고착화된다. 우리는 이미 이 경쟁에서 뒤처지기 시작했다. 혁신 성장이 구호에만 머물러 있는 사이, 미국, 중국, 독일, 일본 등이 세계 1위를 차지하는 종목의 숫자가 점점 늘어나고 있다. 우리 경제가 생존의 갈림길에서 헤매고 있다. 4차 산업혁명을 수행할 전사들은 교육을 통해 배출된다. 그럼에도 문재인 정부의 교육은 달라진 것이 전혀 없다. 일본은 이미 수년 전 IB International Baccalaureate 교육 혁명을 시작했는데, 우리 중앙 정부는 아무런 움직임도 없다.

노동 윤리도 바뀐다. 4차 산업혁명은 인생 2·3모작, 재교육

후 다른 직업이나 직장으로의 이동이 원활해야 돌아가는 경제다. 이는 자연히 비정규직의 확대로 이어진다. 비정규직의 정규직화가 아니라 비정규직에 대한 정규직 수준의 처우 개선책이 모색되어야 하는 이유다. 복지 시스템과 지원 형태도 달라질 수밖에 없다. 그러나 문재인 정부는 이와 같은 시대 흐름에 역행하고 있다. 상위 10~20퍼센트의 기득권 정규직 노조원들을 위한 정권이다. '뉴 디지털 디바이드new digital divide'는 부익부 빈익빈을 심화시키고, 단기적으로는 일자리 개수가 줄어들고 일자리의 성격도 변화할 것이다. 기본 소득과 안심 소득 논쟁이 격화될 것이고, 각종 복지 시스템의 통폐합도 논의되어야 한다. 현금 살포식 포퓰리즘 복지 정책으로는 감당할 수 없는 미래가 코앞에 와 있다.

일곱째, 환경·에너지다. 전기차가 자동차 시장의 80퍼센트 이상을 점하게 될 2030년 전후가 되면 지금 필요한 전기량의 약 1.7배가 필요하다는 분석이 있다. 이마저도 다른 4차 산업혁명 분야들이 모두 정체할 것이라고 전제한 결과이다. 현재 서울 목동에 위치한 KT 데이터 센터 1개의 소비 전력이 4만 8000가구가 소비하는 전력과 맞먹는다는 통계도 있다. 인공지능과 빅데이터의 디지털 전환은 모두 컴퓨터로 이루어진다. 전기 공급자와 소비자가 실시간으로 정보를 주고받는 스마트 그리드smart grid를 적용하더라도 전력 수요가 폭증할 가능성이 매우 높다. 그러나 정부는 가장 안전하고 깨끗한 전기 에너지의 원천인 원전原電을 두고 분명하지 않은 위협을 늘어놓으며 별다른 대책 없이 '원전 제로화'를 추진하고 있다. 대한민국 블랙아웃의 현실이 다가오고 있다. 한 치 앞도 내다보지 못하는 에너지 정책이 산업 발전의 발목을 잡는 것은 물론, 환경까지 파괴하고 있다는 우려의 목소리가 높다. 정권 말기가 되면 정책의 옳고 그름이 과학적으로 입증될 터이지만 벌써 그 결과가 두렵다.

미래를 말한다

이 책은 총 네 개의 장으로 구성되어 있다.

1장에서는 경제 일반 이론을 다룬다. 왜 어떤 나라는 잘살고 어떤 나라는 못사는가에 대해 설명한다. 우리는 흔히 경기 부양책과 성장 이론을 혼동한다. 그러나 임시적 경기 대책과 발전 이론은 구분되어야 한다. 장기적인 안목에서의 주택 공급 정책과, 부동산 폭등기에 가격 안정을 위해 시도되는 각종 세금 정책, 금융 정책, 공급 대책 등 단기 대증 요법이 본질적으로 다른 것과 같은 이치다. 젊은이들이 갈구하는 양질의 일자리 창출은 제대로 된 경제 정책이 성공했을 때 기업이 담당할 몫이다. 급하게 공무원 수나 늘리는 것은 본원적인 일자리 정책이 아니다. 다음 세대에게 경제적 부담을 떠넘기는 무책임한 포퓰리즘이 아닌지 깊이 고민해야 한다.

2장에서는 남북 화해와 외교 안보의 상관관계를 다룬다. 지금은 북핵 폐기가 남북 관계와 외교 안보의 모든 것처럼 느껴지는 단계이지만, 거시적인 시각에서 보면 종국적으로 평화와 통일을 향해 가는 긴 여정의 일부일 뿐이다. 연일 폭포수처럼 쏟아지는 남북 회담, 북미 회담 등 자극적인 뉴스들의 행진 속에서도 전체 국면을 객관적인 시각에서 점검하고 조망할 필요가 있다. 우리에게 미국과 중국은 어떤 존재인가. 그 맥락 속에서 우리의 안보 역량은 어디까지이며, 미국과 중국의 충돌 속에서 실리는 어떻게 추구할 것인가. 북한을 어떻게 다루는 것이 평화 통일로 가는 길이며, 경제적으로 지속 가능한 발전의 토대를 구축하는 길인가. 이와 같은 심모원려深謀遠慮 속에서 북핵은 어디에 와 있으며 어떻게 처리해야 바람직한가. 냉정하게 판단해 본다.

    3장에서는 저출산 고령 사회라는 이미 다가온 미래를 준비하는 지혜에 관하여 정리한다. 저출산 고령 사회로 빠르게 진입하면서 모든 사회 정책의 근간이 흔들리고 있다. 그런데 현 정부의 정책들이 이를 전제로 준비되고 있는지 심히 우려스럽다. 예컨대 최근 문제가 된 집값 폭등에 대처하는 국토교통부의 대책들을 지켜보며 과연 미래를 대비한 중장기 주택 정책이라는 것이 이 나라에 있는지조차 의심하지 않을 수 없다. 가까운 미래에는 인구가 줄지만 가구 수가 늘고 가구 사이즈가 줄며 가구 평균 연령이 올라가는 미래 사회의 특질을 단순 반영해도, 저출산 고령 사회는 주택, 복지, 사회 안전망, 교육, 노동, 일자리 등 모든 측면에서 정책 패러다임의 큰 변화를 요구한다. 미리 준비하지 않으면 안 되는 절박한 현실이 이미 시작됐지만, 정부의 정책은 저출산 대책에만 머물러 있다.

　4장에서는 4차 산업혁명이 진행되는 과정에서 우리 사회가 겪게 될 변화에 대해 이야기한다. 우리가 그동안 경험하지 못한 엄청난 속도의 변화, 방대한 영역의 변화, 그리고 질적인 변화가 산업계에 몰아닥치고 있다. 이 변화에서 살아남으면 선두권을 유지할 것이고, 여기서 뒤처지면 제조업과 서비스업 시장에서 더 이상 한강의 기적은 없다. 누군가는 4차 산업혁명의 영향이 과장됐다면서 ICT Information and Communications Technologies 산업에 불과하다고 주장하지만, 이는 방직기가 도입될 때 기계 파괴 운동으로 대처했던 초기 산업 사회의 양태를 떠올리게 한다. 시인 바이런 George Gordon Byron은 당시 노동자 편에 서서 러다이트 운동을 찬양했지만, 역사의 흐름을 조망해 보면 참으로 부질없고 낭만적인 대처였다. 지금 대한민국에서도 현대판 기계 파괴 운동, 21세기형 적기조례赤旗條例가 여당을 진원지로 난무하고 있다. 4차 산업혁명은 일과 관련된 모든 것을 바꾼다. 일자리의 양태와 노동의 가치가 바뀌면 복지와 교육 등 거의 모든 사회 정책이 연쇄적으로 영향을 받는다. 소득 주도 성장에 대한 평가가 이미 시작된 가운데, 문재인 정부 경제 정책의 또 다른 축인 혁신 성장이 제대로 가고 있는지 살펴본다.

번영의 원리

1장

부의 이동

유태인 추방과 스페인의 몰락

인간의 역사가 시작된 이래 잘사는 나라와 뒤처진 나라의 격차는 언제나 존재해 왔다. 그리고 이런 차이를 만들어 내는 원동력이 무엇인지를 찾기 위한 노력이 계속되어 왔다. 기후·자원의 영향이 크다는 가설부터 문화 자본론까지 다양한 이론이 나름의 근거를 가지고 제기되고 있다. 대한민국의 현재와 미래를 분야별로 설명하기에 앞서 먼저 부자와 빈자, 선진국과 후진국의 차이를 만들어 내는 근본 원인을 알아보는 것이 순서라고 생각한다. 책 서두에서 가치관의 총합인 문화의 중요성을 강조했다. 나는 중세 이후 경제사적 흐름 속에서 유태인이 현재 경제 시스템의 핵심, 즉 기업과 기술을 합쳐 놓은 실체와 같은 역할을 했다고 본다. 그 이야기로 시작하겠다.

    서양 경제사에서 16세기 이후 세계 경제의 주도권을 장악한 국가는 계속해서 바뀌어 왔다. 16세기에는 스페인이, 17세기에는 네덜란드가, 18세기에는 영국이 세계 경제의 패권을 쥐고 흔들었다. 이들 세 나라의 흥망성쇠興亡盛衰는 모두 유태인과 관련이 깊다.

8세기 초 이슬람 세력인 우마이야 왕조는 서고트 왕국을 몰아내고 스페인이 위치한 이베리아반도를 차지한다. 우마이야 왕조는 그들 입장에서 이교도인 가톨릭교도를 포용하는 정책을 펼쳤다. 훗날 우마이야 왕조의 세력이 약화한 틈을 타 이베리아반도 북부에 위치한 가톨릭 국가들이 레콩키스타²라는 가톨릭 국가 국토 회복 운동을 시작하기 전까지 이베리아반도에서 종교 갈등은 표면적으로 나타나지 않았다.

스페인을 제외한 중세 유럽은 십자군 전쟁(1096~1272년)을 겪으며 가톨릭에 대한 맹목적인 순응을 국가와 개인의 가치관으로 삼고 있었다. 종교가 국가와 개인을 지배했고, 성경의 교리에 충실히 따르는 삶을 최고의 선으로 여겼다. 당시 유럽인의 인식 속에서 유태인은 예수를 배신한 가룟 유다의 자손이었다. 다시 말해 태어나면서부터 씻을 수 없는 원죄를 지닌 민족이었다. 반면 종교적 지배가 약했던 스페인 지역에서는 유태인에 대한 거부감이 적었다. 유태인이 활발히 활동할 수 있는 환경이 마련된 것이다.

당시 유럽인들이 유태인을 바라보는 시선을 잘 나타낸 것이 소설《베니스의 상인》에 나오는 샤일록이다. 샤일록은 높은 이자로 사람들을 착취하는 고리대금업자였다. 성경은 "네가 만일 너와 함께한 내 백성 중에서 가난한 자에게 돈을 꾸어 주면 너는 그에게

채권자 같이 하지 말며 이자를 받지 말 것이며"[3]라고 고리대금업을 죄악시했다. 775년 니케아 종교 회의에서는 고리대금업을 법으로 금지했을 정도였다.

이런 사회 분위기에서 유태인이 고리대금업을 직업으로 삼을 수 있었던 이유는 역설적이게도 유럽인의 인식 속에서 죄인이기 때문이었다. 앞서 설명한 대로 가룟 유다의 자손인 유태인은 이미 죄인이기 때문에 고리대금업에 종사하는 것이 가능했다. 또 사회적으로 고리대금업의 필요성이 계속해서 제기되자 교황 니콜라스 5세는 모든 유럽 기독교인에게 금지되고 죄악시되던 고리대금업을 유태인에 한해 허용하기도 했다.[4]

사회적인 분위기와 별개로 유태인이 고리대금업에 종사하게 된 또 다른 이유로 유태인의 높은 문해율[5]을 들 수 있다. 유태인은 자녀 교육을 할 때 성서의 창세기, 출애굽기, 레위기, 민수기, 신명기 중 하나를 암기하도록 했다. 그러려면 글을 깨우치는 것이 필수였고, 일반인에게 성경을 읽지 못하게 했던 중세 가톨릭의 사회적 배경과 맞물려 유태인은 다른 민족보다 높은 문해율을 가질 수 있었다. 덕분에 세금 징수, 행정 업무 등 문자와 숫자에 대한 이해가 필요한 중간 관리자 역할을 수행하는 경우가 많았고, 이를 바탕으로 오늘날로 말하면 중산층 이상의 재산을 축적할 수 있었다.

그러나 스페인에서도 레콩키스타를 통해 이슬람교도가 추방되고 가톨릭이 유일 종교로 자리 잡게 되자, 유태인에 대한 종교적 탄압이 시작됐다. 톨로노 칙령(1480년)과 알함브라 칙령(1492년)을 발표하며 유태인에게 개종이나 해외 이주를 강요했다. 당시 700만 스페인 인구의 7퍼센트에 달했던 50만 명의 유태인 가운데 26만 명이 스페인을 빠져나갔다.

　　국가 경제의 허리 역할을 하던 유태인이 단기간에 사라지자 스페인 경제도 무너지기 시작했다. 상업과 금융, 징세 업무를 전담하던 유태인들이 유지하던 사회 시스템은 대안을 마련할 새도 없이 몰락했다. 국가 경제를 지탱하던 사회 시스템의 축이 붕괴되면서 국가의 몰락이 찾아왔다.

네덜란드의 새로운 혁신 시스템

스페인에서 추방당한 유태인들은 비교적 종교 탄압이 약하고 시장 개척의 기회가 많던 네덜란드로 이동한다. 스페인에서 재산 대부분을 몰수당한 유태인들은 네덜란드에서 다시 부를 축적하는 방법을 찾기 시작했다. 이때 나온 방법들이 초기 시장 경제의 바탕이 되는 화폐, 은행, 주식회사 등이다. 당시에는 기축 통화가 될 수 있는 화폐나 기업 시스템에 대한 인식이 없었다. 주식과 같은 개념은 상상조차 할 수 없었다. 이런 시대 상황을 고려할 때 매우 혁신적인 시도였다.

　　17세기 유럽은 신대륙에서 후추 같은 향신료를 들여와 되파는 해상 무역이 왕성해지고 있었다. 바다를 거쳐 신대륙을 오가기 위해서는 비용과 인력 측면에서 엄청난 위험을 감수해야 했다. 큰 배를 타고 신대륙까지 가서 후추를 싣고 무사히 돌아오면 큰 수익을 내지만, 암초와 풍랑을 만나 배가 침몰하면 투자한 모든 것을 잃는 구조였다.

유태인들은 위험 부담을 줄이기 위해 선주와 선장, 선원의 협업 체제를 만들었다. 이런 초기의 시스템은 점차 여러 사람의 돈을 투자받아 해상 무역 사업의 위험을 분산하는 형태로 발전했다. 위험이 줄어들고 투자 기회가 많아지자 돈이 몰리기 시작했다. 투자, 이익, 재투자로 이어지는 선순환은 기업화, 제도화되며 주식회사의 초기 모습으로 발전한다.

17세기 네덜란드의 경제력은 새로운 시스템과 함께 크게 성장했다. 당시 유럽 전체의 대형 범선 수가 약 2만 척이었는데, 그중 80퍼센트에 달하는 1만 6000척이 네덜란드 선박이었다. 네덜란드의 영토도 지금보다 훨씬 넓었다.

영국의 시스템과 제도 변혁

17세기 영국은 청교도 혁명과 명예혁명을 거치면서 왕의 권한이 점차 시민에게 이양되고 있었다. 또한 강력한 해군력을 바탕으로 세 차례에 걸친 영국-네덜란드 전쟁에서 승리했다. 세계 패권을 다투는 해전에서의 승리와 시민 중심의 사회 변혁을 원동력으로 영국의 부흥이 시작된다.

　　영국이 신흥 강국으로 부상한 이면에도 역시 유태인의 역할이 있었다. 혁명과 전쟁을 수행하기 위한 자금을 유태인이 지원했다. 유태인의 자금 지원을 통해 혁명과 전쟁에서 성과를 거둔 크롬웰Oliver Cromwell은 1656년 유태인의 영국 이주를 허용하고, 런던 시티에 유태인을 위한 경제특구를 조성했다. 유태인의 금융업을 영향력 있는 세습 귀족 등의 간섭으로부터 보호하기 위한 조치였다. 뿐만 아니라 영국 관용법6을 바탕으로 비국교도인 유태인에게 신앙의 자유를 인정했다.

　　경제 활동을 마음껏 펼칠 수 있는 사회적, 종교적 배경이 마련되자 유태인의 대대적인 이주가 시작됐다. 이들은 네덜란드에서 발전시킨 각종 제도와 사업 노하우를 영국에 들여와 활용했고, 이는 훗날 산업혁명의 바탕이 된다. 네덜란드의 패권이 영국으로 넘어간 과정이다.

　　영국의 산업혁명을 증기 기관의 발명을 통한 동력원의 변화로만 인식하는 경우가 많지만, 산업혁명의 의미는 거기서 그치지 않는다. 네덜란드에서 시작된 각종 제도와 비즈니스 방법론이 동력원의 변화를 통해 기업화되고 조직화될 수 있었다. 시스템을 갖춘 기업이 등장하면서 폭발적으로 성장할 수 있는 발판이 마련된 것이다.

　　이러한 발전의 양상은 자본 축적과 기업의 확산, 주식 제도의 활성화로 이어져, 산업 자본의 확대 재생산을 통한 사회 전체의 변화와 경제 성장을 이끌게 된다. 증기 기관의 발명으로 확대된 생산의 규모와 범위를 관리하고 통제하기 위한 시스템과 제도의 변혁이 산업혁명의 진정한 의미인 것이다.

부는 새로운 가치관을 따른다

이처럼 유럽 강대국들의 패권 이동 역사는 유태인 이주 경로와 관련이 깊다. 여기서 주목할 부분은 부는 창의적이고 새로운 가치관을 따라 움직인다는 것이다. 당시 유럽 사회에서 죄인으로 인식된 유태인에게 사업적 재능과 경제력은 소명 의식에 가까운 가치관의 산물이었다. 보통 사람들과는 달랐던 직업과 부에 대한 가치관이 유럽 패권 국가의 운명을 결정하는 주요 원인으로 작용했다. 지금까지 유태인 이주 역사를 통해 변화해 온 세계의 모습을 설명한 이유가 바로 여기에 있다. 잘사는 집단과 뒤처진 집단 사이에는 가치관의 차이, 즉 문화의 차이가 존재한다. 조금 더 자세히 알아보자.

지성의 암흑기인 중세를 지나 계몽주의 시대로 넘어오면서 종교에도 가치관의 변화가 일어난다. 바로 종교 개혁이다. 중세를 지배하던 가톨릭 세계에서 최고의 덕목이자 가치는 금욕과 절제를 통한 세속의 탈피였다. 이런 가치관에 따라 부를 창출하는 행위는 세속적인 삶을 의미했다. 전통적 가치를 정면으로 거스르는 행위인 것이다. 그러나 종교 개혁을 통해 신교인 프로테스탄트가 등장하면서 직업과 일에 대한 완전히 새로운 가치관이 나타나기 시작한다.

신교는 하나님의 뜻에 순종하는 방법은 금욕과 절제를 통한 세속의 탈피가 아니라, 지금 자신에게 주어진 일에 최선을 다하는 것이라고 주장했다. 그리고 자신에게 주어진 일에 최선을 다해 부를 쌓고 그렇게 축적한 부를 선하고 옳은 일에 사용하는 것이 하나님으로부터 부여받은 소명을 다하는 길이라고 설파한다.

"그러므로 한 여종이 주인의 명령과 직무에 따라 마구간에서 똥을 치우고 있다면 그것이야말로 천국으로 가는 직선로를 제대로 찾은 것이다. 반대로 자기 직무가 무엇인지 자기 할 일이 무엇인지 알지 못하면서 성자나 교회당으로 가는 이들은, 천국이 아니라 지옥으로 직진하는 자들이다."

마틴 루터(Martin Luther, 1483~1546)

일과 직업에 대한 가치관의 변화는 부의 개념마저 바꾸었다. 부를 쌓는 것은 더 이상 가치관을 거스르는 일이 아니었다. 이는 사람들로 하여금 자신의 일에 최선을 다해야 한다는 동기를 부여했다.

책 서문에서 제기한 질문을 다시 꺼내 보자. 잘사는 사람과 못사는 사람, 앞서가는 집단과 뒤처진 집단, 선진국과 후진국은 어떤 차이에서 벌어진 것일까. 이 질문에 이제 답할 수 있을 것이다. 무엇을 최고의 가치로 삼느냐에 따라 잘사는 사람과 못사는 사람의 차이가 나타난다. 개인이나 집단, 국가 모두 마찬가지다.

이런 모습은 유럽 사회에서만 발견되는 것이 아니다. 뿌리 깊은 유교 문화에 젖어 있던 우리나라도 사농공상士農工商이라는 계층 서열이 보여 주듯, 오랜 기간 동안 돈 버는 행위를 천시해 왔다. 돈을 벌어 생계를 꾸리는 것을 천한 일로, 책상 앞에 앉아 독야청청 글을 읽는 선비 정신을 최고의 가치로 여겼다. 가난은 나라님도 구제하지 못한다는 자조 섞인 이야기만 뱉던 사회였고, 잘살겠다는 개인의 의지도 전통의 가치관 속에 묻혀 사라져 버렸다. 유교 문화의 발상지인 중국의 사상과 철학은 끊임없이 요동치는데, 새로운 가치관을 정립하지도 받아들이지도 않으며 사상적 정체 상태에 머물던 조선은 결국 서구적 가치관과 기술을 빠르게 받아들인 일본에 나라의 주권을 빼앗기고 만다.

힘들지만 바른길

인센티브가 작동하는 사회

2015년 노벨 경제학상을 수상한 프린스턴대학의 앵거스 디턴Angus Deaton 교수는 "성장은 자연스럽게 불평등을 수반하는데, 그 불평등이 성장의 원동력이 된다"고 말했다. 하버드대학 철학과의 존 롤스John Rawls 교수는 "소득의 불평등을 허용하되, 가난한 자의 처지가 향상된다면 부자들이 더 큰 이익을 취해도 '부정의'는 아니다"라고 주장했다. 2006년 노벨 경제학상 수상자인 에드먼드 펠프스 Edmund S. Phelps 교수도 "다수의 개인이 도전하고 모험하며, 일로부터 만족을 얻고, 정당한 보상을 받는 것이 자본주의의 궁극적인 목표"라고 설파했다.

여러 석학들의 이야기를 종합하면 "인센티브가 작동하는 사회만이 지속적인 발전이 가능하다"라고 요약할 수 있다. 보다 많은 인센티브를 얻기 위한 사람들 간의 선의의 경쟁은 번영의 기초가 된다는 뜻이다.

번영과 발전으로 가기 위해서는 새로운 가치관과 직업에 대한 소명 의식에 더해 남보다 더 나아지려는 개인의 의지가 필요하다. 앞서 서구 번영의 역사에서 살폈듯이 자신이 하고 있는 일에 최선을 다하는 것이 곧 하나님에 대한 복종이라는 가치관의 변화, 그리고 그 가치관을 달성하기 위해 열심히 일하는 개인의 소명 의식과 노력이 합쳐져야 한다. 여기에 남들보다 더 나아지려고 하는 개개인의 경쟁의식이라는 발전의 원동력까지 더해진다면 비로소 번영을 이룩할 수 있는 밑바탕이 만들어진다.

오늘날을 흔히 '자본주의 5.0 시대'라고 말한다. 자본주의는 태동 이후 오랜 시간에 걸쳐 발전을 지속해 왔다. 빈부 격차와 계층 격차도 점차 확대되어 왔다. 불평등은 성장의 원동력으로 작용하기도 하지만 지나치게 확대되면 발전 의지 자체가 사라지는 부작용을 낳는다.

프랑스의 경제학자 토마 피케티 Thomas Piketty 는 격차와 불평등으로 사람들이 상대적 박탈감을 느끼게 됐고, 더 이상 노동을 통한 수익이 자본의 수익을 따라갈 수 없는 상황이 되었다고 주장하며 자본주의의 성장과 함께 벌어지는 격차와 불평등의 해소를 강조했다. 물론 공동체를 유지하고 더 발전적인 사회로 나아가기 위해 성장에 따른 부작용인 불평등을 최소화하려는 노력은 반드시 필요하다. 하지만 그렇다고 해서 경쟁을 저해하는 수준, 즉 인센티브 구조를 파괴하는 수준까지 이르러서는 안 된다. 인센티브 구조가 파괴되는 순간 성장과 번영의 동력이 사라지기 때문이다.

악마의 거래

일자리를 만들기 위해 공무원 증원을 추진한다. 공무원 한 명을 증원하기 위해 세금 17억 원이 들었다. 소득 불평등을 완화하겠다고 최저 임금을 급격히 인상해 중소기업과 자영업자들이 사업을 축소하거나 폐업하는 사태가 속출했다. 파트타임 근로자들까지 무리하게 정규직화해 신규 채용이 감소하고 기업 경쟁력이 약화됐다. 국민 노후를 보장하겠다고 연금을 인상해 한정된 재원은 조기 고갈되고 국가 부채는 증가했다. 정부와 정치권은 선심성 정책을 남발했고 무리하게 정부의 재정지출을 확대했다. 제조업은 붕괴되어 주요 기업들이 폐업하거나 공장을 해외로 이전했다. 좌파 정권과 노조의 이해가 맞아떨어지면서 임금 인상 요구가 심화되고 파업 등 노사 분규가 빈번해졌다.

　대한민국의 현재 상황을 묘사한 것이 아니다. 모두 그리스의 이야기다. 안타깝게도 그리스의 과거는 현 정부의 행태와 판박이다.

　나는 그리스의 재정 위기를 악마의 거래라고 표현하고 싶다. 정치인들은 국민에게 더 많은 현금 복지와 공무원 증원, 연금 증액을 약속하며 표를 얻는다. 이렇게 얻은 표로 정권은 유지되고, 국민은 약속받은 과잉 복지를 당연한 권리로 인식한다. 종국에는 국가 부채가 늘어나고 산업 경쟁력이 소멸한다. 그리고 그 피해는 온전히 국민에게 돌아간다.

번영과 쇠퇴의 갈림길

갈림길이다. 국민 소득 3만 달러 수준의 나라가 경제 시스템을 미래 지향적으로 업그레이드하지 못하고 포퓰리즘에 빠져 2만 달러 수준으로 떨어질 수도 있고, 하후상박의 복지로 빈부 격차를 극복하고 경제 체질을 개선해 4만 달러 수준으로 올라갈 수도 있다. 전자는 그리스, 스페인 같은 나라들이고 후자는 독일, 프랑스의 경우다. 우리는 이 갈림길에서 어떤 길을 선택할 것인가.

　　　　유럽의 병자로 불렸던 독일은 2003년부터 4단계에 걸친 노동 개혁인 '하르츠 개혁'을 시행했다. 하르츠 개혁의 요체는 좌파 정권의 우파식 개혁이었다. 실업 수당 지급 기간을 32개월에서 12~18개월로 단축해 실업자들의 적극적인 구직 활동을 유도했다. 노동 유연성 확보를 통해 비정규직과 미니잡minijob을 다수 양산했다. 기업은 해고를 자제했고 노조는 임금 인상 요구를 억제하며 고통을 분담했다. 이는 실업률 감소와 독일 경제의 부활로 이어졌다. 그러나 하르츠 개혁을 이끈 게르하르트 슈뢰더Gerhard Schroder 총리는 정치적 사망이라는 진단서를 받아야 했다. 2005년 조기 총선에서 승리한

앙겔라 메르켈 Angela Merkel 총리는 슈뢰더 전 총리가 마련한 하르츠 개혁의 발판 위에서 노동 개혁을 계속 추진했다.

슈뢰더 정부 하르츠 개혁 vs 문재인 정부 노동 정책

슈뢰더 정부 하르츠 개혁	문재인 정부 노동 정책
실업 급여 지급 기간 단축 32개월 → 12~18개월	실업 급여 지급액과 지급 기간 연장 실직 전 급여 50% → 60% 지급 기간 최대 240일 → 270일
미니잡 등 다양한 고용 형태 창출 및 세제 혜택	최저 임금의 급격한 인상으로 일용직 일자리 감소 우려
'해고 보호법' 적용 예외 사업장 확대 5인 이하 → 10인 이하	저성과자 해고 취업 규칙 폐지
창업 시 비정규직 계약 기간 연장 2년 → 4년	상시 근로 비정규직 정규직 전환 추진
신규 채용 근로자의 수습 기간 연장 6개월 → 2년	공공 기관 정규직 채용 확대
55세 이상 실업자 채용 시 고용 보험 부담금 면제	취업 규칙 불이익 변경 금지 원칙으로 환원
노사 간 타협 능력이 없으면 정부가 직접 개혁	노동자와 사용자 간 대화를 통해 이해관계자의 개혁 유도

프랑스의 개혁도 주목할 만하다. 2008년 국제 금융 위기 이후 프랑스는 EU 주요국 가운데 대량 실업 문제를 극복하지 못한 유일한 나라였다. 청년 실업률이 20퍼센트를 넘었고 경제 성장률은 수년째 1퍼센트대를 유지했다. 강력한 기득권 노조가 그 중심에 있었고, 경직된 노동 시장은 경제 쇠락의 주요 원인으로 꼽혔다. 이런 상황에서 마크롱 Emmanuel Macron 대통령의 노동 개혁이 시작됐

다. 마크롱은 친시장 정책을 표방하며 노동 시장을 유연화하고 노동 분쟁 처리 기간을 단축했으며 정리 해고 요건을 완화했다. 그 결과 2017년 신규 제조업 공장 수가 폐쇄 공장 수를 8년 만에 넘어섰고, 제조업 신뢰 지수는 10년 만에 최고치를 기록했다. 실업자 수는 17년 만에 최대 폭으로 감소했다. 그러나 정치인으로서 마크롱 역시 지지율은 바닥이다.

독일과 프랑스는 그리스가 채택한 정책과 반대되는 정책을 추진했고, 그 결과도 그리스와 반대로 나타났다. 그리스 경제 위기의 주요 원인 중 하나가 바로 퍼주기식 복지였다. 1981년 취임한 사회당의 파판드레우Andreas Georgios Papandreou 총리는 취임 후 정부 지출을 늘려 의료 보험 혜택을 전 계층으로 확대하고 평균 임금과 최저임금을 대폭 인상했다. 근로자 해고 요건은 강화했고, 대학 진학에 실패한 고교 졸업생은 국비로 해외 유학을 갈 수 있었다. 그리스의 연금 수령액은 95퍼센트였는데, 독일의 42퍼센트, 프랑스의 50퍼센트보다 두 배가량 높은 수치였다.

2015년 마침내 국가 재정이 파탄 난 그리스에게 독일 등 EU 주요국은 엄격한 긴축 재정안이 포함된 구제 금융 프로그램을 제시했다. 그리스는 이를 받아들일 수밖에 없었다. 2018년 8월 20일, 그리스는 3년에 걸친 구제 금융 프로그램을 마쳤다. 하지만 축소된 경제 규모, 높은 실업률, 막대한 국가 부채 등 여전히 위기가 계속되고 있다.

포퓰리즘의 극복

포퓰리즘으로 국민의 지지를 얻고 정권을 유지하는 것은 뿌리치기 쉽지 않은 달콤한 유혹이다. 반대로 이미 지원하고 있는 복지를 정비하도록 국민을 설득하고, 경제 체질을 개선하도록 국민의 희생을 요구하는 것은 지극히 어렵고 힘난한 과정이다. 자칫 정권을 유지하지 못할 가능성도 크다. 더 나은 국가로 발전하기 위해 국민의 동의와 의지를 이끌어 내는 것은 그만큼 어렵고 힘든 일이다. 그럼에도 국가의 미래를 위한 결정이기에 정치인이 이끌어 나가야 할 방향이다. 하지만 지금 우리나라는 어떤가. 문재인 정부가 지금 추구하는 정책 방향이 인기 영합에 사로잡힌 포퓰리즘이 아니라고 말할 수 없을 것이다. 그리스의 모습이 겹쳐 보이는 것이 과장이 아니다.

결국 포퓰리즘을 짚고 넘어가지 않고서는 성장과 번영의 담론을 이야기할 수 없다. 포퓰리즘의 특징은 세 가지로 요약된다. 첫째, 적과 아군을 정확히 구분한다. 둘째, 단순 논리로 아주 쉽게 접근한다. 이러한 단순함 속에 악마가 숨어 있다. 셋째, 당장의 문제에 집중한다. 미래를 위한 현재의 희생에 대한 언급은 없다.

지금 문재인 정부가 추진하고 있는 정책들을 한번 살펴보자. 비정규직의 정규직화, 공무원 증원, 최저 임금 인상, 연장 수당 의무화, 아동 수당 신설, 기초 연금 증액, 문재인 케어(비급여의 전면 급여화), 군 복무 단축, 중소기업 취업 청년 보조금…….

대부분의 정책이 정부가 무엇을 주겠다는 내용을 담고 있다.

우리가 만들고자 하는 바람직한 미래와 행복한 공동체를 위해 어떤 준비가 필요한지, 어떤 고통을 감내해야 하는지에 대한 설명도 없고 국민적 설득과 합의도 없다. 현재의 고통 감내와 투자 없이 우리 모두가 더 잘사는 나라를 만들 수 있는 방법은 없다.

　　더불어민주당의 19대 대선 공약집에 따르면 위에 나열한 현 정부의 정책을 실현하는 데 드는 비용은 연평균 35.6조 원, 5년간 총 178조 원에 달한다. 그럼에도 불구하고 부족한 재원을 마련하기 위해 증세를 할 것인지, 부채를 확대할 것인지, 그리고 과연 그만한 가치가 있는지에 대한 설명이나 공론화 과정은 없었다.

　　해외 사례에서 해법을 찾아보자. 스웨덴에서 그 답을 찾을 수 있다. 스웨덴이 보여 준 해법은 노사 간 교섭을 통해 고임금 기업의 임금 상승을 억제하고 저임금 기업의 임금은 높이는 ①양보와 희생 ②균등한 기회의 제공 ③높은 국가 청렴도를 가져온 신뢰와 투명성 ④기부와 나눔 ⑤국민적 합의를 통한 고부담·고복지로 요약된다.

　　간단하고 당연한 내용이지만 현실에 적용하기 위해 복잡하고 힘든 과정을 거쳐야만 했다. 스웨덴은 서로의 희생을 강요하는 배타적인 갈등과 기회의 차별을 극복하기 위해 공생과 공존의 가치를 전면에 내세웠다. 국민적 동의와 사회적 합의를 이끌어 내는 것을 성공의 가장 중요한 요인이라 판단했다. 아울러 국민이 정부를 신뢰할 수 있도록 투명하고 공정한 제도와 시스템을 정비했고, 이런 노력들이 지금의 스웨덴을 만들었다.

이러한 해법이 성공적인 결과로 이어지기까지는 무엇보다 스웨덴 국민의 전통적 사회 가치관이 큰 역할을 했다. 양보와 희생, 균등한 기회와 나눔, 그리고 신뢰와 투명성을 만들어 내는 국민적 문화와 가치관이 있었기 때문에 가능한 일이었다.

국가 번영의 조건

4차 산업혁명과 자본주의 5.0

경제를 활성화하고 부를 창출하는 것은 결국 기술과 기업이다. 앞서 살펴본 유럽 패권의 역사도 기술과 기업의 역사였다. 기술과 기업이라는 두 요소를 현재의 대한민국에 적용해 보면 4차 산업혁명으로 대변되는 기술과, 자본주의 5.0[7]으로 대변되는 바람직한 기업가 정신일 것이다.

먼저 4차 산업혁명이라는 기술적 측면에서는 교육 개혁을 통한 미래형 인재의 양성, 국가 혁신 R&D Research and Development 에 대한 적극적인 투자와 운영, 4차 산업혁명의 성장을 저해하는 낡은 정책과 규제에 대한 과감한 혁신이 필요하다. 또한 새로운 기술이 발전해 나가기 위한 걸림돌을 제거하고 연구와 투자에 집중하는 등 여러 가지 제도적, 기술적 차원의 접근 전략도 필요하다. 즉 공생과 공존을 기반으로 산업 생태계를 재구성하는 일이 절실하다.

그러면 자본주의 5.0을 가능하게 하는 바람직한 기업가 정신을 위해서는 어떠한 노력이 필요할까. 지금 정부는 법인세 인상, 소득세 누진세율 등을 강화하고 있고, 공정거래위원회 등 경제 주무 부처를 통해 기업 경영에 개입하고 경영의 본질과 무관한 규제를 사실상 강요하여 자유 시장 경제 질서까지 위태롭게 하고 있다. 자본주의 5.0의 시각에서 보면 역주행이다.

해외 기업들은 CSR Corporate Social Responsibility[8]과 CSV Creating Shared Value[9]를 통해 자발적으로 사회적 기여를 추구하고 있다. 하지만 우리나라에서는 기업을 윽박지르는 상황이 반복되고 있다. 매출 증대에 심혈을 기울여 이익을 최대화하고 일자리를 창출해야 할 기업인들이 경영 활동에 매진할 수 없도록 에너지를 분산시키는 것이 과연 현명한 일일까. 몇몇 대기업들이 갑질 논란, 탈세와 횡령 배임, 분식회계 등으로 국민의 비난을 자초하고 있는 것이 안타깝지만, 대부분의 건전한 기업이 추구해야 할 미래상은 바람직한 자본주의 5.0 시대의 기업가상이다.

물론 우리나라 상속 시스템의 변화와 경영권 보장을 위한 차등의결권 도입 등에 대한 논의도 필요하다. 기업인이 기업 활동을 열정적으로 할 수 있도록 의지를 북돋우고 독려할 수 있는 방법론은 제쳐 두고 봉사와 희생을 강요하는 것은 기업 활동을 위축시켜 국가 경제의 근간을 흔들 수 있다.

우리나라의 최고 상속세율은 50퍼센트다. 최대 주주 주식에 대한 할증까지 고려하면 65퍼센트까지 올라간다. 이는 경제협력개발기구OECD 상속세 최고세율 평균(26.3퍼센트)의 두 배에 달하는 사실상 세계 최고 수준이다. 두 세대만 내려가면 기업의 경영권 방어가 원천적으로 불가능하기 때문에 대기업들의 편법적인 경영권 승계 시도의 원인이 된다. 많은 중소기업이 기업 승계를 포기하고 중도에 매각해 버리는 원인이기도 하다.

　　　세계 각국에서는 상속세를 폐지하거나 그 부담을 줄이려는 움직임을 보이고 있다. 과도한 상속세는 기업의 경영 활동을 위축시키고 일자리 창출에도 부정적인 영향을 미치기 때문이다. OECD 회원국 중 캐나다, 호주, 이스라엘, 뉴질랜드, 스웨덴, 오스트리아, 노르웨이 등 13개국은 상속세가 0퍼센트다. 중국, 홍콩, 싱가포르도 상속세가 없다.

독일 기업 상속세제도

구분	85% 면제 선택 시	100% 면제 선택 시
사업 유지	5년간 지속	7년간 지속
고용 유지	승계 후 5년간 급여 총액이 승계가 이뤄진 연도 급여 총액의 400% 이상	승계 후 7년간 급여 총액이 승계가 이뤄진 연도 급여 총액의 700% 이상
사업 자산 비율	비사업용 자산 비율 50% 이하	비사업용 자산 비율 10% 이하

적용 대상은 모든 기업. 한 번 선택하면 변경 불가능하고, 의무 준수 못하면 세제 혜택분 추징

　　　우리나라가 기업의 상속세 제도와 관련하여 특히 눈여겨봐

야 할 나라가 독일이다. 독일은 가업 승계를 부의 대물림으로 여기지 않고 기업 경쟁력의 대물림으로 판단하자는 사회적 공감대가 확고한 나라다. 독일의 상속세 최고세율은 한국과 같은 50퍼센트지만 가업을 승계하며 고용을 유지할 경우 상속세를 대폭 감면해 준다. 그래서 독일에서는 높은 상속세 때문에 가업 승계를 두려워하는 기업이 없다. 상속세 감면 혜택을 받는 기업인은 고용을 유지하고 지역 사회에 기여하면서 사회적 책임을 진다.

독일에서 2009년 1월 발효된 상속세 개혁법을 살펴보면 기업인은 규모와 업종에 관계없이 승계 후 경영 기간과 고용 유지 규모에 따라 상속세의 85퍼센트에서 100퍼센트까지 전액 공제를 받을 수 있다. 85퍼센트 면제를 받기 위해선 승계를 받은 기업을 5년 이상 경영해야 하고, 100퍼센트 면제를 받기 위해서는 최소 7년간 사업을 유지해야 한다. 상속제 유연화를 통해 독일은 일자리 창출을 비롯한 세수 증대, 경제 성장 등 여러 효과를 누리고 있으며, 매년 13만 명의 일자리가 유지된다.

기업 활동이 왕성한 국가들은 경제 시스템이 기업의 성취욕과 활동 의지를 더욱 북돋우고 있다. 우리나라의 많은 정치인이 모델로 삼고 있는 스웨덴도 차등의결권을 시행하여 기업인들이 경영권 유지 방어에 에너지를 낭비하지 않고 일에만 열중할 수 있도록 배려하고 있다.

차등의결권이란 통상 기업 주식에 '1주 1의결권'의 원칙이 적용되는 것과 달리 일부 주식에 특별히 많은 수의 의결권을 부여해 특정 주주의 지배권을 강화하는 제도로 경영권 방어 수단 중 하나로 이용된다. OECD 37개 회원국 가운데 3분의 2 이상이 차등의결권제를 도입하고 있다. 미주에서는 미국과 캐나다가, 유럽에서는 다수 국가가 도입하고 있다. 차등의결권 도입 기업 비율도 높은 편이다. 미국은 2017년 말 기준으로 러셀Russell 3000 기업 중 220곳(전체의 7.3퍼센트)이 차등의결권을 보유하고 있으며, 캐나다는 전체 기업의 20~25퍼센트가 차등의결권을 가지고 있다. 유럽에서는 전통적 가족 기업이 많아 차등의결권 제도가 상대적으로 많은 편이다. 영국, 프랑스, 이탈리아, 북유럽 3국(스웨덴, 핀란드, 덴마크)이 도입하고 있다. 독일, 벨기에, 룩셈부르크, 스페인 등은 채택하지 않고 있다.

    우리나라는 1997년 IMF 외환 위기 이후 금융 시장의 개방과 자유화가 한국 경제의 저성장을 초래한 측면이 있다. 케임브리지 대학 장하준 교수의 주장에 따르면, 단기 이익을 노리는 외국인 주주들의 고배당·자사주 매입 요구 탓에 외환 위기 이전 14~16퍼센트 수준이던 국민 소득 대비 설비 투자 비율이 7~8퍼센트로 반 토막이 났다. 고도 성장기에 6퍼센트를 상회하던 경제 성장률이 외환 위기 이후 2~3퍼센트로 급락한 것도 대기업 설비 투자가 급감했기 때문이라는 지적이다. 한국 자본주의의 저성장을 타개하기 위한 근본적 해법으로 단기 주주의 입김을 줄이는 장치가 필요하다.

대한민국의 노조

노조 이야기를 하지 않고 바람직한 자본주의 5.0 시대에 대해 언급하기는 어렵다. 대기업과 공공 기업으로 이루어진 우리나라 양대 노총의 평균 임금이 상위 20퍼센트에 들고, 노조 중위 소득이 상위 10퍼센트에 속한다는 사실은 이제 더 이상 낯선 이야기가 아니다.

"우리 조합원의 평균 임금이 높다는 걸 이제 모두 안다. 사회의 상위 20퍼센트에 들고 중심부는 상위 10퍼센트에 든다. 그래서인지 의사협회 파업 때처럼 민중 속에서 적개심마저 싹트고 있다."

한석호 전前 민주노총 사회연대위원장

앞서 언급했던 스웨덴의 성공 비결 중 하나인 양보와 희생이 떠오른다. 스웨덴은 '동일 노동 - 동일 임금'에 대한 사회적 합의가 존재한다. 같은 시간과 같은 노동에 대해 같은 임금을 받는 것에 노조가 동의했다. 자신의 기득권에 대한 양보와 희생을 전제로 한 동의다. 반면에 우리나라 노조는 우선 자신들의 임금을 극대화해 놓고 남은 부분에 대해서만 비정규직과 분배를 말한다. 비정규직과 정규직의 격차를 이들이 스스로 만들어 내고 있다. 그러나 그들은 항상 투쟁의 명분으로 사회 정의를 부르짖는다. 이들의 이런 행태에 2030세대는 물론이고 뜻있는 국민들도 등을 돌리기 시작했다. 오로지 문재인 정부만이 촛불 집회 주력 부대 역할을 했던 양대 노총의 지지를 잃지 않기 위해 눈치 보며 감싸고 있을 뿐이다.

정권 탄생 채무자로서의 모습을 극복하고 혁신 성장의 길로 나아가기 위해서 책임감 있는 정부라면 당연히 추진해야 하는 과업이 바로 노동 개혁과 교육 개혁이다. 특히, 노동 개혁의 경우는 문재인 정부와 같은 좌파 정권이 상대적으로 유리하고 과감하게 도전할 수 있는 분야이기에 더욱 그렇다. 그러나 현실은 반대로 가고 있다. 노동 개혁에 대한 언급조차 꺼내지 못하고 있다. 오히려 노조의 요구만 여과 없이 수용해 ①고용자의 저성과자 해고를 허용하고 ②임금 변동과 관련된 취업 규칙 변경 요건을 완화해야 한다는 노동 개혁 양대 지침을 폐기해 버렸다.

왜 어떤 나라는 잘살고, 어떤 나라는 못사는가

이제 정리해 보자. 미국의 경제학자 에드먼드 펠프스 Edmund S. phelps 가 주장하는 '조그마한 개인적인 도전과 모험'을 망설이지 않고 할 수 있는 사회 분위기와 시스템의 보장은 잘사는 나라를 향한 최소한의 조건이다. 이런 사회적 여건 속에서 약자와 공동체를 위한 양보와 희생을 모든 국민이 공감하는 사회적 가치로 만들어야 한다.

나는 서울시장 퇴임 후 한국국제협력단 중장기 자문단의 일원으로 르완다와 페루에서 각 6개월씩 1년을 보냈다. 산업화를 갈망하는 그곳의 공무원들에게 우리의 성공 비결을 전파하고 강연과 토론을 통해 다양한 의견을 나누는 시간이었다. 그곳의 사람들도 모두 경제 발전의 욕구가 있다. 그러나 문화와 가치관이 다르고 사회 발전의 원동력으로 기능하는 인센티브 시스템과 사회 자본이 확립되어 있지 않아 아직 갈 길이 멀다.

그럼에도 나는 아프리카의 빈국 르완다의 미래를 밝게 본다. 그들은 그들이 믿고 존경하며 따르는 좋은 지도자를 가졌다. 그리고 그 지도자는 학살과 박해의 피해자였던 소수 민족 출신이면서도 모든 종족에게 공평한 기회를 제공하며 화해와 통합의 정치를 펼치고 있다. 1000만 명의 국민 중 100만 명이 학살당한 제노사이드 직후 집권했지만 "보복은 없다. 다만 잊지는 말자"고 외치며 사회를 통합해 나가는 지도자에게서 영성의 지도력을 본다. 지하자원, 사회 자본은 물론 문화 자본도 모두 빈약한 나라에 정보 통신 부국의 비전을 제시하고 대한민국 등 선진국의 도움을 받아 미래를 준비해 가는 르완다를 보며 나는 희망을 발견한다.

우리는 그들에 비해 많은 것을 가졌다. 우리나라는 이미 세계가 부러워하는 경제 성장과 민주화를 이뤄 냈다. 앞으로 더욱 발전시켜 다음 세대에게도 여전히 자랑스러운 대한민국을 물려주어야 한다. 지금의 성과에 만족하고 더 이상의 변화를 두려워한다면 이제까지 누려 왔던 번영과 부흥은 더 새롭고 역동적인 가치관을 찾아 다른 곳으로 떠나 버리고 말 것이다. 선택은 우리 자신에게 달려 있다.

북핵 이후의 한반도

2장

한반도에서 벌어지는 미중 패권 경쟁

한반도의 정세

2018년 추석을 며칠 앞두고 남북 정상이 다시 만났다. 2018년에만 세 번째 만남이었다. 남북 정상이 손을 맞잡고 백두산에 올랐다. 군사 충돌 위험을 줄여 나가기 위한 내용을 담은 남북 군사 합의서도 내놓았다. 만찬장에서는 남북이 덕담을 교환했다. 일견 감동적인 모습이었다. 역사적 사명을 완수하기 위해 남과 북 정상은 필요하다면 만나야 한다.

그러나 한반도를 둘러싼 국제 정세의 움직임 속에서 지난 남북 정상 회담을 차분히 바라보면, 비핵화에 대한 실질적 내용은 빠져 있고 말의 성찬만 가득한 이벤트성 행사라는 인상을 지울 수 없다. 북한이 비핵화 협상을 요구하며 동북아 외교 무대의 전면에 등장한 지도 벌써 상당한 시간이 지났다. 하지만 북한이 실질적 비핵화 조치를 취하지 않고 있다는 것이 엄중한 현실 아닌가?

남북 관계를 개선해서 궁극적으로 비핵화를 유도하고 항구적인 한반도 평화 체제를 구축할 수 있다면 더할 나위 없을 것이다. 그러나 언제부턴가 우리 사회에서는 남과 북의 평화 분위기만 조성되면 북핵 문제도 자연스럽게 해결되고 항구적인 한반도 평화도 구축될 수 있다는 막연한 믿음이 번지고 있는 것은 아닌지 우려된다.

북핵은 남과 북을 넘어선 국제 문제이다. 북핵을 남북 간의 문제로만 이해할 경우 해결은 난망할 것이다. 물론 남북 관계에서 우리가 주도권을 쥐고 북핵 등 한반도 제반 문제를 해결하는 것이 가장 바람직하겠지만 그렇지 못한 것이 한반도를 둘러싼 국제 관계의 현실이다. 대한민국이 어엿한 중견 국가로 성장했지만, 한반도를 둘러싼 동북아에서는 여전히 국력이 열세임을 인정하지 않을 수 없다.

이 책에서 추후 더 논의하겠지만, 북핵 문제의 본질을 이해하려면 남북 관계를 둘러싸고 있는 국제 정세에 대한 입체적인 분석이 선행되어야 한다. 북핵은 절대 남북 사이에서만, 그리고 우리 민족끼리만 해결할 수 있는 문제가 아니라는 점을 분명히 해야 한다.

한미 관계가 심상치 않다. 북핵 문제가 교착 상태에 빠지면서 미국의 대북 제재와 압박은 지속적으로 유지·강화되고 있고, 핵심 당사국인 우리는 정상 회담, 고위급 회담, 각종 실무 회담 등 북한과의 접촉 영역을 넓히려 했다. 하지만 북한은 문재인 정부에게 막말 세례를 퍼부으며 우리를 핵 협상에서 철저히 배제하는 상황이 전개되고 있다.

청와대와 정부 당국자들은 미국과 북핵 폐기를 위한 프로세스가 그래도 잘 가동되고 있다고 설파하지만 남북 관계에 정통한 많은 외교 전문가들이 엇박자를 우려하고 있다.

미국은 북한 비핵화 속도에 맞춰 남북 간의 대화와 교류 확장이 진행되어야 한다는 메시지를 외교·군사 라인을 통해 우리 정부에 지속적으로 보내고 있다. 하지만 핵심 당사국인 우리는 남북 관계만 밀어붙이면 될 것이라는 희망 섞인 기대로 과속하고 있다. 미국은 우리가 운전하는 차량에 잠시 타고 있는 탑승객이 아니라 함께 이인삼각 경기를 하고 있는 파트너다. 우리 페이스대로만 갈 수 없는 이유다.

예컨데, 2018년 10월 29일 방한한 스티브 비건Stephen Biegun 미국 대북정책 특별대표의 행보를 주목할 필요가 있다. 갑작스런 방한도 그렇지만 당시 임종석 대통령비서실장을 비롯한 우리나라 북한 담당 핵심 관계자를 모두 만난 것도 이례적이기 때문이다. 비슷한 시점에 주한 미국 대사관이 9월 남북 정상 회담에 동행한 우리나라 4대 기업(삼성, 현대차, SK, LG)을 직접 접촉해 대북 경협 사업에 대한 인식과 계획을 파악했다. 당시 우리 정부를 거치지 않고 직접 접촉한 것에 대해 많은 논란이 있었다. 이런 해프닝에서 우리는 무슨 의미를 도출할 수 있을까? 미국은 과연 한국을 운전자로 생각하고 있는 것일까? 한국을 이인삼각 경기를 펼치고 있는 파트너로 간주하고는 있는 것일까? 여기서 떠오르는 여러 질문들에 답해 보는 것이 한반도의 미래에 매우 중요할 것이다.

2018년에는 남북 정상 회담만 세 차례 열렸고 역사적인 북미 정상 회담도 6월 싱가포르에서 열렸다. 그러나 결국 2019년 2월의 하노이 북미 정상회담은 아무런 합의도 이루지 못하고 끝났다. 북한이 미국의 일괄 타결 방식에 따른 빅딜을 거부했기 때문이다. 2019년 6월에도 북미 정상은 판문점에서 깜짝 회동을 했지만 실질적인 성과는 없었다. 문재인 대통령은 북미 정상회동에 참여하지도 못했다. 이렇게 문재인 정부는 남북 관계 개선에 거의 모든 것을 쏟아붓고 있지만 북핵 문제는 아직 이렇다 할 출구를 찾지 못하고 있다.

북한이 당장은 핵 실험을 멈췄지만, 핵미사일 능력을 고도화하고 있는 정황이 여전히 엿보인다. 또 미국의 대북 제재와 압박이 아직 견고하다. 그러다 보니 "우리만 무장 해제하는 것이 아닌가", "너무 남북 관계 개선에만 몰입하는 것이 아닌가" 하는 우려의 목소리도 높아지고 있다. 북핵 문제가 많은 나라들이 얽혀 있는 국제 문제라는 점을 고려한다면, 한반도를 둘러싼 국제 정세를 보다 냉정히 고찰해 보고 활용하는 전략이 필요하다. 무작정 속도만 낼 때가 아니다. 더구나 2019년 5월부터 8월까지 북한은 아홉 차례나 단거리 미사일과 개량된 장사정포를 발사했다. 이런 상황에서 비핵화에 대한 북한의 진정성은 의심할 수밖에 없다.

미중 패권 경쟁

우리나라는 미국, 중국, 일본, 러시아 등 열강에 둘러싸인 지정학적 특성과 수출에 기반을 둔 경제 구조로 인해 외교가 그 어느 나라보다도 중요하다. 언젠가 맞이할 통일을 위해서는 주변 4강과의 외교가 반드시 필요하다. 전략적인 주변국 외교를 위해서는 급속히 재편되고 있는 동북아 국제 정세를 이해하고 이를 바탕으로 한 외교 정책이 필수적이다. 그중에서도 한반도를 둘러싼 동북아 국제 정세의 가장 중요한 변수는 역시 미중 관계다.

국제 환경을 결정짓는 주요 변수 중의 하나가 강대국 간의 역학 관계, 즉 '힘의 균형 balance of power'이다. 미국을 중심으로 한 서방 세계와 구소련을 중심으로 한 사회주의 국가 간에 힘의 균형이 유지되었던 냉전 시대 양극兩極 체제의 국제 질서는 1990년대 초에 구소련이 붕괴되면서 미국 중심의 일극一極 체제로 재편됐다. 하지만 탈냉전 이후 중국의 급속한 부상으로 체제에 또 다른 변화가 발생하고 있다.

어떤 이들은 여전히 미국의 초강대국 지위를 인정하며 현 세계 질서는 미국 중심의 일극 체제라고 보기도 하고, 또 다른 이들은 미국과 중국이 주도권을 양분하는 새로운 양극 체제의 시대로 이미 접어들었다고 보기도 한다. 중국이 놀라운 속도로 미국을 추격하고는 있지만 미국은 여전히 대부분의 분야에서 중국에 우위를 점하고 있다. 중국이 과연 미국을 따라잡을 수 있는지는 더 지켜봐야 한다.

중국이 군사력이나 경제력 같은 하드파워 분야에서 급성장하기는 했지만, 양강兩强이라고 하기에는 미국과 여전히 큰 차이를 보이고 있다. 중국의 군사굴기軍事崛起가 괄목할 만하지만, 2019년 국방 예산 규모만 놓고 봐도 867조 원을 투입한 미국이 193조 원을 배정한 중국보다 4배 이상 많았다. 그뿐만 아니라 미국은 군사 혁신 프로그램RMA·Revolution in Military Affairs 을 통해 군사 기술 면에서도 중국과의 격차를 상당히 벌려 놓았다. 양적인 면에서나 질적인 면에서 미국의 군사력은 중국에 비해 여전히 압도적이다.

  지난 20년간 놀라운 성장세를 보여 왔던 중국 경제는 최근 주춤하는 모습을 보이고 있다. 미국 경제가 반등하고 있는 상황에서 중국 경제가 상대적으로 부진한 상황은 눈여겨봐야 할 대목이다. 미중 무역 전쟁에서 중국이 버거워 하는 현실이 역력히 드러나고 있다. 특히, 21세기에 중요성이 강조되고 있는 소프트파워 또는 연성 권력軟性權力 측면에서도 중국은 여전히 열세에 놓여 있다. 전 세계 곳곳에서 오랫동안 펼쳐 온 미국의 군사 인프라뿐만 아니라 구글, 애플 같은 디지털 트랜스포메이션을 선도하는 고부가 가치 산업과 브랜드 파워, 할리우드 같은 세계적인 문화 파워, 4차 산업 혁명의 바탕인 최첨단 과학 기술의 발전과 신新산업 창출의 기반인 대학 교육 콘텐츠 등을 중국이 단시간 내에 따라잡기는 역부족이다.

  한편 미국은 지난 2019년 5월 전 세계 통신장비 시장을 주도하는 중국 화웨이에 대한 거래 중단 조치를 결정했다. 기술 패권의 승자가 종국적으로 미중 패권전쟁의 승자가 될 것이기 때문에 미국은 중국의 기술굴기를 견제하고 첨단기술을 지키겠다는 의지를 강하게 드러내고 있다.

중국의 야망

중국은 2001년 세계무역기구WTO 가입 이후, 폭발적으로 증가한 무역량을 바탕으로 경제 대국으로서의 면모를 갖추기 시작했다. 2007년 독일을 제치고 세계 3위 경제 대국으로 부상했고, 2010년 일본을 제치고 세계 2위 경제 대국으로 올라섰다. 21세기가 시작될 때 미국 경제의 10퍼센트 규모이던 중국은 이제 70퍼센트 규모로까지 성장했다. 세계의 공장으로 시작된 경제 성장은 최근 IT 굴기를 앞세워 반도체, 인공지능 등 첨단 산업 분야에서도 일정 부분 경쟁력을 갖기 시작했다.

2018년 10월 23일, 시진핑習近平은 세계 최장(55킬로미터) 길이 해상 대교인 강주아오港珠澳 대교 개통식에 참석했다. 영국과 포르투갈로부터 반환받은 홍콩과 마카오를 주하이珠海와 연결하는 다리의 개통은 중국의 자존감을 한껏 끌어올리는 행사였다.

최병일 이화여대 국제대학원 교수는 강주아오 대교의 개통식을 1992년 덩샤오핑鄧小平의 남순강화南巡講話 와 비교했다. 중국 개혁 개방 40주년을 맞는 2018년, 시진핑은 덩샤오핑의 개혁 개방이 아닌 자력갱생自力更生을 도모하고 있다고 평가했다. 기존의 국제 통상 체제의 규범과 규칙에 부응하는 개혁 개방이 아니라, '중국이 자력갱생할 수 있는 자립'을 강조한 것이라는 주장이다. 최 교수의 주장대로 중국은 미국과의 길고 험난한 싸움을 이미 각오하고 있었던 것은 아닌가 하는 생각도 든다.

    더 이상 숨죽이며 미국의 눈치만 보고 있는 중국은 없다고 봐야 한다. 중국 역시 미중 무역 전쟁을 패권 경쟁의 연장선에서 이해하고 있다. 패권 경쟁의 전선이 무역에서 군사 부문으로 이어지고 있고, 세계는 다시 초강대국이 경쟁하는 신냉전 체제로 돌입했다.

    중국은 개혁 개방 이후 30년 동안 연평균 10퍼센트가 넘는 경제 성장률을 기록했고, G2라고 불릴 정도로 국제적 영향력도 확장해 왔다. 그리고 이러한 국제적 위상에 걸맞은 영향력을 행사하겠다는 목표 아래 국제 관계를 재구성해 나가고 있다. 시진핑은 중국몽中國夢을 실현하는 방안 중 하나로 일대일로一帶一路정책을 천명하고 육로와 해로를 통해 세력권을 확장해 가겠다는 의지를 숨기지 않고 있다. 일대일로가 관통하는 지역에 위치한 여러 나라들을 자신의 전략 벨트 안으로 편입시켜 새로운 지역 질서, 나아가서는 새로운 국제 질서를 만들어 가겠다는 국가적 프로젝트가 가동되고 있는 것이다.

미국의 중국 봉쇄

냉전 이후 유일한 초강대국의 지위를 유지하고 있던 미국은 중국의 지역 패권 전략을 좌시하지 않을 기세다.

오바마 행정부는 아시아가 미국 국익에 가장 중요한 지역이라는 인식하에 '아시아 재균형 Asia Rebalancing' 정책을 추진했다. 전임 부시 행정부가 소홀히 했던 아시아를, 미국의 전략적 관심 지역으로 전환해 미국 주도의 질서를 유지 발전시키겠다는 것이 정책의 목표였다. 정책은 중국 봉쇄의 목적을 가지고 군사, 외교, 경제 등 다방면에서 추진됐다. 하지만 트럼프 행정부의 환태평양 경제 동반자 협정 TPP·Trans-Pacific Partnership 탈퇴는 미국의 일관된 아시아 전략 추진에 대한 의구심을 불러일으켰다.

최근에는 중국의 일대일로에 맞서, 기존의 전략 공간인 아시아 - 태평양 Asia-Pacific 지역에 인도양, 동아프리카 및 남아시아 국가들이 새롭게 추가된 지역 개념인 인도 - 태평양 Indo-Pacific 전략을 펼치고 있는 양상이다.[10] 마이크 폼페이오 Mike Pompeo 미국 국무장관은 2018년 7월에 열린 인도 - 태평양 비즈니스 포럼에서 1억 1300만 달러(약 1262억 원)를 인도 - 태평양 지역의 디지털 경제, 에너지, 인프라에 투자할 수 있도록 미 정부에 요청했다고 밝히며, 시드 머니로 약 3000만 달러(약 335억 원) 정도를 협력국의 기술 개발을 위해서 사용하겠다고 약속하기도 했다. 이 지역 국가들의 개발 협력 지원을 위해 빌드 BUILD법을 제정하고 국제개발재정공사 IDFC를 창설하는 등의 노력도 기울이고 있다.

　　이러한 미중 경쟁은 단순히 정책에 대한 입장 차이만으로 발생하는 충돌이라 보기 어렵다. 미중 경쟁은 작게는 아시아 주도권 경쟁, 크게는 세계 패권 경쟁의 성격을 띠며 전개되고 있다.

　　2018년 10월, 마이크 펜스Mike Pence 미국 부통령은 미국의 유력 싱크탱크인 허드슨연구소Hudson Institute에서 미국이 추진해 온 대중국 포용 정책은 실패했다는 요지의 연설을 했다. 중국이 온갖 불법 행위를 자행하며 미국 경제를 침탈했고 미국의 안보를 위협하고 있다고 공개적으로 비난했다. 중국이 미국을 위협하는 신흥 패권 국가라는 인식을 고스란히 드러낸 것이다. 트럼프 행정부의 국가 안보 전략 보고서는 중국을 미국의 경쟁 국가라고 명백히 밝히고 있다.

　　중국은 2016년 미국 대선에서 트럼프가 승리하기를 기대했을 것이다. 민주당의 힐러리 후보가 중국의 인권 상황이나 언론 통제에 훨씬 더 비판적이었기 때문이다. 트럼프는 경제적 이익만 챙겨 주면 손쉽게 다룰 수 있는 상대로 여겼을 수 있다. 하지만 트럼프는 '중국 때리기China bashing' 정책을 자신의 외교 정책 트레이드 마크로 여기고 있는 것으로 보인다. 여기에 더해 미국 내 팽배해 있는 반反중국 정서를 국내 정치에도 십분 이용하고 있다.

　　트럼프 미국 대통령은 2018년 8월, 미국 뉴저지에서 열린 기업 CEO들과의 만찬 자리에서 "중국의 일대일로는 세계 무역을 방해할 수 있을 뿐만 아니라 모욕적insulting이기까지 하다"며 "시 주석

면전에서도 이렇게 말했다"고 밝혔다. 트럼프 대통령의 이 발언은 미국이 중국을 어떻게 바라보고 있는지 극명하게 보여 준다. 정치적 실리 추구에 밝은 트럼프는 중국 때리기의 선봉장에 나서는 것이 국내 정치적 입지를 다지는 데 도움이 되는 것을 알고 있을 것이다. 최근 중국과의 통상 마찰, 아시아 일대에서의 영토 분쟁과 군비 경쟁에서 보여 주는 트럼프의 정책 행보는 미국의 패권적 지위에 도전하는 중국에게 미국이 그 어느 때보다 단호하게 대처할 것임을 예고하고 있다. 미중 경쟁이 본격화되면서 기존의 패권 질서에 도전하는 신흥 강대국(중국)의 부상과 이를 봉쇄하려는 기존 패권국(미국)의 충돌은 결국 전쟁으로 치달을 수밖에 없다는 투키디데스의 함정Thucydides' Trap 가능성마저 대두되고 있다.

  트럼프는 미국 중심의 질서를 바꾸려는 중국의 도전이 더 거세지기 전에 확실히 기세를 꺾으려고 작심한 것으로 보인다. 과거 미국은 중국을 봉쇄하는 정책과 중국을 국제 경제 질서에 편입시키는 관여 정책을 병행했다. 하지만 관여 정책으로 중국이 미국을 위협할 정도로 무섭게 성장했고 기존의 국제 규범과 질서를 지키지 않고 오히려 도전하고 있다는 인식이 생겼다. 이런 인식은 미국 내에서 초당적으로 공유하고 있는 것으로 알려져 있다. 미국은 기존의 질서와 규율을 무시하는 중국과의 경쟁이 불공정하다고 생각한다. 이러한 상황을 방치한다면 미국의 국익이 위협받는다는 생각이 대중 무역 공세의 기저에 자리하고 있다.

중국을 표적으로 한 트럼프의 대중 강경 정책은 막 시작되었다. 국제 통상 질서를 미국이 주도할 것인가, 아니면 중국이 신흥 강대국으로 재편에 성공할 것인가?

트럼프의 '미국 우선주의' 정책이 국제 사회의 반발을 사고 있지만 미중 무역 전쟁에서만큼은 보다 많은 국가들이 미국의 손을 들어주고 있다. 마치 중국의 불공정 무역 관행은 시정되어야 한다는 것이 국제 사회의 합의 사항인 것처럼 보인다. 그래서인지 미국과의 무역 전쟁에서 중국이 밀리는 모습을 보이고 있다.

한국의 딜레마

최근 해양 안보 maritime security와 해양 협력 maritime cooperation의 중요성이 부쩍 강조되기 시작하면서, 유럽과 중동, 아시아를 연결하는 교역로이자 에너지 생명선인 3개의 주요 해협(밥엘만데브 해협, 호르무즈 해협, 말라카 해협)이 위치한 인도양의 중요성이 부각되고 있다. 인도양은 2차 대전 이후 미국 패권하에서 안정적으로 관리되고 있었지만 중국의 부상이라는 변수로 양상이 바뀌었다. 중국은 원유 수입의 80퍼센트 정도를 호르무즈 해협 - 인도양 - 말라카 해협 - 남중국해 루트에 의존하고 있다. 중국은 2010년 이후 이 지역에서 군사적 영향력을 확보하기 위해 정기적으로 군함을 파견하고 해군 기지를 확보하려는 노력을 노골화해 왔다. 이런 경제적 영향력 확장 노력은 2013년 일대일로 Belt and Road Initiative로 구체화되었다고 할 수 있는데, 특히 일로 Road Initiative는 인도양 공략의 성격을 띠고 있다.

이에 맞서 미국은 인도와 호주, 그리고 중국 견제에 가장 적극적인 일본 등과 협력해 인도 - 태평양 전략을 구사하며 중국 패권을 방지하고 기존의 질서를 유지하려는 노력을 기울이고 있다. 트럼프 대통령이 방한했을 때 인도 - 태평양 전략에 대한 우리나라의 지원을 본격적으로 요청했고, 최근 호르무즈 해협 해상 수송로의 안전을 위해 한국의 파병을 요청한 것도 이러한 맥락에서 이해해야 한다.

아시아 - 태평양 지역 동맹 벨트를 인도까지 확장하여 중국의 영향력 확대 구상을 포위하고 봉쇄하려는 미국의 전략이 트럼프 행정부하에서 급조된 것은 아니다. 지난 2007년 부시 행정부 당시 발간된 '21세기 해양 전략 A Cooperative Strategy for 21st Seapower'에서 미국은 서태평양과 인도양이 미 해군의 새로운 활동 영역이 되어야 한다고 주장했다. 2010년 오바마 행정부 당시 힐러리 클린턴 Hillary Rodham Clinton 국무장관도 아시아 재균형 정책을 언급하는 하와이 연설에서 인도 - 태평양이라는 용어를 사용하며 이 지역에서 인도, 호주, 일본과 전략적 관계를 강화할 의도를 밝힌 바 있다. 이미 오래전부터 미국의 전략적 관심이 인도 - 태평양, 즉 인도양으로 향하고 있었다고 할 수 있다. 그런데 우리는 이러한 미국의 전략 개념 변화에 너무 둔감했던 것은 아닐까? 중국의 부상으로 인해 더 이상 예전과 같이 패권적 지위를 누리지는 못하고 있는 미국이 수수방관할 수 없는 입장임을 우리는 알고 있다. 적어도 동아시아 지역에서는 중국이 미국에 도전하면서 지역 패권을 추구할 수 있는 역량과 의지를 결집하고 있다는 것 또한 주지의 사실이다. 자신이 위치한 동아시아에서만큼은 지배적인 영향력을 추구하려는 중국과 이를 허용하지 않으려는 미국의 견제가 충돌하고 있는 형국이다.

    우리나라는 미국의 인도－태평양 전략과 중국의 일대일로 구상이 충돌하는 지점에 위치해 있다. 향후 미국과 중국이 협력 관계를 형성해 나갈 수 있을지, 아니면 갈등과 대립으로 점철될지는 우리에게 매우 중요한 문제이다. 한반도는 미중 세력 경쟁의 중심에 있다. 한반도 문제를 단순히 남과 북의 문제로만 여겨서 안 되는 이유이다. 북핵 등 북한 문제를 해결하고 한반도에 평화 체제를 구축하고 궁극적으로 통일의 대업을 완수하려면 한반도를 둘러싼 국제 관계, 특히 미중 관계의 성격을 주도면밀히 관찰하고 이해해야 한다. 그래서 미중 간의 경쟁이 심화될수록 한국에게는 딜레마다. 양국에게 선택을 강요받을 수 있기 때문이다.

북핵을 둘러싼 국제 관계

트럼프의 정치적 계산

미국은 2차 대전 이후 핵 비확산 체제 nuclear non-proliferation regime를 이끌며 핵 확산 방지에 많은 노력을 기울여 왔다. 북한의 비핵화는 핵 비확산 체제를 주도해 온 미국에게 매우 중요한 정책 과제다. 북한이 핵 보유 국가의 지위를 굳히면 동맹국인 한국 방위의 책무가 있는 미국의 입지가 어려워질 뿐만 아니라 동북아 핵 도미노의 우려도 커진다. 더구나 북한은 무기 수출국이다. 핵 물질이나 소형 경량화된 핵 배낭이 테러리스트에게 밀수출되는 상황을 상상해 보면 아찔하다. 그렇기 때문에 미국은 북한의 비핵화를 반드시 달성해야 하는 목표로 삼고 주도적인 노력을 경주하고 있다. 하지만 북한 핵 문제에 대한 미국의 입장이 우리와 일치할 수는 없다. 특히 미국 국익 최우선주의를 외치는 트럼프의 북핵 계산 셈법이 우리와 많은 차이가 있을 수밖에 없다는 점을 간과해서는 안 된다.

또 하나 중요한 점은 트럼프가 북핵 문제를 국내 정치적 셈법에 의거해 다루는 측면도 있다는 사실이다. 1차 북미 회담 이후 비핵화 진전을 이루지 못하고 있다는 미국 내 비판 여론이 비등하자, 트럼프는 다시 제재의 고삐를 조였다. 2차 북미 회담을 거론했지만 실질적 비핵화 성과 없는 2차 회담은 국내 정치적으로 손해일 것이라고 판단한 트럼프는 회담을 2018년 10월 중간 선거 이후로 미루기도 했다. 미국의 북핵 정책은 트럼프의 정치적 이해와 선거 전략에 좌지우지됐다고 해도 과언이 아니다.

미국 중간 선거는 대통령에 대한 중간 평가의 의미를 가지고 있다. 중간 선거에서 의회의 권력이 야당으로 교체되는 경우가 자주 있다. 이런 중대한 선거를 앞두고 있는 상황에서 트럼프가 했던 말과 행동이 반드시 대한민국과 세계 평화를 위한 것이라고 할 수는 없다. 이러한 사실을 분명히 인지하고 트럼프가 북핵 문제를 언급하는 것이 어떤 의미를 지니고 있는지 생각해야 한다. 중간 선거 결과 공화당은 상원에서 다수당의 지위를 지켰지만, 하원은 민주당에게 넘겨주고 말았다. 안보에 대해서는 초당적 입장을 견지하는 경우가 많았던 것이 미국 정치의 전통이다. 하지만 최근 미국에서도 당파 정치가 횡행하고, 외교 정책 역시 국내 정치 논리의 포로가 되는 경우가 빈번해졌다. 트럼프가 국내 정치 논리로 대북 정책에 접근해 섣불리 김정은과 타협을 한다면 민주당이 장악한 하원은 트럼프의 대북 정책 견제를 분명히 할 것이다.

2019년 6월 북미 간의 판문점 깜짝 회동도 그런 맥락에서 이해해야 한다. 트럼프는 재선을 위해 대북 제재를 완화하여 북핵 협상의 성과를 자랑할 수도 있을 것이다. 그러나 트럼프의 정책이 언론과 의회의 지지를 얻기는 쉽지 않을 것이다.

중국과 러시아의 셈법
북한의 핵 개발은 중국과 러시아의 사실상 묵인과 은밀한 지원이 있었기에 가능했다. 지원 내용은 크게 세 가지로 분류할 수 있다. 첫 번째는 기술적 지원이다. 구소련은 북한 영변 원자로처럼 핵 개발에 필요한 시설을 지원했다. 북한의 대륙 간 탄도 미사일을 발사하는 이동 차량은 최신 중국산이다. 두 번째는 외교적 지원이다. 유엔 안보리에서 실효적인 대북 제재를 번번이 좌절시킨 나라는 거부권을 가지고 있는 중국과 러시아였다. 세 번째는 경제적 지원이다. 유엔의 대북 제재 결의 이후에도 중국의 북한 석탄 수입은 중단되지 않았고 지금도 압록강을 사이에 두고 각종 생활 물자와 자원, 관광객이 왕래하고 있다.

중국과 러시아는 북핵 문제를 자신들의 국익과 영향력 확대를 위한 지렛대로 삼고 있다. 이미 언급했듯이 중국은 현재 미국과 안보와 통상 분야에서 심각한 대결 구도를 이루고 있다. 양국 간의 무역 전쟁은 자칫 돌이킬 수 없는 상황으로 전개될 수 있다. 이러한 대결 구도를 유리하게 끌고 가기 위해 중국이 북핵 문제를 이용할 가능성을 간과해서는 안 된다. 사실 김정은 집권 후 북한의 연이은 핵미사일 도발은 중국과 러시아에게도 부담이었다. 북한과의 관계도 서먹해졌다. 하지만 북한이 비핵화 협상 테이블에 나오자 중국과 러시아는 북한과의 갈등을 뒤로하고 정상 회담 등을 통해 북핵 문제의 중심에 나서려고 하고 있다. 미국과의 경쟁 속에서 북한 문제의 레버리지leverage를 키우는 동시에 한반도에 대한 영향력 확대에 초점을 맞추고 있다.

특히 중국은 북핵 문제를 미중 관계, 미중 경쟁의 하부 구조로 인식하고 있을 가능성이 높다. 물론 미국도 대중 관계의 중요성을 감안해, 대북 정책을 중국 정책의 종속 변수로 간주하고 있을 수도 있다. 하지만 민주주의 국가 미국의 대북 정책이 국내 정치적 계산의 지대한 영향을 받는 것에 비해, 권위주의 국가 중국의 대북 정책은 온전히 중국 국익의 관점에서만 판단할 수 있다는 특성이 있다. 중국 당국자들의 최고 관심사는 역시 대미 관계다. 중국이 가장 중요하게 생각하는 외교 안보 정책은 당연히 미중 경쟁 구도의 전략적 이익이다. 이를 고려할 때 중국의 대한반도 정책 셈법은 다음과 같다.

첫째, 중국은 북한에게 비핵화 과정을 지연시킬 것을 종용할 것이다. 비핵화가 조속히 진행되어 미국과 북한의 수교가 빠른 시일 내에 성사된다면 북한이 중국에서 벗어나 너무 미국에 가까워질 수 있다. 만약 북한이 미국과 중국 사이에서 균형 외교를 시작한다면 중국에게는 골칫거리가 될 것이다. 또 북한이 경제 시스템을 개혁하고 외부에 개방한다면, 미국 자본이 유입되면서 중국이 감당하기 어려운 수준의 변화가 북한에서 발생할 수도 있다. 중국이 이러한 변화를 달가워할 리 없다. 중국의 대북 정책 우선순위는 북한의 안정적 관리이지 비핵화가 아니다. 그렇다면 중국은 북한에게 비핵화 속도 조절을 종용할 것이고, 미국에게 당당히 요구할 것은 요구하라고 독려할 것이다.

둘째, 중국은 한반도 평화 구축 과정에 적극 참여하려 할 것이 분명하다. 중국은 정전 협정 당사국으로 평화 협정 체결 참여에 국제법적인 권리가 있음을 적극 주장할 것이다. 중국의 궁극적 목적은 북한의 비핵화, 평화 협정 논의와 연동한 주한 미군의 철수 및 감축, 그리고 한미 동맹의 와해 또는 약화인 것으로 보인다.

셋째, 중국의 대북 경제 정책은 북한 경제가 중국에 지속적으로 의존하게 하는 쪽으로 추진될 것이다. 중국이 과연 북한 경제의 개혁 개방을 지지할지 의문이 드는 이유이기도 하다.

중국이 초기에 북한의 핵 개발에 동의하지 않았던 것은 역사적 사실이지만 남과 북의 현격한 경제력 격차로 인하여 한반도에서의 세력 균형이 남으로 기우는 것에 대해서는 내심 우려하고 있을 것이 분명하다. 그렇다면 북이 중국의 안보에 위협이 되지 않을 수준의 핵을 유지하며 남한과 긴장 관계 속에서 평화 공존을 지속하기를 바란다고 보는 것이 합리적 예측이다.

반면 러시아는 우크라이나 문제 등으로 미국, EU와 갈등을 겪고 있다. 국경선 서쪽에서 분쟁 중인 러시아는 동북아에서 경제적인 기회를 모색하며 적극적인 외교 행보를 보이고 있다. 러시아 극동 지역 개발을 위해 2015년부터 블라디보스토크에서 동방 경제 포럼을 개최하는 것이 일례이다. 경제 논의가 포럼의 주목적이지만 외교 안보에 대한 논의 역시 진행된다. 러시아는 한반도 문제와 북핵 문제에 개입하며 극동 지역과 연해주 지역의 개발 기회와 동북아에서의 외교적 활로를 찾고 있다.

특히 최근 비핵화 협상을 기점으로 러시아의 한반도 문제 개입이 다시 본격화되고 있다. 소련 붕괴 이후 가장 적극적인 모습이다. 북핵 문제에 있어서 오히려 중국보다 더 북한의 입장을 두둔하면서 주도권을 쥔 미국을 견제하고 있다. 푸틴 Vladimir Putin 대통령은 북한의 6차 핵 실험으로 한반도의 긴장감이 최고조에 달한 2017년 9월 문재인 대통령과의 정상 회담에서도 압박과 제재만으로 북핵 문제를 해결할 수 없다는 입장을 밝히며 우리 측의 제재 강화 요구를 거부했다. 미국 주도의 대북 제재 결의안에 제동을 걸며 미국을 견제하겠다는 의도가 엿보이는 대목이다.

이에 더해 러시아는 북핵 문제 해법으로 아무 전제 조건 없는 당사국들의 직접 대화가 필수적이라는 입장을 분명히 하며 미국과 각을 세웠다. 지금까지 북핵 6자 회담 참가국이지만 한반도 문제에 의지와 능력을 보여 주지 못했던 러시아가 적극적으로 한반도 문제에 개입하는 것은 북핵을 레버리지 삼아 미국과의 관계를 재설정하려는 의도로 분석된다.[11] 크림반도 문제와 미국 대선 개입 등으로 악화된 미국과의 관계에서 우위를 점하기 위한 외교적 압박의 도구로 북핵을 이용하고 있는 것이다.

  게다가 최근 러시아는 국제 사회에서 섬처럼 분리되어 있는 북한과의 경제 관계에도 공을 들이고 있다. 원유 및 석유 제품에 대한 대북 공급을 유지하며 대북 제재의 효과를 반감시키고 있다. 북한은 냉전 시기 중국과 러시아를 오가는 등거리 외교를 이용해 성장했다. 북한 경제의 중국 의존도가 90퍼센트에 달하지만 러시아가 길을 터줄 경우 북한이 한숨 돌리는 기회로 삼을 우려도 있다. 러시아도 북핵 문제를 지렛대로 북한과의 관계를 개선해, 극동·연해주 지역 개발과 함께 남북러 철도·가스관 연결과 같은 경제 교두보 마련의 계기로 활용할 수 있을 것이다.

  이런 배경하에, 2019년 4월 25일 북러 정상 회담이 열렸다. 당시 북한의 김정은은 하노이 회담의 실패로 의기소침해 있었기 때문에, 미국과 북핵 협상을 유리한 입장에서 재개하는 데에 러시아의 도움이 필요했다. 러시아도 북한을 이용하여 미국과 중국을 견제할 수 있는 동력을 얻기를 원했다. 당시 양 정상은 회담의 성과를 선언이나 성명으로 발표하지는 않았지만, 서로 만족할 만한 성과를 얻었다. 푸틴은 회담 후 기자회견에서, 북한의 성공적인 비핵화를 위해서는 북한의 안보와 체제 보장이 필수적으로 담보되어야 한다는 점을 분명히 했다. 만약 러시아가 북핵 문제를 계기로 한반도에 대한 영향력을 키우려 한다면, 북한의 비핵화는 더욱 힘들어질 수 있다. 소련의 붕괴 이후 한반도에서 영향력을 상실한 러시아는 북핵을 이용하여 중국과 공조하며 미국을 견제하려고 하기 때문이다.

닉슨 대통령은 소련을 견제하기 위해 중국의 개방을 유도했지만, 이제는 중국이 미국에 맞서 북핵 문제를 둘러싸고 대립하는 상황이 되었다. 당시 중소분쟁으로 갈등을 겪던 소련이 이제 러시아가 되어 중국과 연대하게 된 상황이 아이러니하다. 우리는 영원한 친구도 적도 없다는 국제정치의 현실을 인정하고 북핵 문제를 바라볼 필요가 있다. 우리는 북핵 외교의 방향을 정말 잘 잡아야 한다.

북핵 도발과 강한 일본

민주주의 국가 일본의 대북 정책도 미국처럼 국내 정치 논리가 작동한다. 일본 본토를 향할 수 있는 북한 핵미사일 위협에 적극 대처한다면 정치적으로 유리하다. 사학 스캔들과 평화 헌법 개정 등으로 정치적 곤경에 처했던 아베 신조安倍晋三 총리가 북핵 문제에 접근할 때 국내 정치적 논리가 작용하고 있음은 분명해 보인다. 동북아의 주요 당사국인 일본은 북미 정상 회담이 개최된 이후 한반도 문제에서 영향력을 높이기 위해 다양한 시도를 하고 있다. 미국과의 우호 관계 속에서 중국을 견제하고 한반도에 대한 영향력을 유지하기 위한 외교적 노력도 기울이고 있다.

　　최근 아베 정권은 '강한 일본', '전후 체제로부터의 탈각'이라는 강력한 슬로건을 내세우고 큰 변화를 추구하고 있다. 집단적 자위권 용인, 안보법제 성립, 미일 방위 협력 지침 개정 등 군비 증강과 군사력 강화를 꾀하는 일본의 전략적 노림수에 북한의 핵과 미사일이 국제 사회가 용인할 수 있는 뚜렷한 명분까지 제공하는 형국이다.

　　실제로 2017년 8월 북한의 중거리 탄도 미사일이 일본 상공을 통과하자 이틀 뒤 일본 방위성은 탄도 미사일 방어 관련 경비 2911억 엔(약 3조 원)을 포함한 5조 2551억 엔(약 54조 원)이라는 역대 최대 규모의 방위 예산 내용을 발표했다. 미국 CIA는 세계 7위의 군사력을 지닌 일본이 조만간 중국과 대등한 수준으로 성장할 것으로 전망한다.[12] 북한의 도발이 일본의 군사력 확대 전략을 뒷받침하는 모양새다.

　　일본은 이미 2015년 안보 법률 제·개정을 통해 미군과의 공동 군사 작전에 나설 수 있는 발판을 마련했다. 더 나아가 아베 정부는 전쟁을 금지하고 있는 평화 헌법 수정에 집중하며 한반도 유사시 자위대 파견까지 거론해 왔다. 미중 간 주도권 다툼에서 잠시 소외되는 모습도 있었지만 여전히 북핵 6자 회담 당사국으로서의 목소리는 존재한다. 즉, 북핵의 위협에 대응하여 적극적인 안보 정책을 취하겠다는 것이 일본의 입장이다. 대북 제재와 협상이 실패해 비핵화를 위한 노력이 무의미하다고 판단되면, 일본은 현재의 안보 체제를 근본적으로 재검토할 것으로 전망된다. 교전권을 부인한 일본의 평화헌법은 보통국가의 헌법처럼 개정될 것이고, 일본은 과거와 같은 군사대국이 될 수 있다. 일본은 재무장은 물론 심지어 핵무장을 포함한 군비 증강에 나설 수도 있을 것이다.

설령 헌법 개정이 이루어지지 않더라도, 일본 정부는 자위를 위한 최소한의 핵무기 보유는 위헌이 아니라는 현재의 해석대로 이를 합리화시킬 것이다. 미국의 동의가 관건이겠지만, 일본이 현재 처한 상황은 그런 전략적 변화를 정당화시킬 수 있다. 일본은 현재 북한과 북핵, 미사일, 일본인 납치 등 세 가지 문제가 해결되지 않으면 대북제재를 완화할 수 없다는 완강한 입장을 견지하고 있다.

현실적으로 일본이 핵무기를 개발하는 데 있어 기술적으로 전혀 문제가 없다는 점에 대한 전문가들의 견해는 일치한다. 일본에는 우라늄 농축 시설과 사용 후 핵연료의 재처리 시설이 있고, 이미 추출한 플루토늄도 충분히 있다.

물론, 일본이 핵무기 보유국으로 전환되기 위해서는, 핵물질과 관련 기술 및 경제력의 보유 외에 현실적 핵 보유에 수반되는 정치적·사회적 문제를 극복하지 않으면 안 된다. 또한 핵확산방지 체제의 근본적 변경이나 미일안보조약에의 영향과 같은 외교적 파장도 고려해야 할 것이다. 어쨌든 북한의 핵무장은 일본에 대하여 일단 그런 명분을 제공하기에 충분하다.[13]

격랑의 한반도

이처럼 북핵 및 남북 관계를 바라보는 주변국들의 서로 다른 셈법과 구상 속에서, 북한은 김정은 체제의 안전 보장을 추구하고 대북 제재 완화로 경제를 회생하며 미국과의 관계 정상화로 국제 사회에 연착륙할 기회를 엿보고 있다. 이런 상황에서 남북 관계에만 몰두해 한반도 평화 체제를 정착시키려는 문재인 정부의 정책은 과연 얼마나 유효한 것일까? 남북 관계에만 몰두한 문재인 정부의 정책이 비핵화를 유도하고 궁극적으로 한반도의 평화와 번영을 달성할 수 있을까?

작금의 핵 협상이 북한 핵 문제 해결로 이어질지는 여전히 미지수다. 이제 북핵 문제는 질적으로 다른 차원에 접어들었다. 핵 능력을 고도화하는 데 성공한 북한을 예전과 같은 방법으로 다뤄서는 안 된다. 예전처럼 비핵화의 실질적 진전이 없는 단계에서 제재를 해제해 압박 기제를 포기했던 과오를 반복해서는 안 된다. 미국은 북한이 실질적인 비핵화 조치를 취해야지만 이에 상응하는 조치로 제재를 점진적으로 풀어 나가겠다는 입장을 분명히 했다. 하지만 문재인 정부는 실질적 비핵화 조치 이전에라도 제재를 풀어 북한의 비핵화를 유도해야 한다는 상반된 입장을 보이고 있다. 한미 공조를 해치고 전적으로 북한의 선의에만 의존한 정책 대응이라는 비판을 받아 마땅하다. 문재인 대통령은 유럽 순방 당시 대북 제재 해제를 요구하다가 트럼프 대통령과의 회담에서는 북핵 문제 해결

후 제재 해제라는 원칙을 확인했다고 한다. 미국은 이런 한국을 어떻게 바라보고 있을까.

문재인 정부의 외교적 실책은 여기에 그치지 않는다. 중국과의 사드 문제에 대한 대응으로 사드를 추가 배치하지 않고, 미국의 미사일 방어 체계MD·Missile Defense에 가입하지 않으며 한·미·일 군사동맹을 체결하지 않겠다는 3불 정책을 약속함으로써, 한미일 안보 공조는 물론 한미동맹에도 균열이 가는 정책을 서슴지 않고 채택했다. 또한 일본에는 2019년 8월 지소미아, 즉 한일군사정보보호협정의 폐기를 통보했다. 일본이 한국 대법원의 강제징용 문제에 대한 판결에 불만을 품고 경제 보복을 하자, 다시 보복한 것이다. 문재인 정부가 지소미아를 파기함으로써, 일본과의 갈등은 경제 문제에서 안보 문제로 비화했다. 미국은 지소미아 파기가 한미일 안보 공조를 뿌리째 흔든다며 불편한 입장을 감추지 않고 있다. 도대체 문재인 정부는 우리 외교안보의 근간인 한미동맹을 어디까지 흔들 것인가?

외교에도 원칙이 필요하다

한국의 지정학적 성찰

미국과 중국 사이에서 우리가 어떤 스탠스를 취해야 할지를 결정하는 것은 정말 어려운 문제다. 사드THAAD 배치 논의, 중국 주도의 새로운 국제 금융 질서를 표방하는 AIIB Asian Infrastructure Investment Bank 가입 결정, 중국의 전승절 기념식 참석 문제, 미중 간의 남중국해 분쟁 등 미국과 중국 사이에서 우리나라는 외교적 입장을 정리하는 데 많은 어려움을 겪고 있다.

  일각에서는 '안보는 미국, 경제는 중국安美經中'이라는 이분법적인 접근 방법으로 우리의 관계를 정립해야 한다고 주장한다. 우리나라는 미국과의 동맹과 협력을 통해 북한의 위협에 대응하고 있기 때문에 미국과의 관계가 악화되면 안보에 구멍이 뚫리는 것이 현실이다. 동시에 대중 수출 의존도가 30퍼센트에 육박하고 있는 상황에서 중국과의 관계 악화는 경제적 손실로 곧바로 이어진다. 우리나라는 안보적 측면에서 미국과 관계를 공고히 할 필요가 있지만, 경제적 측면에서 중국과의 관계 역시 소홀히 할 수 없다. 그러나 한미 동맹과 한미 군사력 강화는 북한뿐만 아니라 중국에게도 안보적 위협을 느끼는 요소로 작용하며 한중 관계를 불안하게 만들고 있다. 이런 복합적인 상황 때문에 안보는 미국, 경제는 중국이라는 단순한 이분법적인 접근은 성립하지 않는다.

북핵 이후의 한반도

남북 관계가 좋아져서 북핵 문제가 해결되고 평화로 같이 나아가 통일까지 이뤄 냈다고 가정해 보자. 그때가 되면 국경을 마주하는 나라들이 중국과 러시아, 그리고 바다 건너 일본으로 바뀌게 된다. 많은 국제 전문가들이 공통적으로 지적하듯이 세계에서 가장 강력한 중국, 일본, 러시아로 둘러싸인 최악의 지정학적 환경에 그대로 노출된다. 경제력이든 군사력이든 핵 능력이든 모두 우리에게 위협적인 나라들이다. 중국과 러시아는 대규모 핵무기를 실전에 배치하고 있으며 핵비확산조약NPT-Nuclear Non-Proliferation Treaty이 인정한 핵보유국 지위를 지니고 있다. 일본은 핵무기는 없지만 원전 핵폐기물을 재처리할 수 있기 때문에 마음만 먹으면 금세 핵무기 보유국의 위치로 올라설 수 있다. 그때가 되면 이런 나라들을 어떻게 상대해야 할까.

어떤 나라와 비교해도 우리의 경제력과 국방력은 모두 열세다. 이런 엄중한 현실이 눈앞에 있는데도 여전히 우리가 남북 관계와 북핵 문제에만 모든 것을 집중할 수 있는 처지라고 생각되는가. 이러한 사실을 온 국민이 잊고 있다. 중국과 러시아가 우리와 국경을 마주하고 있는 인접 국가라는 사실을, 그리고 역사적으로 대부분의 전쟁은 국경을 맞대고 있는 이웃 국가 사이에서 벌어진다는 사실을. 그렇기에 우리의 대북 정책은 동북아 안보 지형과 미중 관계 역학 구도에 초래할 변화를 고려하며 추진돼야 한다. 우리의 정책 선택은 한반도와 동북아의 안보 역학 구도를 바꿔 버릴 가능성이 높다. 따라서 대한민국의 장기적 외교 안보 전략 관점에서 대북 정책을 구상하고 관리 추진해야 한다. 누누이 강조하지만 우리는 북핵 이후도 생각하며 남북 관계를 구상하고 안보 대계를 짜야 한다.

남북 관계 개선으로 북한의 비핵화가 얼마나 가시권 안에 들어왔는지 현실적인 질문도 던져 봐야 할 시점이다. 남북 정상 회담을 통해 남북 간의 평화가 이미 이루어진 것처럼 국제적인 이벤트를 선보였지만, 정상 회담 직후 이뤄진 여론 조사 결과 많은 국민들이 북한은 비핵화하지 않을 것이라고 답했다. 특히 2030세대 답변에서는 그런 인식이 더욱 두드러진다. 1차 남북 정상 회담 이후에 서울대 사회발전연구소와 조선일보가 실시한 여론 조사 결과를 보면 2030세대의 92퍼센트가 북한이 핵을 포기하지 않을 것이라고 판단하고 있다.[14] 안타깝게도 3차 남북 정상 회담 이후에도 북한의 비핵화가 가능할 것이라고 생각하는 국민들은 소수인 것으로 보인다. 더구나 2019년 2월 하노이 북미회담의 실패 이후 북한의 행보를 감안하면 북한의 완전한 비핵화는 이제 힘들다고 보는 것이 일반적이고 합리적인 추론이다.

외교 대원칙

'핀란드화Finlandization'라는 표현이 있다. 냉전 시기 소련과 핀란드의 관계를 빗댄 표현으로, 한 나라가 독립을 유지하면서도 대외 정책에선 이웃한 대국의 영향력 아래에 있어 자주적인 외교 정책을 펼치지 못하는 상황을 의미한다. 이러한 핀란드화를 예방하고 생존과 번영을 위해서 한국은 핵심 국가 이익에 기반을 둔 외교 대원칙을 세우고 이에 따라 외교 정책을 수립해야 한다. 이때 한국의 외교 대원칙은 국민적 합의를 바탕으로 보편적인 가치관과 원칙 위에서 세워져야 한다. 이를 위해 몇 가지 방안을 제안한다.

첫째, 21세기 대한민국의 핵심 국가 이익을 새롭게 규정하는 작업에 나서야 한다. 우리는 국익이라는 개념을 자주 사용하지만 실제로 우리가 타협하여 포기할 수 없는 국가의 핵심 이익이 과연 무엇인지, 이를 규정하는 국가적 작업을 수행한 적이 없었다. 정관계와 학계, 그리고 시민 사회 등을 대표하는 이들이 참여해 국가의 핵심 이익을 재규정하는 논의를 시작해야 한다.

둘째, 이러한 핵심 이익을 규정하는 작업에 반드시 국민적 합의가 필요하다. "이 정책이 국가 이익을 위한 것이니 정부를 믿고 따르라"는 식의 정책은 더 이상 통하지 않는다. 외교 정책에도 여론 수렴과 합의 도출 과정이 중요해진 세상이다.

셋째, 국가의 핵심 이익을 규정하고 국민적 합의를 도출한 후, 이를 기본으로 외교 대원칙을 수립하여 외교 독트린 형식으로 국내외에 천명해야 한다.

넷째, 이에 준거하여 미중 정책 및 국가의 외교 대계를 짜야 한다. 그래야만 우리나라의 불가피한 외교적 선택을 미국과 중국 등 주변 강대국들이 이해하게 될 것이다.

예를 들어 한반도 평화와 북핵 문제, 통일에 관한 우리의 핵심 안보 이익이 규정되면, 이러한 핵심 안보 이익에 근거해 우리가 선택한 정책을 당당하게 펼쳐 나갈 수 있어야 한다. 북한 핵 위협과 한반도 평화를 위한 우리의 핵심 안보 이익에 중국이 도전한다면 단호하게 입장을 표명해야 한다. 마찬가지로 우리의 핵심 경제 이익을 규정하게 되면, 이에 의거한 외교 정책을 떳떳이 펼칠 수 있어야 한다. 미국의 반대를 무릅쓰고라도 진행해야 한다. 즉, 우리의 핵심 경제 이익에 필요하면 AIIB에도 참여할 수 있고, 우리의 핵심 안보 이익에 필요하면 당연히 사드도 배치할 수 있는 외교적 입지를 구축해 나가야 한다는 것이다. 사안이 불거질 때마다 미국과 중국의 눈치를 보고 피해만 최소화하려는 정책은 결국 실패하고 만다. 우리의 핵심 이익을 규정하고 이에 준거한 일관된 정책을 추진해야 한다. 단기적으로는 미국과 중국이 불만을 표출할 수도 있지만 중장기적으로 안정적인 미국과의 관계, 그리고 중국과의 관계를 만들어 나갈 수 있을 것이다. 이를 위해 미국과의 관계를 잘 관리하고 중국과의 전략적 소통도 강화해야 한다.

트럼프의 미국 우선주의

많은 사람들이 트럼프 대통령의 미국 우선주의를 비판한다. 하지만 트럼프 대통령의 외교 정책이나 경제 정책, 관계술 대응 입장을 보면 그가 얼마나 미국이 처해 있는 현실을 정확히 파악하고 있는지 알 수 있다. 나는 트럼프 대통령이 미국 국익을 우선하는 실용적인 정책을 매우 발 빠르게 추진하고 있다고 생각한다. 이러한 정책에 국내 정치적인 계산이 자리하고 있음은 물론이다. 미국에서는 2차 대전 이후 국제주의internationalism 외교 정책 노선에 대한 국가적인 합의가 있었다. 국제주의는 고립주의 외교 노선의 반대 개념으로, 미국이 앞장서 자유주의liberalism 규범과 규칙에 기반을 둔 국제 질서를 만들고 지켜 나가야 한다는 것이 미국의 전반적인 국가 분위기였다. 하지만 최근 들어 미국의 국가 분위기가 많이 바뀌었다. 많은 미국인들이 규범에 의거한 국제 질서 지킴이의 역할보다는 자신들의 실리를 챙겨 달라고 워싱턴의 지도자들에게 요구하고 있다. 이러한 국가 분위기를 간파한 트럼프가 미국 우선주의를 표방하면서 대통령 자리까지 거머쥐게 된 것이다.

트럼프는 취임 후에 지지층의 기대를 저버리지 않고 철저히 미국 우선주의 정책을 추진해 왔다. TPP 탈퇴 행정 명령에 서명하고, 무슬림의 입국 금지를 주장했다. 주한 미군에 대해 "미국은 한국을 위한 방어 태세를 갖추고 있지만, 얻는 것은 하나도 없다"는 말을 반복하는 모습에서는 동맹 정책에서도 미국 우선주의 사고가 반영되어 있음을 알 수 있다.

많은 미국인들은 중국을 미국의 이익을 침해하는 신흥 패권국으로 이해하고 있다. 대중국 강경책은 거의 미국의 국가적 합의 national consensus 수준이다. 트럼프는 중국이 미국의 패권에 도전하는 기미를 보이자 중국의 영향력이 더 커지기 전에 견제하고 봉쇄하는 전략으로 대응하고 있다. 과거 일본이 미국을 위협하는 경제 대국으로 성장하다가 미국의 입김에서 촉발된 경제 불황으로 잃어버린 20년을 경험하지 않았던가.

마찬가지로 지금 미국은 중국의 백기를 받아 내기 위한 압박과 견제 작업을 계속해서 진행하고 있다. 중국을 둘러싼 국가들과 동맹 체제를 구축하면서 중국을 고립의 길로 내몰고 있다. 이러한 대중국 강경책은 아마도 중국이 무릎을 꿇을 때까지 계속될 것이다. G20에서 만난 미중 정상은 90일간의 휴전을 선포했다. 하지만 미국은 휴전 협정의 잉크가 마르기도 전에 캐나다를 종용해 중국 통신업체 화웨이의 최고재무책임자 CFO를 체포했다. 이러한 무역 전쟁에서 어느 쪽이 칼자루를 쥐고 있을까? 답은 비교적 명약관화하다.

미국 중심의 21세기 국제 질서

21세기의 주도권은 어느 나라가 쥐게 될까? 중국이 과연 미국을 누르고 주도권을 행사할 수 있을까? 중국이 무서운 속도로 미국을 쫓아오고 있는 것은 사실이지만 여전히 미국이 중국에 비해 군사력뿐 아니라 다방면에서 우위를 점하고 있다. 미국 중심의 국제 질서가 21세기에도 유지될 것이라고 보는 이유는 다양하다. 그중 한 가지 이유만 꼽으라면 단연 셰일shale 가스다. 조금 과장하자면 미국의 셰일 가스가 경제성을 가지는 순간 미국은 어떤 것도 두려워할 것이 없는 국가가 되어 버린다. '미국이 2020년 이전에 사우디아라비아와 러시아를 제치고 세계 1위의 산유국이 될 것으로 전망된다'는 국제에너지기구IEA의 분석이 이러한 사실을 확인해 준다.[15]

반면 중국은 이미 2017년 미국을 제치고 세계에서 가장 많이 원유를 수입하는 나라가 되었다. 2025년이 되면 일본을 제치고 액화천연가스(LNG) 최대 수입국이 될 전망이다. 셰일 가스는 미국이 에너지 패권을 바탕으로 중국의 거센 도전을 물리칠 지렛대다.

아울러 유럽의 동맹자적 역할의 축소와 함께 러시아의 지정학적 의미가 달라지는 등 전 세계적인 역학 관계가 재편될 개연성이 높다. 우리는 중국의 부상에 관심을 가지는 것만큼 미국의 저력을 궁금해하지는 않는 것 같다. 트럼프는 미국의 역대 대통령들과 달리 자유주의 규범에 의거한 국제 질서 유지에는 큰 관심이 없어 보인다. 하지만 세계 유일의 초강대국 지위를 포기할 생각도 없어 보인다. 다소 거친 방식이지만 어쨌든 국제 질서의 주도권을 휘두를 것이다.

우리의 현실

여기서 우리의 선택이 중요하다. 문재인 대통령은 2017년 12월 중국을 방문했을 당시 베이징대학교에서 진행한 강연에서 "중국은 높은 산봉우리 같은 나라, 한국은 작은 나라지만 중국몽中國夢과 함께 하겠다"는 사대주의에 버금가는 발언을 하며 중국을 치켜세웠다. 그러나 결국 중국에게서 돌아온 것은 혼밥[16]과 홀대였다. 청와대는 중국 서민 생활 체험이라고 에둘러 이야기했지만 문재인 대통령은 두 끼 연속 혼자 밥을 먹었다. 베이징에 없었다던 리커창李克强 총리는 베이징에서 국무 회의를 주관했고, 문재인 대통령은 별다른 일정을 잡지 못하고 숙소에 머물렀다.

반면 김정은 방중 때 중국이 보여 줬던 대접은 어떠했는가. 당시 중국을 방문했던 대북 문제에 정통한 지인은 북한에서 제작한 김정은 방중 다큐멘터리를 보고 엄청난 충격을 받았다고 전했다. 문재인 대통령과 비교조차 할 수 없는 극진한 대접이 마치 트럼프 대통령의 방중에 견줄 정도였다는 것이다. 중국을 움직이는 최고 지도부인 중국 공산당의 정치국 상무위원 세 명이 베이징역에서 김정은을 영접했고, 시진핑을 비롯한 상무위원 일곱 명 전원이 김정은 환영 만찬에 등장했다.

중국은 철저히 국가 이익을 염두에 두고 한반도 정책을 구사하고 있는데, 우리는 중국이든 북한이든 너무 그들의 선의에만 의존하고 있는 것은 아닌지 걱정스럽다. 우리가 바라보는 상대와 상대가 바라보는 우리의 처지는 언제나 같을 수 없다. 아니, 너무도 다르기 때문에 국제 정세의 흐름을 정확히 파악하고 있어야 한다. 일국의 외교 정책은 철저히 국익을 계산한 후 입안되고 추진되어야 한다. 외교가 세계 어떤 나라보다 중요하다고 할 수 있는 한국의 경우는 더더욱 그렇다.

그럼에도 우리의 외교 정책은 너무 순진하다. 중국의 굴기, 북핵 위기의 고착화, 신냉전의 도래 등 불리한 상황에 둘러싸여 있으면서 아직도 우리는 평화만을 꿈꾸듯 한가하다. 우리의 역할과 위치를 정확하게 인식해야 한다. 중국에게는 3불 원칙을 선언하여 사드 추가 배치를 부정했으며, 미국의 미사일 방어 체제 참여는 거부 의사를 명확히 했다. 중국의 영향력에 대항할 수 있는 유일한 방안인 한미일 공조는 절대 동맹으로 발전하지 않을 것이라고 공언했다. 굳이 이럴 필요가 있었을까?

한미일 안보 공조 강화는 미국의 아시아 정책 핵심 중 하나이다. MD는 이러한 한미일 안보 공조를 연결하는 매개의 역할을 한다. 물론 안보 공조와 동맹에는 큰 차이가 있다. 그러나 2016년 6월 한미 정상 회담 후 나온 공동 선언문에는 '에너지 안보, 사이버 안보 같은 범세계적 도전 대응에 (한미일) 3국 관계를 활용한다'는 내용이 담겨 있다. 또한 2016년 10월 28일 한미 국방장관 공동 성명에는 '아태 지역에서 공동의 안보 도전에 직면해 있는 (한미일) 3국이 지역의 평화를 위한 협력 증진을 도모할 것'을 명기하고 있다. 이는 한미일 안보 공조가 북한 문제를 넘어 글로벌 동맹이나 지역 동맹의 길로 갈 수 있는 여지를 남겨 놓은 것이라고 해석할 수 있다. 만약 문재인 정부가 중국에게 3불 약속을 할 의향이 있었다면 한미일 삼각 안보 공조는 한미 정상 회담 선언문에 담지 말았어야 한다. 이를 명문화한 이후 중국에게 3불 약속을 했으니 미국의 정책 당국자들이 일종의 배신감을 느끼지는 않았을까?

문제의 핵심은 문재인 정부가 전략적인 사고 없이 미중 양국 사이에서 줄타기 외교를 하고 있다는 것이다. 미중 사이에 난처한 외교적 사안이 나올 때마다 그저 미봉책으로 급급해하는 것으로 보여 심히 우려된다. 앞서 언급했지만 지금이라도 대한민국 외교 안보의 대원칙을 세우고 외교 안보 핵심 이익을 규정할 수 있어야 한다. 한국의 외교 안보 대원칙과 핵심 이익에 의거한 대미·대중 정책을 꾸준히 추진해야 한다. 그래야만 미국과 중국 사이에서 일관된 정책을 추진할 수 있다.

발전적 한미 동맹

한미 동맹은 북한의 위협에 대처하는 가장 중요한 대한민국의 안보 자산이다. 그럼에도 불구하고 21세기 미중 두 강대국의 경쟁 속에서, "한미 동맹에 대한 성격을 다시 한 번 검토해 봐야 하는 것이 아닌가"라는 목소리가 나오기도 한다.

한미 동맹은 우선 우리나라 안보의 최대 위협인 북한 핵과 미사일에 대한 효과적인 억제를 위해 반드시 필요하다. 한국 전쟁 이후부터 우리 국군은 핵우산을 포함한 미군의 주요 전력들과의 협력을 전제로 운용되고 있기 때문에, 미국의 안보 협력이 없이는 막대한 비용이 소요될 것이다. 독자적인 방어 능력을 구축하는 데 소요되는 비용과 시간을 감당하는 것은 현실적으로 불가능에 가깝다. 한미 동맹은 한국과 같은 중견국이 미국의 힘에 편승하여 중국, 일본 같은 역내 강국들과 삼각 균형 체제를 이룰 수 있게 하는 한국의 '외적 균형' 전략의 핵심이다. 전작권 전환 시기, 방위비 분담 등 한미 간 갈등을 불러일으키는 현안들이 다소 있음에도 불구하고 지난 20세기부터 구축해 온 한미 동맹에 불안 요소가 발생하는 것은 매우 비현실적이며 역내 불안정성을 키우는 요인이 된다. 실제 중국은 북한과는 신 밀월관계를 형성하고 있고, 러시아마저 끌어들여 합동군사훈련을 하는 등 '대륙세력' 간 삼각동맹을 굳건히 하고 있다. 하지만 한미일 등 '해양세력'은 지소미아 파기로 이미 균열이 시작되었다.

한미 동맹은 우리의 안보를 위해 반드시 필요하다. 물론 통일이 되면 동맹의 성격에 대한 재규정이 필요할 것이다. 따라서 중·장기적으로는 미국과의 동맹 관계를 '북핵 이후'까지 내다보면서 관리하고 일본과의 안보 협력도 제고해야 한다. 한미 동맹으로 중국의 한반도 패권 장악을 방지할 수 있어야 한다. 굳건한 한미 동맹은 우리가 가질 수 있는 가장 확실한 대중국 지렛대다. 한미 동맹이 없다면 한국은 중국에게 전략적 의미도 별로 없는 변방 국가 중 하나에 불과할 것이다.

물론 대한민국은 미국뿐 아니라 중국과도 잘 지내야 한다. 대한민국이 처해 있는 지정학적 숙명이다. 중국은 우리에게 경제적으로도 중요한 나라지만 북한의 비핵화와 한반도 통일에도 핵심적인 역할을 하는 나라다. 중국과 마찰이 생긴다면 우리는 경제적으로 어려워지고 대북 정책도 어려워질 수밖에 없다. 중국과 원만한 관계를 유지하기 위해서는 가급적 중국의 전략적 이익을 존중해 주는 대중 정책을 구사해야 한다는 점에 동의한다. 중국이 협조해서 북한의 비핵화가 이뤄진다면 앞으로 굳이 사드를 추가 배치해야 할 이유도 없을 것이다. 중국이 중국의 전략적 이익을 존중할 여건을 마련해 줘야 한다는 얘기다. 그런데 중국이 북한의 비핵화를 지연시키고 통일을 방해한다면 우리도 중국의 전략적 이익에 타격을 입힐 수 있는 정책을 레버리지로 보유하고 있어야 하지 않을까? 그래야 중국이 우리를 무시하지 않는다. 이런 측면에서 보면 우리의 가장 확실한 대중국 지렛대는 역시 한미 동맹이다.

또 하나 간과해서는 안 될 사실은 역사를 되짚어 봤을 때 중국이 동북아의 패권 국가로 부상하면 한국은 주권 유지에도 어려움을 겪을 만큼 안보 이익에 큰 손실이 발생했다는 사실이다.

  김재천 서강대학교 국제대학원 교수는 "중국을 견제하기 위한 아시아·인도·태평양 동맹 강화는 미국 외교 정책 주류 세력의 강력한 합의 사항"이라며 "이들과 꾸준히 소통하며 한국의 전략적 가치와 신뢰도를 높여야 할 뿐만 아니라, 한반도를 넘어 지역 안정에 기여하고 지구촌 문제에 대처하는 지역 동맹화, 글로벌 동맹화 작업도 속도를 내야 북핵 이후에도 한미 동맹을 유지할 수 있다"는 견해를 밝힌 바 있다.[17]

북한이 핵무기를 고집하는 이유

속아서 잃어버린 25년

1993년 1차 북핵 위기가 발발했을 때 북한은 "한반도 비핵화는 김일성 주석의 유훈"이라는 말로 핵무기를 개발할 의지가 전혀 없다고 강조했다. 명백한 거짓말이었다. 또, 자신들이 핵 개발에 나선 것은 미국과 남한이 대북 적대시 정책을 고집하고 있기 때문이라며 모든 것을 한국과 미국 탓으로 돌렸다. 25년여 기간을 돌이켜 보면 핵 보유를 위한 북한의 노력은 전략적이었다. 특히 북한이 비핵화 의지를 집요하게 반복했기 때문에 북한에 실제로 비핵화 의지가 있는 것 아니냐며 여론이 양분되기도 했다. 한국은 물론이고 미국 내에서조차 북한의 의도를 두고 갈등이 있었고, 심지어 북한을 너무 궁지로 몰아넣으면 정말로 핵 개발을 할 수도 있다는 분석도 있었다.

    북한의 NPT 탈퇴를 막는 데 조급했던 미국은 북한의 벼랑 끝 전술에 결국 1994년 10월 북한과 제네바 합의를 타결했다. 북한의 외교적 승리였다. 북한은 국제 사회에 비핵화 의지를 과시하고 미국으로부터 매년 50만 달러의 중유 지원과 경수로 제공 등의 실리를 챙겼다.

당시 북한은 플루토늄 핵 개발로 협상을 하는 동시에 파키스탄 등과 비밀리에 우라늄 핵 개발을 추진하고 있었다. 미국과 지루한 핵 협상을 이어 가면서도 뒤에서는 플루토늄과는 차원이 다른 우라늄 핵 개발을 하고 있었던 것이다. 미국이 이런 점을 우려해 제네바 합의에 우라늄 핵 개발 금지까지 합의 사항에 넣자고 했지만 북한은 끝까지 거부했다.

북한은 제네바 합의를 이행할 의사가 애초부터 없었다. 사찰 문제 등 갖가지 핑계와 제한 조건을 들이대며 이리저리 피해 다니기만 했다. 결국 제네바 합의는 북한이 고농축 우라늄 프로그램을 가동하고 있다는 의혹이 제기되면서 2002년 파기됐고 2차 북핵 위기가 발발했다. 북한은 2003년 끝내 NPT 탈퇴를 선언했다. 2009년에는 고농축 우라늄 프로그램의 존재를 인정하기도 했다.

국제원자력기구IAEA 사무차장을 지냈고 제네바 합의가 이루어진 시점부터 6자 회담이 성사될 때까지 북한 핵 사찰의 총 책임자였던 올리 하이노넨Olli Heinonen은 한 일간지와의 인터뷰에서 "북한은 1994년 제네바 기본 합의에 서명하자마자 두 가지 중대 위반을 했다. 우라늄 농축 핵무기 개발을 시작했고 영변 핵 시설에서 플루토늄을 반출해 별도 시설에서 가공한 뒤 현재와 같은 핵 능력을 개발했다"[18]고 증언했다.

올리 하이노넨 전 IAEA 사무차장의 증언을 믿지 않는 사람이 아직도 있다면 정말 안타까운 일이 아닐 수 없다.《워싱턴포스트》역시 북한은 이미 1993년부터 파키스탄과 비밀리에 미사일과 핵무기 기술 거래를 해오고 있다고 보도했다. 국내에서는 KBS가 특집 방송으로 이 사실을 확인해 주었다.

북한은 국제 사회의 감시를 피해 고농축 우라늄 핵무기 프로그램을 차근차근 진행했다. 25년의 기간 동안 한국과 미국에 들어선 모든 정부의 대북 정책은 정치적 성향과 무관하게 북한의 핵 개발을 막지 못하고 실패로 끝났다. 어떤 대통령도 북한의 핵 질주를 막을 수 없었다. 핵무기 프로그램에 대한 북한의 집착은 그 정도로 강했다.

지난 사반세기 동안 북한은 적어도 다섯 차례 이상 국제사회나 한국과의 비핵화 합의를 파기해왔다. 1991년의 '한반도 비핵화 공동선언', 1994년의 '북미 제네바합의', 2005년의 '9.19 공동성명', 2007년의 '2.13조치'와 '10.3합의', 2012년의 '2.29합의'가 북한이 지키지 않은 약속들이다. 이런 경험들을 통해 미국은 외교적 교섭에만 의존해서는 북핵 해결이 힘들다는 사실을 깨달았다. 미국이 국내 입법을 통해 독자적인 대북 제재를 강화하는 것은 그런 이유 때문이다. 반복되는 북한의 합의 파기에 대비해 실질적인 해법을 모색하지 않으면 안 된다.[19]

2018년 이후 각종 정상 회담과 남북 간의 평화·협력 이벤트가 다채롭게 이루어지고 있는 상황이지만, 지난 25년 동안 우리와 국제 사회를 속인 북한의 거짓말과 이중적 행태를 결코 잊어서는 안 된다. 손자孫子는 그의 병법서에서 '병자궤도야兵者詭道也', 즉 전쟁은 속이는 게임이라고 했다. 속고 속이는 전쟁에서 북한은 한국과 국제 사회를 상대로 완승을 거두었다. 전체주의는 이런 전략 전술을 구사하는 데 있어 정권 교체가 반복되는 민주 체제보다 확실히 우위에 있다. 5년 단임 문재인 대통령은 이 점을 명심해야 한다.

방관할 수 없는 북한 인권

북한 사회를 말할 때 가장 먼저 언급되는 것이 인권 문제다. 북한의 끔찍한 인권 상황은 이미 상식이라 할 만큼 널리 알려져 있다. 2014년 유엔 북한인권조사위원회COI 보고서는 북한 정부가 살해, 노예화, 고문, 감금, 강간, 강제 낙태 등의 심각한 인권 침해를 조직적이고 광범위하게 자행하고 있다고 밝혔다. 북한의 인권 유린은 국제 사회에서 이미 국제 평화와 안보에 대한 위협으로 간주되고 있으며, 유엔 안보리를 통해 4년 연속 정식 안건으로 채택되기도 했다.

이제 새삼스럽지도 않은 남북과 미북 정상의 만남이지만, 그 이전에 있었던 어떤 정상 회담에서도 북한의 인권 문제가 한 차례도 거론되지 않았다는 점은 뼈아프다. 그나마 트럼프 대통령은 2018년

2월 탈북자 여덟 명을 백악관 집무실로 초청해 그들이 겪은 북한의 인권 상황에 대한 이야기를 듣고 북한 인권 문제에 관심을 표명했다. 하지만 한민족이라고 강조하는 우리나라 정부는 오히려 북한의 인권 유린을 보호하고 대변하는 모습만 보이고 있다.

  더욱 안타까운 것은 인권이라는 인류 보편적 가치는 사실 진보적 가치라고 할 수 있다는 점이다. 한국의 진보들은 북한의 인권에 철저하게 침묵하고 있다. 오히려 유엔에 북한 인권 결의안이 상정되자 당사국이라 할 수 있는 한국이 기권을 하는 어이없는 상황도 벌어졌다. 회의장에 한국이 참석하지 않는 경우도 있었다. 심지어 북한과 접촉을 한 후 내린 결정이라고 하니 더욱 어이가 없다. 그리고 이들이 북한 인권법에 반대하는 바람에 발의에서 통과까지 시간이 너무 많이 소요됐다. 이들의 주장을 요약하면 북한의 인권 개선은 북한이 정상 국가가 되어 스스로 이뤄야 하는 문제이기 때문에 국제 사회와 한국은 북한 발전을 지원하는 역할에 머물러야 한다는 것이다. 이런 식으로 독재 국가의 인권이 개선된 경우를 본 적이 있는가. 외부에서 지속적으로 문제를 지적하고 개선을 요구하는 압박을 가했을 때 인권이 개선된 경우가 더 많다. 외부 지원 역시 인권 개선을 조건으로 내건 경우가 실질적인 성과를 냈다. 냉전 후 동유럽의 구舊공산 국가에 대한 외교적 경제적 지원도 인권 개선을 조건으로 이뤄졌다. 이것이 헬싱키 프로세스 Helsinki Process 의 주요 내용 중 하나이다.

한국이 북한 인권에 관심을 기울이고 국제 사회와 보조를 맞춰 같은 목소리를 낼 때 북한이 변할 가능성이 높아진다. 북한 인권이 개선되고 북한 주민의 삶이 개선될 때 통일은 앞당겨질 수 있다.

2018년 9월 문재인 대통령이 평양에 가서 도열한 북한 주민들의 열렬한 환영을 받았고 능라도 체육관을 가득 메운 15만 북한 관중 앞에서 연설했다. 그리고 북한 지도자와 나란히 앉아 흐뭇하게 집단 체조 공연을 관람했다. 평양의 발전상을 칭찬하고 북한 주민들의 용기를 칭송했다. 문 대통령이 받은 환영과 감탄해 마지않았던 공연은 유엔 북한인권조사위원회가 국제 협약 위반이라고 지적한 북한 주민들의 중노동으로 만들어졌다. 공연 연습에 동원된 북한 어린이들이 장시간 노동에 가까운 연습의 후유증으로 방광염과 관절염을 앓고 있다는 언론 보도[20]는 우리를 슬프게 한다.

문재인 대통령의 연설을 들으며 인권 변호사 출신 대통령의 인권 감수성에 대해 생각해 봤다. 결국 북핵 폐기에 실패한다면 그 책임은 김정은 정권의 정치범 수용소 실태 등 인권 유린을 방조한 데까지 이를 것이다. 이런 해석은 탈북자 단체의 예산을 대폭 삭감하여 북한 인권 개선 운동에 타격을 준 행태가 뒷받침한다. 또한 평양의 발전상을 언급하는 대목에서는 극장 국가의 주 공연 무대인 평양시의 본질을 진정 모르는 것인가 하는 의문도 들었다. 평양은 북한의 시민市民 도시가 아니라 '신민臣民 도시'이다. '핵심 계층'이라 칭하는 특권층이 주로 거주하는 선택받은 도시이며 북한의 다른 지역과는 비교할 수 없을 정도로 혜택이 주어지는 도시다. 거대한 빌딩과 조형물들은 전체주의 인권 유린의 상징이라 해도 과언이 아니다. 지속적인 대화를 위해 김정은의 구미에 맞는 말을 해야 할 처지임을 감안하더라도 지도자로서 지켜야 할 금도가 있다.

우리가 살았던 지난날을 기억한다면 북한 인권 문제를 두고 진보와 보수가 갈등을 해서는 안 된다. 진보가 자랑하는 대한민국의 민주화 역사는 인권 신장의 역사이기도 하다. 우리 진보 진영은 북한 정권이 인권을 탄압하면서까지 정권을 유지해야 하는 이유가 북한을 둘러싼 외부 환경이 열악하기 때문이라는 인식을 가지고 있는 것 같다. 그래서인지 북한 체제를 인정하는 것이 우선되어야 한다고 믿고 있다. 이는 북한의 공산화 위협 때문에 우리 국민의 인권을 제한해야 한다는 군부 독재 정권의 논리와 다를 바가 없다. 지속적인 관심과 문제 제기만이 북한 당국의 반인권적 행동을 견제하고 북한 내부에서 인권 인식이 제고될 수 있는 환경을 조성해 줄 것이다.

북한의 경제난

북한의 경제난은 김정은의 입을 통해서도 확인된다. 2018년 10월 폼페이오 미 국무장관을 만난 김정은은 종전 선언보다 대북 제재 해제를 더 강조했다. 1990년대 중반 첫 번째 고난의 행군을 겪으면서 수십만 명의 아사자가 발생했다는 것은 이미 잘 알려진 사실이다.

그럼 지금 현재의 모습은 어떨까. 2017년 6월 비무장 지대를 통해 귀순한 북한 병사는 합동 심문 과정에서 배고픔의 고통을 이기기 힘들어 탈북했다고 진술했다. 탈북 병사의 입을 통해 다른 지역에 비해 식량 보급이 원활한 최전방 군인들마저 굶주리고 있다는 사실이 확인되면서 북한 경제난이 예상보다 심각한 것으로 분석되고 있다.

전력 부족은 말할 것도 없다. 북한은 매해 겨울 전력난에 시달리지만 2018년은 명절용으로 공급하던 전기마저 중단되는 등 상황이 더 심각했다. 자유아시아방송RFA은 북한 최대의 명절인 2월 광명성절(김정일 생일)에도 주민들에 대한 전력 공급이 중단되었다고 밝혔다. 몇 해 전 영국에서 망명한 태영호 전 영국 주재 북한 공사도 저서에서 북한의 전력난에 대해 북한 외교관들의 귀국 선물로 가장 인기 있는 것이 양초였으며 2000년대 초반까지 양초는 잘사는 집의 상징이었다고 증언하고 있다. 또한 NK지식인연대의 김흥광 대표는 북한 주민들의 민심을 달래기 위한 명절 특별 배급도 상당히 부족한 수준이었다고 전한다. 이미 언급한 대로 북한 주민들의 경제 활동이 벌어지는 장마당 시장도 붕괴되고 있는 상황이고, 《노동신문》의 발행 부수도 줄어들었다. 모두 북한 경제의 총체적 난국을 극명하게 보여 주는 내용들이다.

그러나 북한은 29회의 핵·미사일 발사에 3억 달러(약 3350억 원), 동상 건립 등 460여 개의 우상물 제작에 1억 8000만 달러(약 2000억 원)를 쏟아부었다. 그뿐만 아니라 2012년 창전거리, 2013년

은하과학자거리, 2015년 미래과학자거리, 2016년 여명거리 조성과 마식령스키장, 미림승마클럽, 능라인민유원지, 문수물놀이장 건설 등 김정은의 이미지 정치와 체제 선전을 위해 자원을 소모했다.

2006년 북한의 1차 핵 실험으로부터 시작된 유엔과 국제 사회의 대북 제재는 현재까지 10여 차례에 걸쳐 보완·강화되어 왔다. 대북 제재의 실효성을 비판적으로 평가하는 사람들도 많지만 대북 제재를 통한 북한 압박이 북한을 대화의 장으로 끌어내는 원동력이었던 것은 사실이다.

김정은의 이미지 전략

2018년 9월 평양에서 열린 남북 정상 회담에서 김정은은 겸손하고 예의 바르며 상대방의 말을 경청하는 젊은이로 비쳐졌다. 숙청과 공개 처형의 공포 정치가 믿기지 않을 정도로 겸손하고 선한 이미지였다. 누추하지만 성의로 받아달라는 표현, 서울 초청에 대해 서울에 갈 만큼의 일을 하지 못했다는 겸손 등 상상을 벗어난 반전의 이미지를 드러냈다.

불과 1년 전의 모습을 돌아보면 지금의 남북 간 평화 무드가 과연 현실인가 하는 생각이 들 정도다. 김정은은 2017년 9월 6차 핵 실험과 수소탄 시험 성공을 잇달아 발표하고 트럼프 대통령을 상대로 불한당, 깡패, 노망난 늙은이라는 비난을 쏟아부었다. 미사일 발사 시험은 2017년 한 해에만 열두 차례나 실시했다.

이런 김정은은 2018년부터 전혀 달라진 모습을 보인다. 평창 동계 올림픽 참가 의사를 밝혀 대화의 문을 연 것으로 평가받는 2018년 신년사 이후이다. 신년사에서 김정은은 "핵탄두를 장착할 수 있는 로켓을 대량 생산하고 실전 배치하는 사업에 박차를 가할 것"임을 밝혔다. 김정은의 2018년 목표는 평화 분위기를 조성해서 대화 국면으로 전환하고, 자신들은 시간을 벌면서 지속적으로 소형화·경량화된 핵무기를 대량 생산해 도처에 배치하는 것이다. 실제로 지금까지 진행된 남북 관계나 미북 관계의 모습은 김정은이 신년사에서 밝힌 모습대로 진행되고 있다.

북한 정부와 김정은은 미국에게 체제 보상을 지속적으로 요구하고 있다. 백두혈통이라는 신격화된 도구를 이용한 권력 세습을 당연시하는 북한의 상황에서 체제 보장이란 김정은의 권력 유지를 보장한다는 의미다. 이제 겨우 30대 중반의 나이인 김정은에게 체제를 보장한다는 것은 향후 40년, 50년 동안의 집권을 의미한다. 다른 나라들이 5년에서 10년 주기로 지도자와 정책 방향이 바뀌는 것을 생각하면 시간은 김정은의 편이다.

그러나 진정으로 시간을 자기의 편으로 만들기 위해서는 누구도 넘볼 수 없는 확실한 자기 보호 수단을 마련해야 한다. 그것은 국제 사회와 북한 내부 모두를 확실하게 제압할 수 있는 수단이어야 한다. 그런 수단은 핵무기 이외에는 없다. 김정은의 핵무기는 국제 사회를 상대로는 원조를 받아 내기 위한 외교적 수단이고, 북한 내부를 상대로는 경제난을 정당화하고 인민들에게 체제의 긍지를 심어 줄 선전 수단이다. 체제 보장을 위해 필요한 여건을 만드는 유일한 도구인 핵무기를 포기할 수 없는 이유다.

　이러한 맥락에서 보면, 김정은이 지금 밝히고 있는 비핵화 의지와 평화 공세는 체제 유지를 위한 전술로밖에 볼 수 없다. 공산주의자들이 대중을 자신의 편으로 끌어들이기 위해 정체를 숨기고 위장하는 통일 전선 전술의 일환인 것이다. 그렇다면 김정은의 전략은 충분히 성공했다고 볼 수 있다. 북핵의 직접 당사자인 우리나라는 말할 것도 없고 미국의 대통령까지 의심을 접고 대화에 나섰지 않은가. 김정은은 비핵화 대화에 나올 때부터 핵무장을 기정사실화하고 제재를 완화시키려는 의도를 가지고 있었다. 다행히 트럼프 행정부는 비핵화 전까지 제재 완화는 없다고 천명한 상황이다. 그러나 트럼프가 생각하고 있는 비핵화가 무엇인지 고심해 볼 필요가 있다. 혹시 미국 우선주의의 트럼프가 생각하는 비핵화가 우리 안보 이익에 반하는 것은 아닌지 한 번쯤은 짚어 봐야 한다.

　한편 집권 3년 차에 들어선 김정은은 대대적인 숙청 작업으로 약 400여 명을 처형한 것으로 알려져 있다. 숙청과 처형은 당 간부나 고위층에게만 해당되는 것이 아니다. 미국 국무부가 발표한 2018 국가별 인권 보고서에 따르면 북한 주민들에 대한 공개처형도 자행되고 있다. 북한은 2012년부터 2016년까지 정부 관리 140명

등 공개처형 340건을 실시했다. 2016년 설문조사에 따르면, 탈북자 64퍼센트가 공개처형을 목격했다고 한다.[21] 한국 영화나 드라마를 시청한 주민들이나 탈북민의 남겨진 가족들에 대한 공개 처형도 진행되고 있다. 양강도의 혜산시에서는 한국 영화와 드라마를 시청했다는 이유로 주민 수 명과 탈북을 지원해 준 브로커 10여 명을 총살했다.[22] 지금도 숙청과 처형에 의한 북한의 공포정치는 진행 중이다.

앞으로 김정은이 잔혹한 독재자로 남을지, 문재인 대통령에게 보인 모습처럼 겸손한 젊은 지도자로 역사에 남을지는 두고 볼 일이다. 그러나 폭정으로 정권을 유지해 온 김정은의 통치 행태가 남북 관계와 함께 개선되어 나갈 것으로 보이지는 않는다. 북한은 오히려 남북 관계가 개선되고 미국과의 대화가 진행될수록 주민들이 사상 교육은 더욱 철저히 하면서 주민 통제의 고삐를 늦추지 않고 있다. 이런 상대와 평화만을 외칠 수는 없다. 김정은의 확인되지 않은 선의에 한반도의 평화와 우리 민족의 운명을 맡기려는가.

김정은이 핵무기에 집착하는 이유

태영호 전 공사는 망명 직후 국회에서 열린 비공개 간담회에서 "북한의 역사는 핵 개발의 역사다. 김일성은 이미 한국 전쟁 때 원자탄의 심리적 효과가 매우 크다는 걸 알고 핵무기를 가져야 한다는 확고한 의지를 가지고 있었다. 할아버지 대부터 수십 년간 이어져 왔고 세습 통치, 장기 집권의 유일한 전유물인 핵 개발을 절대 포기 안 한다"고 말한 바 있다. 그는 또 김일성, 김정일, 김정은은 3대에 걸쳐 핵 개발을 중단한 적이 단 한 번도 없으며, 햇볕 정책이 실시되던 김정일 집권 시절에도 핵 개발을 은밀히 진행했다고 밝혔다. 경험한 사람과 관찰만 한 사람, 그리고 짐작만 한 사람은 이해의 정도가 다를 수밖에 없는데, 태 전 공사의 말은 그 격차를 많이 해소시켜 주었다.

태 전 공사의 증언을 종합하면 체제 위협을 느끼고 있는 북한은 핵무기가 정권의 안위를 지켜 낼 마지막 보루라고 생각하고 있는 것으로 추측된다. 그러나 어려운 경제 사정이 지속되고 그로 인한 주민들의 불만이 높아지는 상황을 타개하기 위해서 경제 개발을 동시에 추진하겠다는 병진 정책을 내세우게 된 것이다. 경제 개발이 제대로 되려면 외부와의 경제 협력이 필요한데, 핵무기를 가지고 있는 북한과는 어느 나라도 공개적으로 경제 협력을 진행할 수 없다. 결국 병진 정책은 이러한 구조적인 모순 때문에 성공하기 어렵다.

따라서 체제 유지를 위한 유일한 수단이 핵무기로 귀결될 수밖에 없다. 그런데 김정은은 핵무기를 체제 유지 수단 이상으로 생각하고 있는 것으로 판단된다. 6차에 이르는 핵 실험과 연이은 미사일 실험으로 핵보유국의 지위를 확실히 하고 이러한 지위를 이용해 남북 관계와 주변국 관계를 재설정하려 하고 있다고 판단된다.

북한은 미국의 적대시 정책 때문에 핵·미사일을 개발하고 있다고 강변하지만, 사실 대한민국을 무기력하게 만들기 위해 핵

미사일을 개발하고 있는 것은 아닌지 걱정이다. 북한 정권을 위협하는 것이 과연 미국의 적대시 정책일까? 북한 정권을 위협하는 것은 자유를 누릴 수 있고 부강한 대한민국의 존재 자체가 아닐까? 북한은 우리 정부가 통일보다 평화 공존을 희망한다고 아무리 강조해도 믿지 않을 것이다. 대한민국 국력이 현재와 같이 압도적으로 지속된다면 아무리 평화적 교류 협력을 한다 하더라도 북한은 '언젠가는 우리가 흡수되고 말 것'이라는 불안감을 지울 수 없을 것이다. 그래서 북한의 입장에서는 핵과 미사일을 개발·보유해 대한민국을 견제하려 하는 것이다.

김정은 정권이 공격을 감행해 '남조선 해방의 위업'을 이룩하기는 어려울 것이다. 하지만 핵·미사일로 대한민국을 괴롭히며 전략적 이득을 챙길 방법은 다양하다. 북한은 현재 자발적으로 비핵화 협상에 나왔다. 하지만 비핵화의 실질적 진척이 없는 이 시점에서 만약 북한이 비핵화 약속을 지키지 않는다면 엄청난 전략적 손실이 발생할 것임을 우리의 의지와 행동으로 보여 줘야 한다. 이는 미국과 북한의 문제가 아니라 대한민국과 북한의 문제이다.

사실 남북 간의 경쟁에서 북한이 대한민국에 이길 수 있는 것은 핵무기 외에는 아무 것도 없다. 반대로 우리는 압도적인 국력의 우위를 바탕으로 남북 관계를 주도할 수 있지만 북한 핵무기 때문에 그럴 수 없는 상황이다. 북한이 비핵화의 실질적 조치를 점진적으로 취해 간다고 해도 핵심적인 핵 공격 능력을 포기할 가능성은 매우 낮아 보인다. 남북 관계, 더 나아가 미국, 중국과의 관계에 있어서 주도권을 뺏기지 않으려면 언제라도 위협할 수 있는 수준의 핵 능력은 보유하고 있어야 하기 때문이다.

북한과의 비핵화 논의는 핵 감축으로 방향을 틀 가능성이 높다. 미국과 같은 핵보유국으로서 핵을 감축하는 방안에 대해서 얘기하자는 식이다. 미국의 핵우산 철수까지 포함한 한반도 지역 비핵화 논의를 제안할 수도 있다. 다시 말하지만, 북한은 겉으로는 비핵화 조치를 취하고 있으나 실제로는 실질적 핵보유국의 지위를 지닌 정상 국가로 인정받아 국가 전략과 주변국 관계를 새로 설정하겠다는 전략을 세운 것으로 판단된다.

그렇다면 북한의 비핵화를 위해서 우리는 어떻게 해야 하나? 우선 북한 핵의 CVID Complete, Verifiable, Irreversible Dismantlement[23]를 달성하기 이전에는 북한을 정상 국가로 대우해서는 안 된다. CVID 이전에 정상 국가로 인정한다는 것은 결국 핵보유국의 지위를 인정한다는 것을 의미한다. 이는 북한 핵이 우리를 대상으로 가지고 있는 전략적 이익을 고스란히 인정해 주는 것이기도 하다. 이전의 북한 핵 협상이 실패했던 이유는 경제적 유인책이나 체제 보장과 같은 약속이 북한을 비핵화의 길로 인도할 수 있다고 착각했기 때문이다. 하지만 경제적 보상이나 체제 보장 약속이 북한의 셈법을 바꾸지는 못했다. 압박을 너무 쉽게 포기하고 정치 경제적 유인책을 너무 일찍 사용해서 북한이 비핵화에 대한 필요를 느끼지 못하는 상황이 발생했다. 비핵화 의지가 결여된 상황에서 진행된 협상이 의미 있는 결과를 도출해 낼 수는 당연히 없었다.

결국 정치적, 경제적 보상이 아닌 강력한 압박만이 북한에 실질적 영향을 끼쳐 북으로 하여금 전략적 계산을 다시 하게끔 만든다는 추론이 더욱 설득력 있다. 그래서 북한이 2018년 초 비핵화 협상에 스스로 나온 것은 아닐까. 비핵화가 어느 정도 진행이 된다면 체제 보장도 되고 평화 체제도 자연스럽게 구축되는 것이다. 제재의 압박이 없는 상황에서 경제 보상과 체제 보장으로 비핵화를 유도할 수 있다는 것은 과거의 경험에 비춰 봤을 때 희망적 사고에 불과하다.

김정은은 왜 대화에 나왔을까

누구도 김정은의 속마음을 정확하게 알기는 어려울 것이다. 다만 국가 안보는 늘 최악의 경우를 상정하고 대비책을 세워야 한다. 비핵화를 이야기하며 시간을 확보하고 소형화·규격화된 핵무기를 실전에 100개 정도 배치했을 때를 대비해야 한다. 나 역시 남북 대화와 경제 협력이 우리 경제에 도움이 되기를 간절히 바란다. 다만 모든 상황 진전이 북한의 선의에 매달리는 형국이 되어서는 안 된다. 북한이 대화에 나온 것은 전 정권에서 시작된 미국과 유엔의 대북 경제 제재를 견디기 힘들고, 경제 파탄이 체제 붕괴로 이어질 위험성에 대한 심각한 우려가 작용했음을 잊어서는 안 된다.

우선 북한 정권이 핵은 절대로 흥정할 수 없다는 입장을 버리고 비핵화 협상에 나선 이유를 따져 봐야 한다. 일각에서는 '북한의 입장이 바뀐 것이 아니다. 계획대로 움직이고 있다'고 주장한다. 북한은 2017년 수소 폭탄급 핵탄두 실험에 성공했다. 다종의 탄도 미사일 개발에도 성공했다고 볼 수 있다. 그래서 핵 무력 완성을 선언한 것이다. 핵 무력 국가의 위치에 오른 북한은 핵 프로그램의 불가역성을 자신하고 있을 수 있다. 이런 시각에서는 북한이 핵은 굳히고 제재는 완화시키려는 목적으로 비핵화 대화에 나왔을 것으로 추측할 수 있다. 북한이 비핵화 협상 테이블에 나온 것은 전술적인 술수일 뿐이다.

또 다른 시각에서는 세계가 공조해서 진행한 북한에 대한 최대 압박이 북한 경제를 곤경에 빠트려 생존을 위협해 북한 정권의 셈법에 변화가 발생했다는 분석도 있다.[24] 북이 드디어 핵·경제 병진은 불가능하다는 것을 깨닫고 핵과 경제를 맞바꾸는 전략적 결단을 내렸다는 해석이다. 하지만 이런 가정하에서는 비핵화 협상이 어느 정도 순항하는 결과가 나와야 하는데 아직까지 나온 결과가 없다. 김정은 정권이 전략적 결단을 내렸다고 볼 수 없는 이유이다. 여러 견해와 분석을 종합하면 김정은이 대화에 나선 이유는 경제적 압박과 체제 존망의 위기, 북핵 개발을 위한 시간 벌기로 정리된다.

많은 언론과 전문가들은 북한이 대화에 나선 이유들 중 경제적 원인을 먼저 꼽는다. 미국의 주도로 국제 사회가 유엔이라는 틀을 통해 강력한 대북 경제 제재를 진행한 지 몇 년이 지났다. 이 여파로 북한 경제를 이루고 있는 궁정 경제와 장마당 경제가 모두 어려워진 것이 사실이다. 궁정 경제라 함은 소위 정권 친위 세력들이 외화벌이 등을 통해 내부적으로만 공유하는 경제, 다시 말해 김정은 정권과 체제 유지를 위한 친위 세력들이 중심이 된 경제를 말한다. 평양 시민을 위한 경제라고 넓혀서 말할 수도 있을 것이다. 집권층 주변과 평양 일부를 중심으로 돌아가는 것이 궁정 경제라면 평양 이외의 지역 경제를 지탱하고 있는 것은 장마당 경제다. 지금 궁정 경제와 장마당 경제 모두 휘청거리고 있다. 장마당 경제를 좌우하는 소위 돈주들도 모두 어려움을 호소하고 있다고 한다.

    북한 경제의 심각성을 보여 주는 사례가 하나 더 있다. 북한을 지탱하는 선전 선동 매체인 《노동신문》 발행 부수가 최근 60만 부에서 20만 부로 줄어들었다.[25] 한마디로 신문을 찍어 낼 자금도, 종이도 없는 것이다. 물론 제재로 인해 북한 경제가 당장 무너질 상황이 발생한 것은 아니다. 하지만 경제 발전을 슬로건으로 내세운 김정은 정권에 상당한 고통을 안겨 준 것은 분명하다.

    문재인 정부의 관여적 대북 정책이 김정은과 북한을 대화의 장으로 이끈 주 동인이라는 판단은 오판일 수 있다. 강력한 대북 제재의 힘이 북한을 대화의 틀로 나올 수밖에 없는 상황으로 이끌었고 문재인 정부는 그들이 내민 손을 잡은 격이다.

강력한 압박 정책이 답이다

미국은 트럼프 행정부가 들어서면서 북한에 대한 경고 메시지를 지속해 왔다. 북한의 발언에 상응하는 경고가 이어졌으며, 트럼프 대통령은 물론 관료들의 경고 발언도 지속되었다. 계속되는 북한의 전면 핵전쟁 등의 발언에 2017년 8월 8일 트럼프 대통령은 "북한은 세상이 경험하지 못한 화염과 분노를 만나게 될 것"이라고 응답했으며, 2018년 2월 8일에는 맥마스터 백악관 국가 안보 보좌관이 "우리는 코피 터뜨리기 전략을 갖고 있지 않고, 가진 적도 없다"며 북한에 대한 공격이 있다면 결코 가볍지 않을 것임을 경고했다.

2018년 3월 2일에는 린지 그레이엄Lindsey Graham 상원 의원이 CNN과의 인터뷰에서 "북한과의 전쟁은 장기적으로 볼 때 가치가 있다"는 발언으로 북한과의 전쟁에 망설임과 두려움이 없음을 강조하기도 했다. 특히 트럼프 대통령은 푸틴, 시진핑, 아베 등에게 지속적으로 북폭에 대비하라는 경고성 메시지를 보내기까지 했다.

이러한 북한 압박과 제재에 흔쾌히 동참하지 않고 있는 중국에 대한 미국의 공세를 중국이 얼마나 버틸 수 있을지도 미지수였다. 유엔과 미국의 대북 제재가 갈수록 강화되는 현실 속에서 중국과 북한의 관계는 위축될 수밖에 없었다.

중국은 대동강과 청천강을 기준으로 한계선을 설정해 놓고, 미군이 그곳을 넘을 때에만 지상군을 투입할 계획임을 여러 번 언급했다. 또한 미국은 여기에 화답하듯 혹시라도 휴전선을 넘어 북진하더라도 상황 종료 후에는 반드시 38선 이남으로 내려와 한국으로 복귀할 것임을 밝혔다. 이런 상황에서 북한이 어떤 공포심을 느꼈을지 짐작이 간다.

상황을 종합적으로 검토해 보면, 북한이 왜 대화 국면으로 돌아섰는지 알 수 있다. 미국의 위협과 중국과의 갈등을 해소하기 위해 미중 간 영향력 확대 경쟁을 유도하면서, 완화된 중국의 대북 제재하에서 숨을 고를 시간을 확보하려는 것이다. 남북 대화, 미북 대화에 나서면서도 대화 결렬에 대비해 다자 회담으로의 복귀를 언급한 것도 북한의 속내에 대한 의심을 거둘 수 없게 만든다. 모든 상황을 종합해 볼 때 현재의 잠정적 평화는 가짜 평화, 기만술일 가능성이 높다는 것이 나의 결론이다.

북한이 실질적 비핵화 조치를 취할 때까지 압박을 계속해야 한다. 북한은 핵미사일을 개발·보유함으로써 상당한 전략적 이득을 챙길 수 있다고 생각한다. 이러한 전략적 이득을 부인할 수 있는 기제가 '억지 deterrence'이다. 북한이 핵미사일 외길로 간다면 정권의 안전이 보장되는 것이 아니라 오히려 정권이 파멸의 길로 갈 수 있다는 것을 알려 주는 것이 압박 pressure의 목적이라고 할 수 있겠다. 압박을 할 때는 다음 사항들을 고려해야 한다.

첫째, 압박의 수단을 다양화해야 한다. 압박의 수단이 가급적이면 모든 영역을 아우르며 진행되어야 함은 물론이고, 이러한 압박의 기제가 서로 유기적으로 연결되어야 한다. 대북 압박의 핵심이 경제 제재라는 점은 주지의 사실이다. 하지만 압박은 경제 제재 외에도 다양한 수단을 동원해 진행될 수 있다. 미국에서는 전방위적 압박 기제를 '다임필DIMEFIL'로 호칭하고 있다. 외교Diplomatic, 정보Information, 군사Military, 경제Economic, 금융Finance, 첩보·심리전Intelligence, 법 집행Law enforcement의 앞 글자를 따서 만든 말인데, 실제 미국의 대북 압박이 '다임필'의 성격을 띠고 진행됐다.

우선 미국의 외교 압박으로 인해 북한은 국제 사회에서 외톨이가 되어 가고 있었다. 전통적으로 북한에게 우호적이었던 동남아시아의 국가들이 경제 관계를 단절하기 시작했고, 아프리카 국가들 역시 군사적인 유대 관계에 부담스러워 하는 모습이 역력했다. 중남미와 중앙아시아, 그리고 동부 유럽 국가들도 이러한 흐름에 동참하기 시작했다. 미국의 외교 압박으로 북한은 외교적으로 고립되었고, 이러한 국제 사회 대 북한의 대립 구도하에서 북한을 계속 지지하는 것은 중국과 러시아에게도 부담으로 작용했다.

이뿐만이 아니다. 잔혹한 북한 정권의 만행을 북한 주민에게 인식시켜 주는 정보전도 초기 단계에 돌입했다는 정황이 포착되었다. 이러한 수단은 해상 차단과 같은 군사적 압박 정책과 궤를 같이하며 북한에게 큰 압박으로 다가갔을 것이다. 이밖에도 북한 정권의 자금줄을 차단하는 금융 압박, 반정부 활동을 촉발시킬 수 있는 비밀공작, 북한 정권을 인권 유린으로 국제법에 의거해 제소하는 정책 등이 서로 연계되어 진행되었다. 북한의 비핵화 셈법에 분명히 영향을 끼쳤을 것이라 생각된다.

　둘째, 압박이 정책적 효과를 내기 위해서는 정책 목표를 분명히 해야 한다. 압박의 정책 목표는 북한 정권의 붕괴가 아니라 붕괴 직전의 아픔을 느끼게 하여 북한이 진정성을 가지고 비핵화 협상에 임하게 하는 것이다. 그렇다면 압박 정책을 협상 초기에 철회해서는 안 된다. 비핵화의 진척에 맞추어 서서히 완화해 가는 것이 맞다. 그런데 북한의 비핵화에 대한 진정성이 확인되지 않고 실제로 비핵화의 진척이 없는 상황인데도 김정은의 말만 믿고 압박의 수단을 완화해야 한다는 정치 세력들이 대북 정책을 좌지우지하고 있으니 걱정이 이만저만이 아니다. 전체주의 국가 북한은 인민에게 고통 감수를 강요할 수 있다. 하지만 민주주의 국가인 한국은 대북 정책에서 단일 대오를 유지하기가 어렵다. 협상이 지체되면 압박의 기제들을 포기해서라도 북한을 유인하면 비핵화가 달성될 수 있을 것 같다는 희망적 사고가 나오곤 한다. 다시 강조하지만 과거 북핵 협상에서 얻어야 하는 교훈은 북한 정권의 셈법을 바꾸는 것은 유인책 incentive 이 아니라 역유인책 disincentive 이라는 사실이다. 협상 진행이 더디다고 조급증을 보이며 압박 수단을 먼저 포기한다면 과거의 잘못을 반복하는 것과 마찬가지이다.

　북한은 현재 핵 실험만 유예하면서 협상으로 압박을 완화시키고 시간을 끌며 핵무기를 더 고도화해서 실전 배치하는 수순을 밟고 있는 것으로 보인다. 문재인 대통령은 후보 당시 박근혜 정부의 제재 일변도 대북 정책을 '가짜 안보'라고 맹비난했다. 제재에만 전념한 결과 한반도 안보 상황을 악화시켰다는 비판이었다. 하지만 지금 문재인 정부처럼 비핵화의 핵심을 건드리지도 못하고 가는 협상은 비싼 값으로 평화의 포장지만 사는 것이다. '진짜 평화'라고 할 수 없다.

  셋째, 한국이 압박에 적극적인 모습을 보여야 한다. 적어도 북한 정권을 두둔하며 압박을 풀어 줄 것을 미국과 국제 사회에 호소하는 모습을 보여서는 안 된다. 물론 적절한 시점에 제재도 완화하고 각종 남북 경협도 진행해야 한다. 하지만 비핵화의 실질적 진척이 먼저다. 이를 위해서는 압박의 기제를 쉽게 포기해서는 안 된다. 당장 미국은 제재를 유지하며 압박의 고삐를 늦추지 않을 것으로 보인다. 하지만 트럼프 행정부가 핵 문제의 핵심은 건드리지 않고, 북한이 대륙 간 탄도 미사일ICBM을 포기하겠다고 하면 타협에 나설 가능성도 늘 염두에 두고 대비해야 한다. 한국은 미국과 북한 간의 어설픈 타협을 경계해야 한다. 한국 정부가 압박에 주저하고 제재 해제를 섣불리 요구한다면 미국과 북한 간 타협의 구실이 될 가능성이 높아진다. 우리가 걱정할 것은 미국의 강력한 압박이 아니라 우리 안보 이익을 훼손할 수 있는 트럼프와 김정은 사이의 어설픈 타협이다.

북핵 폐기 가능할까

핵무기는 실제 사용 여부를 떠나 존재 자체만으로 주변을 전쟁의 소용돌이로 몰아가거나 군사력의 비대칭과 국가 간 힘의 불균형 상태로 혼란을 초래할 수밖에 없다. 핵무기는 보유만으로도 상대를 위압해 각종 이익을 챙길 수 있는 심리·정치·외교적 무기다. 국제사회가 북한의 핵무기 보유를 인정하든 인정하지 않든 북한 핵무기의 직접적인 피해자이자 당사자인 우리나라는 이미 북한 핵무기의 영향력 아래 놓여 있다. 3대의 세습 통치를 통해 수십 년간 핵무기 보유에 총력을 기울인 결과 얻어 낸 북한의 핵무기가 몇 번의 정상회담과 대화로 사라질 것으로 기대하는 것은 현실적이지 못하다.

 2020년이 되면 북핵 시계는 완성의 종을 칠 것이라고 많은 보고서가 전망하고 있다. 2017년 9월, KINU 평화 포럼에서 정성윤 연구원(통일연구원)은 2020년이 되면 북한이 원자탄 88개, 수소탄 46개 등 도합 최대 134기의 핵무기를 생산할 수 있을 것이라고 전망했다.[26] 38 노스의 공동 설립자인 조엘 위트 미국 존스홉킨스대학 연구원도 "2020년까지 북한은 최대 100개의 핵무기를 보유하고, 미국 본토에 도달 가능한 ICBM-KN-08도 20~30개 갖게 될 것" 이라고 밝혔다. 뿐만 아니라 2016년 10월, 트럼프 행정부가 들어설 때 인수위에 보고된 미국 랜드연구소RAND Corporation의 보고 내용을 보면 "2020년이 되면 북한이 핵무기를 50~100기가량 확보할 것" 이며, "2020~2025년 사이 장거리 발사, 이동식 발사, 잠수함 발사

등의 형태로 다수의 핵탄두 미사일을 실전 배치할 것"이라고 보고하고 있다. 트럼프 취임 전에 나온 이러한 수치 자체도 엄청나지만, 실제로는 이보다 더 빠른 속도로 북핵 시계는 진행 중에 있다. 북핵 시계가 전망하는 2020년은 사실 북한 핵미사일이 미국 본토를 공격할 수 있는 시기이다. 대한민국 전역은 이미 1000발 이상의 중단거리 미사일의 사정권이며, 2018년 기준 60발 이상의 핵탄두가 그 미사일에 장착될 수 있다. 대한민국에게 있어 북한 핵무장의 디데이는 이미 오래전에 지나간 셈이다. 우리에겐 핵무장을 막을 시간이 없고 효율적이고 강력한 억제력을 구축하는 것이 급선무일지 모른다.

우리는 1979년 서독의 슈미트 총리가 추진한 '이중결정二重決定·Double-Track Decision 전략'에서 역사적 교훈을 얻어야 한다. 당시 소련은 미국과의 전략무기제한협정SALT으로 전략핵은 감축했지만, 동유럽에 배치한 'SS-20' 중거리탄도미사일 등 전술핵을 철수할 의도는 없었다. 서유럽이 고스란히 소련의 핵 위협에 노출된 상황이었다. 이에 나토는 슈미트의 주장에 따라 "우리는 소련과의 협상을 통해 핵 없는 유럽을 추구하지만 동유럽에 배치된 소련의 핵무기 위협이 사라지기 전까지는 우리도 동일한 규모의 핵무기를 배치할 수밖에 없다"는 이중결정을 내리고 소련을 겨냥한 '퍼싱 II' 중거리탄도미사일 배치를 추진했다. 당시 서독에서는 퍼싱 II 배치에 반대하는 비핵 평화의 목소리도 거셌지만, 슈미트는 오히려 소련의 SS-20 배치를 비판하지 않는 반대파의 이중성을 질타했다. 결국 슈미트의 용단으로 소련은 미국과 중거리탄도미사일협정INF을 체결했고, 서유럽은 소련의 핵 위협에서 벗어날 수 있었다. 실존하는 핵 위협에는 '공포의 균형' 카드가 유효할 수 있다는 역사적 사례다.

태영호 전 공사는 "(북한은) 이제 핵은 가졌고, 2018년은 가진 핵을 기정사실화하는 해"라고 말한다. 즉, 국제 사회가 북한이 보유하고 있는 핵에 대한 면역력을 기르게끔 하는 프로세스가 진행되고 있는 것이다.

가장 걱정스러운 대목은 이미 북한 핵무기의 핵 그림자 안에 놓여 버린 우리나라가 북한 핵무기를 마치 핵에너지 정도의 수준으로 인식하고 있는 것이 아닌가 하는 점이다. 손을 맞잡고 백두산을 오르고 천지에 내려가 함께 아리랑을 부른다고 없어지는 핵무기가 아니다. 더 이상의 군사 위협을 없애지며 남북 군사 합의서를 내놓고 남북이 서로 듣기 좋은 말을 건넨다고 북한 핵무기의 위협이 사라지는 것이 아니다. 우리가 북한의 핵무기 위협으로부터 완전히 벗어나는 길은 오로지 북한 핵무기의 완전한 폐기뿐이다.

북한이 국제 사회의 요청을 받아들여 핵무기 리스트를 작성하고 국제 사찰단이 철저한 핵 사찰을 실행해 어딘가 숨겨져 있을지 모르는 핵무기를 모두 확인하고 폐기해야 북한의 핵 그림자가 사라지게 된다. 그러나 북한은 북미 간의 신뢰 구축이 먼저라며 핵무기 리스트 신고를 거부했다. 핵무기 폐기의 첫 단계부터 거절한 북한이 리스트를 제출해 핵을 신고하고 핵 사찰에 응할 것이라고 생각하지 않는다.

　　이처럼 핵 신고 단계로의 진입도 엄청난 시간과 외교적 노력이 필요한데, 검증의 단계로 넘어가면 더 큰 문제에 직면한다. 북한이 핵 물질과 핵무기 등의 내용을 신고했다고 하더라도 검증을 위해서는 실제 신고 리스트와 일치하는지 여부를 IAEA 사찰단이 직접 확인하는 절차가 필요하다. 게다가 혹시 비밀리에 핵무기를 숨겨 둘 가능성도 존재하기 때문에 은폐 의심 지역에 대한 광범위한 현장 조사 및 검증도 수반된다. 그렇게 되면 정치범 수용소나 피폐한 북한 농촌의 모습이 그대로 공개될 수밖에 없다. 이러한 조건을 북한이 받아들일 가능성은 거의 없다.

　　많은 탈북자가 북한에는 아직도 수많은 정치범 수용소가 존재하고 있다고 증언한다. 정치범 수용소는 우리가 생각하는 교도소 같은 시설이 아니다. 한 도시나 마을 전체를 수용 시설로 만들고 정치범들을 대규모로 수용하는 시설이다. 그곳에 구금된 정치범의 상당수는 본인이 왜 그곳에 있는지도 모른다.

　　갑작스럽게 정치범 수용소 이야기를 꺼낸 것은 핵 사찰과 관련이 높기 때문이다. 국제 사회는 그들이 어디에 핵을 숨겨 놨는지 알 수 없기 때문에 완전한 핵 폐기를 위해서는 북한 내 어느 지역이라도 미국이나 IAEA가 지목하는 곳에 들어가서 사찰을 진행해야 한다. 하지만 북한은 정치범 수용소와 같은 참혹한 인권 실태가 드러날 수 있기 때문에 국제 사회의 무작위 사찰 요구를 받아들일 수 없다. 태영호 전 공사도 이런 상황을 잘 알고 있기 때문에 북한의 완전한 핵 폐기란 절대 불가능하다고 말하고 있다.

백번 양보해서 북한이 모든 핵 개발을 포기하고, 미국이 모든 제재를 해제하는 빅딜이 성사된다 해도 복잡한 과정을 거쳐야 한다. 핵무기의 해체와 반출, 우라늄 농축 시설의 해체, 원자로의 해체, 핵실험장의 폐쇄, 생화학무기와 미사일의 폐기 및 관련 시설의 해체, 검증과 사찰 등 미국이 생각하는 북한 비핵화의 과정은 적어도 10년 이상 걸릴 것이다. 북한의 핵 개발 능력은 리비아, 이란, 시리아, 이라크, 남아프리카공화국과는 차원이 다를 정도로 진전된 상태이다.

남아프리카공화국이 핵 폐기를 결정한 후, 여섯 개의 완성된 핵탄두와 한 개의 미완성 핵탄두를 해체하고 IAEA의 검증과 공인을 받는 데 5년이 걸렸다. 핵무기 개발에 성공하지 못한 리비아가 핵 프로그램을 포기하고 핵물질과 기자재를 미국으로 반출하는 데에는 1년이 걸렸다. 이런 상황들을 고려하면, 북핵 폐기는 지난한 과제다.[27]

그럼에도 불구하고 현 정부는 대화와 경제적 지원을 통해 북핵 폐기가 가능하다고 믿고, 그것을 줄기차게 주장하고 있다. 문재인 대통령은 김정은의 비핵화 의지를 분명히 확인했고, 지금까지 경험하지 못한 한반도의 모습을 보여 주겠다고 호언하고 있다. 문 대통령이 확인했다는 김정은의 비핵화 의지는 북한이 비핵화 협상에 임하는 데까지는 가능하게 했을지 몰라도 비핵화 자체를 이루게 할 가능성은 매우 희박하다. 이러한 상황을 인식한다면 앞으로 장기간 진행될 지난한 북핵 폐기 협상의 과정 속에서 북핵의 직접 당사자이자 피해자인 우리나라가 취해야 할 입장과 태도가 분명해진다.

문재인 정권의 대북 정책, 과속과 도박

확증 편향 대북 정책

"냉면이 목구멍으로 넘어갑네까?" 리선권 북한 조국평화통일위원장이 2018년 9월 3차 남북 정상 회담 당시 평양 옥류관에서 함께 냉면을 먹고 있는 이재용 삼성전자 부회장, 최태원 SK그룹 회장 등 주요 경제인들에게 했다고 알려진 말이다. 평범한 인간관계에서도 무례한 말인데, 투자를 받아야 하는 측에서 투자하는 측에게 한 말이라는 사실을 알고 나면 이해하기가 더 힘들다. 경제적 이해관계의 역학 관계가 뒤바뀐 이 장면에서 남북 관계의 현 주소를 가늠할 수 있다. 또 당시에 주요 기업인들이 방북하게 된 배경을 두고 청와대에서는 전적으로 정부가 결정한 사안이라고 했지만, 30분도 지나지 않아 북한 인사가 "우리가 꼭 오시라고 했다"고 말해 거짓임이 드러났다.

'한반도 비핵화'라는 두루뭉술한 합의를 바탕으로 막대한 대북 지원과 경제 협력을 동원하고 있지만 결국은 북한의 핵 위세에 눌려 주객이 전도된 수모를 자처하고 있다. 북한이 핵무기를 보유하고 있다는 것이 기정사실이 되었을 때의 상황이 연출되고 있는 것이다. 사실 2017년과 지금의 현실은 롤러코스터를 탄 듯 어지러울 정도로 바뀌어 있다. 롤러코스터는 결국 제자리로 되돌아오지만 북핵 문제를 둘러싼 남북 관계는 제자리로 되돌릴 수 없다. 제재가 일단 느슨해지면 되돌리는 것은 정말 어렵다.

지금 문제인 정부의 북핵에 대한 스탠스는 '이제 평화의 단계가 왔으니 한국은 핵을 가질 이유가 없고, 전술핵 배치는 생각할 것도 없으며, 한미일 군사 안보 공조는 공조일 뿐 동맹까지 진행되지 않을 것'으로 요약할 수 있다. 그리고 북한과의 평화 무드를 활용해 북한의 비핵화를 이뤄 내면 북한의 경제를 지원하고 민족 간의 협력을 통해서 통일의 길로 간다는 것이 문재인 정부이 하고부동한 로드맵이다.

문재인 대통령은 2017년 9월 CNN과의 인터뷰에서 "자체 핵무기 개발이나 전술핵무기 재배치 모두 반대"라는 입장을 밝혔다. 북한이 핵무기를 개발하고 있지만, 우리가 핵무기를 개발하거나 도입하지 않으면 한반도의 비핵화가 이루어질 것이라는 야무진 꿈을 꾸고 있는 것이다. 이런 정돈되지 않은 발언은 정권 내부에서도 불협화음을 내고 있다. 2017년 9월 4일 국회 국방위원회에 출석한 송영무 국방부 장관이 "전술핵 재배치를 검토 중"이라고 언급하자 청와대에서 개인 의견일 뿐이라고 변명하는 해프닝이 벌어지기도 했다.

문재인 정부는 북핵 폐기를 위해 북한을 지원하고, 북핵 폐기에 상응하는 보상을 해줘야 한반도에 평화가 온다고 주장하고 있다. 그러나 북핵 폐기가 보장되지 않았는데도 불구하고 북한에 대한 수많은 지원과 혜택들이 진행 중이거나 진행 예정이다. 립서비스에 미리 인센티브를 주는 꼴이다. 그동안 쓰임새가 묶여 있던 남북협력기금의 지출액은 2018년에 급격히 증가했다. 사용된 예산만 2018년 3월 말 기준 466억 원이고, 2018년 남북협력기금의 총 운용 규모는 1조 6182억 원에 달한다. 뿐만 아니라 문재인 정부는 한반도 평화를 위한 로드맵으로 소개하며 '한반도 신新 경제 지도 구상'의 3대 벨트도 제시했다. 환황해 경제 벨트, 접경 지역 경제 벨트, 환동해 경제 벨트로 이루어진 3대 벨트는 핵 폐기와는 관련 없는 일방적 지원을 전제로 한다. 여기에 핵 폐기가 실현될 수 있을지에 대한 고민은 보이지 않는다. 막대한 경제적 지원을 실행하고도 미래를 장담할 수 없는 정책이다. 예상되는 미래는 북한이 우리 정부가 지원하는 경제적 수혜를 모두 얻은 후에도 핵을 완전히 폐기할지는 장담할 수 없다는 것이다. 미국을 비롯한 국제 사회는 지금 북한이 핵을 폐기할 것처럼 행동하고 있지만 그것은 단지 필요에 의한 제스처일 뿐이라고 생각한다. 미국이 핵 실험장, 핵무기 배치 리스트 제출을 요구하고, 철저한 사찰을 주장하는 것도 이 때문이다.

물론 북한에 대한 경제적, 인도적 지원이 모두 쓸모없는 것은 아니다. 우리에게 도움이 되는 측면도 있고, 분위기를 만드는 기능도 한다. 그러나 기본적으로 상황에 대한 분명한 인식은 정확히 해야 한다.

핵 있는 평화는 가짜 평화다

설사 북한이 핵 리스트를 신고하고 폐기에 대한 시간표를 합의한 후 IAEA가 검증에 들어간다 해도 우려는 남는다. 북한 어딘가에 몇 개의 핵을 남겨 놓았을 가능성에 대한 의구심은 앞으로 우리의 안보 선택에 많은 영향을 미칠 것이다. 그것도 몇 년의 시간이 흐른 뒤의 일이기 때문에, 국제 사회의 관심도 지금과 다를 수 있다. 트럼프 대통령이 재선되지 못한다면 미국의 정책도 크게 달라질 수 있다. 트럼프의 국익 우선 정책과 다른 실용 외교적 사고를 가진 지도자가 등장하면 북한과의 관계가 어떻게 흘러갈지 예측할 수 없다는 것이 객관적 현실이다.

소형화·경량화된 핵무기를 숨기는 것은 어렵지 않다. 핵 물질을 숨기기는 더욱 용이하다. 핵 기술과 인력은 어떻게 할 것인가? 북한은 중국과 러시아가 '이 정도면 되지 않았느냐'라며 나설 수 있을 정도의 비핵화는 할 가능성이 있다. 이러한 시각에 동조할 국가들이 나타날 수 있고. 미국도 북한이 ICBM을 폐기하고 핵 동결로 간다면 북핵 문제에서 손을 뗄 수도 있다. 이런 상황이 닥치면 가장 큰 피해를 입는 것은 결국 대한민국이다. 따라서 북한 핵 문제는 우리가 당사자라는 인식을 분명히 해야 한다. 나 역시 적절한 시점에 종전 선언을 할 수도 있다고 생각한다. 한반도에 전쟁을 공식적으로 종식시키는 것에 반대할 사람이 누가 있겠는가? 하지만 종전 선언을 할 수 있는 조건을 북이 먼저 충족시켜야 한다. 우선 종전 선언이나 일부 제재 완화에 상응하는 비핵화 조치를 실무 협의에서 타결해야 한다. 트럼프 행정부는 인도적 대북 지원 재개 의사도 밝히고 남북 철도 연결 착수 작업에 동의하기도 했다. 트럼프 행정부는 대화 동력을 살리기 위해 나름 노력을 기울이고 있는 것이다. 북한은 제재 완화를 먼저 요구할 수 있는 입장이 아니다. 문재인 정부 역시 미국에게 제재 완화를 요청하기보다는 북한에게 보다 유연한 자세로 협상에 임하라고 종용해야 한다. 만약 상징적 비핵화 조치에 불과한 풍계리 핵 실험장 폐쇄에 대한 상응 조치로 종전 선언과 제재 완화를 요구한다면 우리는 북한의 비핵화 의지를 의심할 수밖에 없다.

사람의 마음속을 들여다볼 수는 없지만 행동 패턴을 분석해 보면 유추 해석이 가능하다. 문재인 대통령은 유럽을 순방하며 영국, 프랑스 등 많은 지도자들에게 거절당할 것을 예상하면서도 선先대북 제재 해제에 동의해 달라고 요청했고, 외교부 장관은 핵 리스트 제출을 종전 선언 후로 미룰 수 있다고 언급해 평지풍파平地風波를 일으켰다. 이런 모습들을 보니 자연스럽게 문재인 대통령은 북이 핵을 가지고 있어도 서로 삿대질하고 싸우지 않으면 된다고 판단한 것이 아닌가 하는 생각이 든다. 만약 그렇다면 미래에 대한 심모원려가 없는 지도자라고 치부되어도 변명의 여지가 없다. 2017년 한 해 동안 한반도는 전쟁에 대한 불안감에 휩싸여 있었다. 2018년 북한이 비핵화 협상에 나오면서 평화의 분위기가 고조된 것은 사실이다. 하지만 이러한 평화 분위기가 지속되더라도 비핵화가 이뤄지지 않으면 진정한 평화를 이룰 수가 없다. 2019년 2월 하노이 북미회담의 실패는 이런 판단을 뒷받침한다. 핵 있는 평화는 가짜 평화이며 지속 가능한 평화가 아님은 삼척동자도 안다.

중재자인가 당사자인가

한반도 운전자론은 문재인 대통령이 주장하는 북핵 문제 등 한반도 문제에 대한 우리나라의 역할론입니다. 특히 북핵 문제의 경우 한국이 주도적 역할을 해 주변국의 입장을 잘 조정하면서 올바른 방향으로 이끌겠다는 의지의 표현이다. 숙련된 운전자가 운전석에 앉아 있으면 서로 다른 길로 가자는 승객들의 이견을 조율해 모두가 만족하는 방향으로 운전해 마침내 비핵화라는 종착점에 다다를 수 있다. 항구적인 한반도 평화 구축과 통일의 대업을 이뤄 낼 수 있을 것이다. 문재인 대통령이 말하고 싶은 한반도 운전자 역할은 이런 의미일 것이다. 그런데 문재인 정부는 얼마나 노련한 운전자였을까?

노련한 운전자라고 하더라도 어려운 길을 가는 경우 로드맵을 상의하고 공유할 수 있는 승객을 운전자 옆자리에 태워 그와 긴밀하게 협의하며 목적지로 운행해야 한다. 중립적인 위치에 있다고 중재와 조정이 저절로 가능한 것은 아니다. 그리고 북핵 문제에서 우리나라가 중립적인 위치인가?

중재자가 중립적인 위치에 있지 않고 한쪽으로 기울어진 의견을 지니고 있을 때는 중재자의 힘과 위치가 대립하는 측보다 월등해야 한다. 1993년 클린턴 정부가 이스라엘과 팔레스타인 간의 화해를 이끌어 오슬로 협정 서명까지 이끌어 낸 경우가 그렇다. 가까운 역사적 사례가 중재자가 지닌 힘의 역할을 보여 주고 있다. 우리의 힘이 그러한가?

2018년 9월 남북 정상 회담에서 체결된 남북 군사 합의서를 두고 미 국무장관이 우리나라 외교부 장관에게 강한 불만을 표시했다고 한다. 한미 간의 불협화음이 계속 드러나고 있다. 신각수 전 일본 대사가 어느 언론과의 인터뷰에서 6.12 미북 합의는 제네바 합의보다도 후퇴한 절반의 성공이라고 평가하며 이런 식의 시간 끌기가 계속되면 북한은 실질적인 핵 보유 국가가 되고, 미국은 자국의 실질적 안보 위협만 제거하는 선에서 북한과 타협할 가능성이 있다고 전망했다.[28] 이런 전망을 하는 것은 비단 신 전 대사만이 아니었다. 미국 상원 군사위원회 소속 마이크 라운즈Mike Rounds 공화당 의원은 미국의 소리VOA 방송에서 "트럼프 행정부는 미국의 장기 목표인 한반도의 완전한 비핵화가 미 본토에 대한 북핵 타격 역량을 막는 것인지, 아니면 북한의 모든 핵무기 폐기인지 논의 중"이라고 언급했다. 또한 폼페이오 미 국무장관은 폭스 뉴스와의 인터뷰에서 "미국의 이익은 북한이 LA나 덴버 또는 우리가 앉아 있는 바로 이곳으로 핵무기를 발사하는 것을 막는 데 있다"고 밝히기도 했다.

이런 예상과 전망대로 미국의 행보가 진행된다면, 우리나라는 북핵을 머리에 이고 김정은의 선처를 간절히 바라며 끌려다닐 수밖에 없다. 이런 상황을 막기 위해서라도 비핵화의 여정에서 미국이라는 승객을 옆자리에 태워 긴밀하게 공조하며 목적지에 도착하는 지혜가 필요하다.

북핵 문제를 해결하는 유일한 방법은 북핵을 완전히 폐기하는 것이다. 지금 북한 비핵화에 대해 미북이 직접 당사자로 대화하고 있는 모습이지만, 직접적인 당사자이자 피해자는 대한민국일 수밖에 없다. 북핵 문제의 직접 당사자인 우리의 생존이 북한이 안전한 비핵화에 달려 있음을 망각하는 순간 돌이킬 수 없는 미래만이 기다리고 있는 것이다. 우리는 한반도 문제의 운전자인 동시에 북핵 폐기라는 결승선을 향해 미국과 뛰고 있는 이인삼각 선수다. 미국을 옆자리에 태워 긴밀한 협력하에 비핵화와 한반도 평화 정착이라는 최종 목적지를 향해 가야 한다.

휴브리스의 함정에 빠진 정부

휴브리스hubris 는 신의 영역까지 침범하려는 정도의 오만을 뜻하는

그리스어에서 유래했다. 영국의 역사학자 토인비Arnold Joseph Toynbee
는 휴브리스를 '역사를 변화시킨 창조적 소수가 자신의 과거 성공
경험을 과신한 나머지 자신의 능력이나 과거에 행했던 방법을 절대
적 진리로 착각해 실패하는 경우'라고 설명했다.

  휴브리스의 함정에 빠지는 사례는 사회 여러 분야에서 많이
나타나지만, 특히 취임 초 높은 지지율을 가진 권력자의 모습에서
두드러진다. 문재인 정부가 그런 경우이다. 정부는 높은 지지율과
존재감 없는 야권의 무기력 속에 남북 관계를 진전시켜 왔고, 그것
이 절대 다수 국민의 염원과 바람인 것처럼 밀어붙이고 있다. 또한
적폐 청산의 명분으로 3권 분립을 무시한 채 사회적 불안과 공포를
조장하면서 지식인과 언론의 양심의 소리에 귀를 막고 있다. 가짜
뉴스라는 이름으로 방송·통신을 검증하겠다고 나서는 것이 그렇
고, 원자력 공포를 과장해 시대착오적인 탈원전을 밀어붙이는 행
태가 그렇다. 특히 남북 관계에 있어서 근원적인 북핵 해결도 없이
'전쟁의 공포에서 벗어났다'며 달콤한 평화 이벤트로 일관하는 모
습도 그렇다. 지금 문재인 대통령과 여당 대표를 비롯한 대통령 측
근들이 공개 석상에서 하는 발언들을 보면 자신의 생각을 절대적인
진리로 삼는 휴브리스의 함정에 빠져 있는 모습이다. "북한은 가족
주의적인 나라이고 핵무기 보유로 군비를 축소하여 경제가 좋아지
고 있다", "한미 동맹은 끝내는 것이 최선이다" 등 많은 사례가 있다.

  비단 북핵 문제에만 국한된 것이 아니다. 최저 임금 인상, 탈

원전, 소득 주도 성장 등 우리 생계와 맞닿아 있는 정책들도 마찬가지다. 문재인 정부가 빠져 있는 휴브리스의 함정은 더욱 깊어지고 있다. 견제받지 않는 권력의 폐해는 고스란히 국민의 몫이다.

비핵화 협상은 남북합의로 해결될 문제도 아니고, 북미 간의 담판으로 끝나는 문제도 아니다. 미국, 중국, 일본, 러시아 등 남북을 둘러싼 주변 4개국의 이해관계와 조정, 그리고 외교가 뒤섞인 복잡한 고차방정식이기 때문이다.

북한을 대화로 이끌어냈던 것이 미국과 UN의 강력한 대북제재라면, 북한이 최근 미사일 도발을 자행하며 문재인 정부를 직접 겨냥해 막말을 쏟아내고, 미국을 상대로 대화 결렬 뉘앙스의 협박성 발언을 할 수 있는 것은 중국과의 신新 밀월관계 때문이다.

사실 중국은 2013년 12월 김정은 위원장이 대표적인 친중파로 꼽혔던 고모부 장성택을 고사포로 죽인 이후 북한을 냉랭하게 대했었다. 하지만 하노이 회담 결렬 이후 중국의 시진핑 국가주석은 14년 만에 북한을 방문했다. 미국과의 협상 동력을 잃은 북한을 자신의 편으로 끌어들이고 북한-중국-러시아 삼각동맹을 복원해, 격화되고 있는 미국과의 패권경쟁에서 우위를 차지하기 위한 전략에 기인한 바가 크다.

이는 북한 입장에서도 쌍수를 들고 환영할 일이었다. 비핵화를 위한 단계를 실제로 밟아야지만 미국으로부터 제재 해제를 기대할 수 있었던 상황에서 중국과의 교류가 강화된다면 상당 기간을 버텨낼 수 있기 때문이다. 이런 시각에서 볼 때 문재인 정부가 대화의 장으로 끌어들인 김정은 위원장은 중국이라는 든든한 우군을 얻었고, 미국과의 협상 과정에서 전 세계로부터 사실상 핵보유국임을 인정받았으며, 전통적인 북한-중국-러시아 삼각동맹도 복원할 수 있었다. 동북아 외교의 진정한 승자라 아니할 수 없다.

반면, 비핵화를 위한 한반도 운전자론을 주창하며 화려하게 국제 무대에 나선 문재인 정부는 북미대화 과정에서 미국과 북한을 대화의 장으로 이끌어내기 위해 서로에게 거짓과 과장을 전달하는, 어설픈 중재자 역할에 그치며 회담이 결렬되는 데 일조했다. 또한 한일 과거사 갈등은 경제 불협화음을 넘어 안보 위기까지 이어지며 일본과 최악의 관계를 만들어냈다. 뿐만 아니라 미국에 이해를 구하지 않고 진행한 일방적인 지소미아 파기 과정은 혈맹인 미국과의 동맹에 심각한 균열을 일으켰다. 외교안보상 큰 위기를 스스로 초래한 문재인 정부는 이제 한반도 운전자도 중재자도 아닌 낙오자에 불과하다.

키신저와 퍼거슨 보고서

"북한이 핵무기를 가지면 한국이 반드시 수준을 똑같이 맞추려고 노력할 것이고 일본도 방관하지 않을 것이다."

헨리 키신저 전 미국 국무장관

미국 외교의 대부 격인 헨리 키신저 Henry Alfred Kissinger의 북핵에 대한 의견은 문재인 정부의 시선과 전혀 다르다. 키신저는 여전히 미국 외교 정책에 영향을 끼칠 수 있다. 2015년에는 중국 시진핑 국가 주석을 만나 미중 관계에 대한 정지 작업을 주도하는 등 왕성한 활동을 이어 가고 있다. 그런 키신저는 미국이 북한의 비핵화와 주한 미군 철수 카드를 중국과 맞바꿀 수 있다는 주장도 했다. 만약 이런 일이 발생한다면 실로 대한민국의 안보 이익이 '패싱 passing'당하는 상황이 벌어지는 것은 아닐까?

　　키신저는 힘과 국력을 바탕으로 철저히 실리를 추구하는 현실주의 realism에 기반을 두고 외교를 실천해 온 미국 외교의 대부이다. 이런 키신저는 북한의 비핵화가 이뤄지지 않는다면 한국의 핵무장화로 이어질 것이라고 예측했다. 트럼프도 이런 미국의 외교 전문가 의견을 곧잘 귀담아듣는다. 2019년 9월 스티븐 비건 미 국무부 대북정책특별대표도 키신저를 인용하며 한일의 핵 개발 가능성을 언급함으로써 북에는 협상 재개를, 중국에는 북핵 폐기에 보다 적극적인 역할을 촉구한 바 있다.

　　키신저의 주장을 곱씹어 보면 트럼프가 북핵 해결에 경주하는 이유가 무엇인지도 어렴풋하게나마 유추해 볼 수 있다. 이러한 맥락에서 우리나라의 핵 보유 선언 가능성의 정책적 의미를 검토해 볼 수 있다. 아니, 검토해야만 한다. 우리나라는 기술력과 경제력은 물론이고 핵 보유를 선언할 수 있는 안보적, 지정학적 요인도 있다.

핵 확산 금지 조약의 제10조 1항에 따르면 비상사태가 자국의 안보를 위태롭게 하는 경우에는 조약으로부터 탈퇴할 수 있는 권리를 가진다고 되어 있다. 또, 조약으로부터의 탈퇴가 힘들 경우에는 그 조약의 이행이나 운용을 일단 정지하는 방법도 있다. 국제법은 조약의 이행정지와 관련하여 '후발적 이행불능', '사정의 근본적 변경', '조약의 위반'과 같은 사유를 인정하고 있다.[29]

우리가 가동 중인 원자력 발전소, 원자력 발전소에 쌓여 있는 핵 물질, 핵무기 개발이 가능한 기술력 등을 감안할 때 대한민국은 핵 보유가 가능하다고 국제 사회는 평가한다. 이런 내용을 담은 퍼거슨 보고서는 미국과 중국이 북한의 핵무장을 방기하면 한국 역시 독자적인 핵무장에 나설 것이고, 그럴 경우 한국은 5년 안에 핵무장이 가능하다는 것이 주요 골자다.[30]

우리가 가진 능력과 주변 정황을 감안하면 역설적이게도 북한의 비핵화를 위해서 우리도 핵을 가질 수 있는 능력 개발을 검토해 볼 수 있다. 예상컨대 우리가 핵 개발 능력을 보유하려는 시도를 하는 순간, 혹은 미국과의 협상을 통해서 전술핵을 배치하려는 움직임을 보이는 순간, 북한 핵의 폐기 가능성이 높아질 수 있다. 우리의 핵 보유 움직임을 중국을 비롯한 주변국들이 좌시하지 않을 것이고, 오히려 우리의 핵 보유를 저지하기 위해서라도 중국, 러시아가 더 진정성 있게 북핵 폐기에 나설 수밖에 없기 때문이다. 물론 여러 변수가 작용할 수 있고 미국도 공식적으로 반대하는 정책이기 때문에 시도 자체가 난관에 봉착할 수 있다. 하지만 이러한 정책은 고려만 해도 효과를 발휘할 수 있는 시점이 있다. 미국과 국제 사회의 노력에도 비핵화가 이뤄지지 않고 우리의 안보 이익에 반하는 협상 결과가 나온다면 고려해 볼 만하지 않을까?

키신저의 전망대로 한국이 핵 보유에 대한 움직임을 시작하면 일본도 가만있지 않을 것이다. 그들도 핵 보유에 나서거나, 우리를 저지하기 위해 모든 힘을 동원할 것이다. 북한에 최대한의 압박이 가해질 가능성이 높고, 이렇게 국제 사회가 동일한 목적을 가지고 북핵 폐기를 위해 나서는 것이야말로 가장 정확하고 확실한 북핵 폐기의 방법이 될 것이다. 강조하지만 반드시 이렇게 하자는 것은 아니다. 하지만 이러한 가능성을 열어 놓는 것이 우리의 안보 이익 수호에 도움이 되는 상황이 발생할 수도 있다.

이 과정에서 우리의 대북 경제 지원은 필요가 없다. 만약 우리가 경제 지원에 나선다면 대등한 입장에서 이루어져야 하는데, 지금 우리는 을의 입장에서 대화하고 있다. 지금과 같은 역학 관계로는 북한에 계속 끌려다니며 줄 것은 다 주면서도 받을 것은 받지 못하는 상황에 처할 가능성이 있다. 여러 사정상 핵을 직접 개발하는 것이 부담스럽다면 미국과 전술핵 재배치 논의를 시작하는 것만으로도 북핵 해결의 또 다른 단초가 될 수 있다.

분명히 밝히지만 나는 핵 개발론자가 아니다. 다만, 우여곡절 끝에 결국 북의 비핵화에 성공하지 못할 경우 우리도 핵 개발에 나설 수 있다는 입장을 견지하는 것이 중국과 미국을 움직여 최선을 다하도록 하는 데 도움이 되는지 방해가 되는지를 따져 보자는 것이다. 또 핵 독자 개발에는 나서지 않더라도 미국의 전술핵을 한반도에 재배치할 가능성을 검토해 볼 수도 있다는 여지를 두는 것이 북한과 긴밀한 중국을 움직이는 데 도움이 되지 않을지 검토해 보자는 것이다. 비핵화를 위해서는 다양한 정책 선택지를 보유하고 있어야 하는데, 문재인 정부는 너무 빨리 다른 선택지를 스스로 포기했다. 그리고 이는 한국의 협상 입지를 약화시키는 결과로 이어졌다.

키신저의 셈법은 사실 한국과 일본의 핵무장을 운운함으로써 중국을 움직여 북한의 핵무장을 막겠다는 의도가 있다. 역시 외교 정책 대가의 심모원려가 돋보인다. 북한의 미사일 실험과 핵 실험이 극에 달했던 시기, 키신저는 트럼프 행정부에게 중국의 역할이 중요하며 주한 미군 철수와 북한 비핵화를 거래하여 중국의 협력을 얻자는 제언을 한 것으로 알려진다. 중국이 비핵화의 변수가 될 수 있다는 것을 꿰뚫어 보고 있었던 것이다.

다시 생각하는 우리의 전략적 옵션

사실 우리나라는 핵무기를 만들 수 있는 충분한 기술적, 재정적 능력이 있기 때문에, 결정만 한다면 빠른 시일 내에 북한에 맞먹는 핵무기 능력을 보유할 수 있다. 이렇게 되면 북한 핵과 우리의 핵은 소위 '공포의 균형 balance of fear'이라는 상호 억제 효과를 만들어 내기 때문에 바로 북핵의 전략적 이익을 상쇄할 수 있다. 그리고 이러한 힘의 균형에 따라 북한 핵 문제를 주변국에게 의지하지 않고 우리가 주도적으로 대처할 수 있다는 장점이 있다. 북한 핵 문제를 우리가 '한반도화'할 수 있다는 이야기다. 그리고 우리가 핵 개발을 하겠다고 하면 미국이나 중국이 북한 비핵화에 적극 나설 수 있는 계기가 될 수도 있을 것이다. 중국뿐 아니라 미국도 동북아 핵 도미노는 피하고 싶을 것이다. 그러나 이는 정말 최후의 옵션이 되어야 한다. 좀 더 깊이 생각해 보면 우리 자체의 핵무기 개발은 얻는 것보다는 잃는 것이 더 많을 수 있다.

우리가 독자적으로 핵무기를 개발하기 위해서는 미국을 설득하지 않으면 안 된다. 북한도 미국의 핵에 대응하기 위해 자체 핵을 개발한다는 것을 핵 개발의 이유로 내세우기도 했다. 또한 국제 사회가 이를 어떻게 받아들일 것인가도 짚고 넘어가야 한다. 지금 북한은 비정상 국가로 고립적인 위상이고 국제 사회의 거의 모든 구성원들이 우리의 입장을 지지하고 북한을 비판하고 있는 상황이다. 또한 우리가 자체 핵 개발에 나서기 위해서는 NPT 체제를 탈퇴하거나 그 이행을 정지하는 등 국제법적 근거를 만들어야 한다.

물론 핵무기를 자체 개발한다는 것은 사실 한미 동맹의 근간을 흔드는 일이다. 동맹의 성격상 한미 동맹은 여전히 비대칭 동맹이고 미국이 제공하는 안보의 대가로 한국의 자율권은 일정 부분 제약을 받고 있다. 핵과 미사일의 확산을 걱정하는 미국은 한국에게 핵무기와 일정 사정거리 이상의 미사일 개발을 하지 않을 것을 요구하고 있다. 한미 원자력 협정과 한미 미사일 협정이 이러한 약속의 산물이다. 물론 한미가 한미 원자력 협정 개정을 위해 지속적인 협의를 해왔고 미사일도 사거리를 지속적으로 늘려 가고 있기는 하다.

그렇다면 차선책은 전술핵 재배치 논의지만 이러한 선택에도 여러 제약이 따른다. 나는 우리나라도 세계가 인정한 원자력 평화 이용 모범 국가로서 적어도 일본 정도의 핵 주권은 가질 수 있어야 한다고 생각한다. 일본 정도의 핵 주권을 행사할 수 있어야 한미 동맹을 포함한 모든 대북 핵 억지 기제가 작동하지 않을 때, 비핵화를 위한 모든 정책 옵션이 고갈되고 있을 때, 바로 핵무기 개발 논의를 시작할 수 있기 때문이다. 그러니까 당장 핵무기 독자 개발은 자제하지만, 결심만 하면 언제라도 할 수 있는 태세 정도는 갖춰 놓아야 한다는 것이다. 이러한 준비 태세 구비는 훗날 우리에게 큰 정책 레버리지로 작용할 수 있을 것이다. 그런데 문재인 정부의 탈원전 정책은 우리의 미래 지렛대조차 가질 수 없게 한다.

자체 핵 개발을 시도해 북한 핵 폐기에 성공하면 바람직하지만 뜻대로 안 된다면 어떤 일이 벌어질까? 우리가 끝까지 시도하여 핵 개발에 성공하면 그 핵무기로 북핵의 억지는 가능할지 모르나, 오히려 핵무기를 가진 남과 북의 군사적 긴장 상태는 계속되고 영원히 핵을 폐기하는 것이 불가능해질 수도 있다. 인도와 파키스탄의 관계가 이 같은 상황이다.

그렇기 때문에 한미 동맹의 확장 억제 위원회에서 한반도 유사시 미국의 핵무기 운용에 관한 계획을 보다 적극적으로 한미가 공유해야 한다. 어떤 상황에 어느 정도의 미국 핵전력을 한반도에 투사할 수 있을지에 대해서 보다 정교한 시나리오를 한미가 공동으로 만들어야 한다. 나토 동맹의 경우 '핵 계획 그룹Nuclear Planning Group'에 의해 '핵 계획 공유Nuclear Sharing' 프로그램을 운영하고 있다. 한미 동맹도 유사한 프로그램을 만들어야 한다. 게다가 미국은 한반도 역외에 배치된 미국의 전략핵과 전술핵으로도 북한 핵은 충분히 억지된다고 판단하고 있다. 굳이 한반도에서 전술핵을 재배치할 필요가 없다는 것이다. 그렇다면 가장 현실적인 방안은 나토와 같은 '핵 계획 공유' 프로그램을 한미 동맹이 가동해서 한국과 미국이 미국의 핵 운용 계획을 공유하여 억지력을 높이는 것이 우선은 현실적인 방안일 것이다.

물론 억제와 방어 능력의 제고와 동시에 다자 및 독자 제재를 강화하며 북한을 압박하는 정책을 집중 추진하는 것이 중요하다. 특히 중국의 동참을 지속적으로 유도하는 정책이 필요하다. 북한은 핵무기를 전력화하면서 엄청난 전략적 이익이 있을 것이라고 생각하고 있다. 하지만 우리는 이를 물리적으로 막을 수 있는 군사적 수단을 만들어서, 그들이 발생할 것이라고 생각하는 전략적 이익을 부인할 수 있어야 한다. 이것이 억제deterrence와 방어defense다.

동시에 국제 사회 대 북한의 구도를 계속 유지해서 북한이 핵으로 아무것도 얻을 수 없고 오히려 많은 것을 잃게 된다는 것을 피부로 느끼게 해줘야 한다. 북한이 핵 개발을 해서 정권의 안보를 지켜 내지 못하고 오히려 핵무기 때문에 망할 것이라고 생각하면 핵에 대한 생각을 바꿀 수 있을 것이다. 따라서 북한의 전략적 셈법을 바꿀 수 있도록 강력한 압박과 국제 사회의 단일 대오를 계속 이어 가야 한다. 제재의 효과에 대해서 다양한 분석이 있는데, 제재의 가시적 효과라는 것이 그렇게 단기간에 나오는 것은 아니다. 우리의 목적은 핵 억지를 넘어 비핵화여야 하고, 이는 미국의 공식적인 북한 핵 정책과도 일치하는 부분이다.

양보할 수 없는 자주 국방

자주 국방을 가능하게 하는 것은 결국 경제력을 바탕으로 한 국방 잠재력이다. 물론 핵이 중요한 자주 국방의 수단임은 자명하다. 핵을 포함하여 자주 국방을 확립하기 위해서는 현재 우리의 입장에서 구축할 수 있는 가장 손쉽고 효과적인 무기 체계를 갖추는 것이 우선되어야 한다. 그러면 자주 국방을 가능하게 하기 위해 공격용 무기를 만드는 것과 방어용 무기를 만드는 것 중 어느 것이 더 손쉽고 효과적일까.

현재 상황에서 핵무기 개발에는 어느 정도의 자원이 필요할까? 핵 관련 전문가들은 1조 원과 6개월의 시간, 그리고 1000명의 지원 인력만 있으면 우리나라는 첫 핵무기를 개발할 수 있다고 자신한다. 첫 번째 핵무기가 개발되고 나면 그 이후에 생산되는 핵무기는 더 적은 비용과 시간이 소요되고, 대량 생산도 가능하다.

반대로 방어 무기의 경우는 한국형 3축 체계를 갖춘다는 의미인데, 3단계로 나누어 적의 공격을 무력화한다는 시나리오에 따른다. 내용은 다음과 같다. 북에서 공격할 조짐이 보이면 그것을 탐색해 공격 원점을 타격해 공격을 저지하는 1축 방어가 있다. 만약 탐색을 못하거나 원점 타격을 못해서 공격이 시작될 경우 날아오는 미사일을 요격하는 것이 2축 방어이고, 요격에 실패해 아군이 피해를 입으면 대량 응징 보복 공격에 나선다는 것이 3축 방어이다. 이런 방어 체계 구축을 위해 2020년대까지 대략 60조 원을 사용하겠다는 것이 우리 정부의 계획이다.[31]

그런데 이렇게 60조 원을 들이더라도 성공 확률은 지극히 낮다는 것이 문제다. 군사 작전에서 적군이 공격 조짐을 미리 보이는 경우가 드물고, 동시에 여러 개의 미사일이 서로 다른 방향에서 날아오면 요격 성공 가능성이 극히 희박해진다.

장영근 항공대학교 교수는 미사일 요격에 대한 확률을 계산해서 미사일 하나가 발사될 경우 그것을 탐지해서 원점 타격할 확률이 0.12~2.64퍼센트이고, 동시다발적으로 여러 개의 미사일이 발사될 경우에는 임무 수행 자체가 불가능하다는 결과를 내놓았다.

게다가 방어 체계의 2축인 한국형 요격 미사일 체계에 대한 시험과 성능 검증도 이루어지지 않았으며, 미국조차도 개발과 검증에 30년 이상 소요된다고 말한다. 그렇다면 이러한 방어 체계의 구축이 과연 옳은 길인지 고민하지 않을 수 없다. 자주 국방의 잠재력은 이러한 방어 무기로 고양되는 것이 아니다.

문재인 정부가 북핵 폐기를 어디까지 달성할 수 있을지 조금 더 지켜봐야 하겠지만, 핵 개발에 관해서도 미국의 전술핵 배치에 관해서도 모든 가능성을 열어 놓고 전략적 모호성을 유지해야 국익을 최대화할 수 있을 것이다. 지금 정부는 핵 개발과 전략핵 모두 먼저 나서서 포기하고 있다. 국익을 위해 우리가 가질 수 있고 가져야 하는 것을 먼저 포기하는 정부가 현명한 것인지 묻지 않을 수 없다. 금방이라도 북한과 뭔가 이룰 수 있을 것 같은 분위기를 만들면 당장 국민들의 표와 박수는 얻을 수 있을지 모르지만 국익에 부합하는 행동인지는 생각해 봐야 할 일이다.

한미 동맹의 의미

한미 동맹의 결속력이 약화되는 조짐이 계속 나타나면서 우려가 높아지고 있다. 북한의 비핵화 움직임과 대북 제재 완화가 같은 속도로 이루어져야 한다는 미국의 경고를 외면하고 문재인 대통령이 직접 각국에 대북 제재 완화를 호소하는 외교상의 불협화음에서도 드러나지만, 군사적 부분에서도 균열이 생기고 있다.

먼저 현 정부가 서두르고 있는 전작권(전시작전통제권·Wartime Operational Control) 조기 전환이 그렇다. 2019년 8월 말 문재인 정부는 주한미군 기지 26개의 조기 반환을 적극 추진하겠다고 발표했다. 특히 주목할 것은 용산 기지의 반환 절차를 2019년 개시하기로 했다는 대목이다. 용산 기지 반환은 한미연합사령부가 평택 주한미군 기지로 이전한다는 뜻인데, 이는 전시작전권 전환을 위한 사전 조치로 해석할 수밖에 없다. 문재인 정부는 전작권 조기 전환 협상과 실무협의를 통해 임기 마지막 해인 2022년에 전작권 전환을 완성하려는 것인가? 전작권 전환을 단순히 주한 미군의 작전권 이양 수준으로 해석해서는 안 된다. 전작권 전환으로부터 우리 안보 태세 변화가 수반되기 때문이다. 전작권 전환이 이뤄지면 현재 한미 동맹의 실질적 기능을 수행하고 있는 한미 연합사의 효율적 운용이 불투명해진다. 미군을 외국군 지휘관 아래 두지 않는다는 이른바 '퍼싱John J. Pershing 원칙'이 지금까지 유지되고 있는 미국의 전례를 볼 때, 전작권 전환을 통해 한국군 지휘관이 이끄는 한미 미래사가 완벽한 기능을 수행할 수 있을지 군사 전략가들은 우려하고 있으며, 태평양 지역의 미군 체계상 미국이 지휘권을 온전히 이양하기 어려울 것이라 보는 시각도 다수 존재한다.

또, 종전 선언과 평화 협정이 자연스럽게 한미 연합사와 주한 미군의 필요성에 논의를 제기할 가능성을 배제할 수 없다. 거두

절미하고 주한 미군이 사라진 한반도에서 현 정부의 소망대로 남북 간의 평화가 실제로 이루어진다고 하더라도 팽창주의적 면모를 보이고 있는 중국의 패권적 전략하에서 과연 우리나라의 위상을 굳건히 지킬 수 있을지 우려되지 않는가? 전략적 억제력은 세계 최강의 군사력을 지닌 미군과의 튼튼한 한미 동맹에 의해 만들어지고 유지된다는 사실을 간과해서는 안 된다.

'군사 주권'은 항상 전작권 조기 전환 주장의 주요 명분이 되어 왔다. 그러나 '평시 작통권'은 김영삼 정부 이후부터 이미 우리가 행사하고 있다. 평시 작통권의 행사는 우리 군이 우리의 전략적 목적에 맞게 군을 개혁하고 유사시 한국이 단독 작전을 수행할 수 있는 체제를 운용하고 있다는 뜻이다. 반면에 전작권은 말 그대로 한반도 유사시 군의 작전을 통제할 수 있는 권한으로 전시에만 작동된다. 그럼에도 전작권을 미군이 가지고 있으니 우리에게 군사 주권이 없다고 주장하는 것은 과도한 주장이다. 우리 정부는 물론이고 국민들도 유사시 미군의 전쟁 억지 능력과 수행 능력이 우리나라에 즉각 투입될 것을 바라고 또 그렇게 믿고 싶어 한다. 그런데, 혹시 전작권 전환 이후에도 유사시에 미국의 군사 능력까지 우리에게 즉각 이전된다고 착각하는 것은 아닌가. 현재 나토의 사령관을 미군이 맡고 있는 것에 대해 유럽 각국이 군사 주권을 포기한 것이라고 말하는 사람은 아무도 없다. 사실, 미국에 유럽 방위에 대한 더 큰 책임을 부여해서 더 큰 부담을 지우려는 속마음 아닌가. 우리

한미 동맹의 의미

국방력으로만 충분하다면 동맹이 왜 필요한가? 아직 우리 힘과 투자가 부족하여 강대국과 국제 질서의 도움으로 안보를 지탱해야 하는 처지를 충분히 감안한다면, 명분을 위하여 군사 주권을 주장하는 모습을 어떻게 받아들여야 하는가.

전작권 전환은 군사 주권의 문제가 아니다. 강대국에 둘러싸인 한반도의 지정학적 상황 속에서 우리나라의 생존과 위상을 지켜 낼 수 있는 가장 현실적인 대안인 한미 동맹의 실효성에 관한 문제이다. 혹시 섣부른 전작권 전환의 결과가 한미 동맹의 근간인 한미 연합사의 전쟁 수행 능력 약화로 이어질 가능성이 있다면 더욱 신중해야 한다.

이런 이유에서 2018년 제50차 연례안보협의회의 전작권 관련 합의는 유의미하다. 전작권 전환 후에 미래 사령부를 만들어 사령관만 한국이 맡고 주한 미군의 계속 주둔과 현 한미 연합 방위 태세를 그대로 유지하기로 한 것은 다행이다. 또 전환 시기를 특정하지 않고 세 가지 조건, 즉 한국군의 연합 방위 주도 능력과 북 핵미사일에 대한 필수 대응 능력 구비, 적합한 한반도 및 주변 안보 환경 등에 기초한 전환 원칙에 따르기로 한 것이다.

그런데 중요한 것은 전작권 전환 문제뿐만이 아니다. 얼마 전 남북 간 군사적 긴장을 완화하겠다며 문재인 대통령과 김정은 위원장이 체결한 남북 군사 합의서도 마찬가지다. 9.19 남북 군사 합의서의 제1조 1항의 내용에 따르면 "쌍방은 상대방을 겨냥한 대

규모 군사 훈련 및 무력 증강 문제, 다양한 형태의 봉쇄 차단 및 항행 방해 문제, 상대방에 대한 정찰 행위 중지 문제 등에 대해 '남북군사공동위원회'를 가동하여 협의해 나가기로 하였다"고 적시하고 있다. 이미 핵무기 등 각종 대량 살상을 위한 비대칭 무기로 무장한 북한을 머리 위에 두고 우리 군의 전력 증강은 물론 한미 연합훈련조차 남북군사공동위원회를 통해 북한의 관여가 가능해진 상황이 되어 버렸다.

앞서 밝혔듯 현 정부는 '국방개혁 2.0'을 통해 병력 감축과 복무 기간 단축을 진행하고 있다. 이런 상황에서 남북 군사 합의서까지 발표되었으니 많은 군사 전문가들 사이에서 전쟁에서 패배한 군대의 항복 문서와 다를 바 없다는 탄식이 나오고 있는 것이다.

또 하나의 문제는 남북 군사 합의서에 대해 관할권자인 유엔사령부를 비롯해 군사 동맹인 미국과 충분한 논의와 합의가 있었느냐는 점이다. 물론 유엔 사령부도 결국 동의하는 입장을 표명했고 미국 국방부도 제50차 한미 연례안보협의회를 통해 남북 군사 합의서 사항에 대해 협력하기로 합의했지만, 얼마 전 출범한 한미 간 '워킹 그룹'의 역할에 대해 폼페이오 미 국무장관이 "한국이 미국에게 알리지 않고 행동을 취하지 않게 하는 것 South Koreans take an action that the other is unaware of "이라고 표현하면서 남북 군사 합의서에 대한 미국의 인식과 불만을 드러냈다. 군사 동맹의 근간이 되는 한미 연합 훈련도 이미 중단되어 버린 상황에서, 미국과의 심도 깊은 공조를 배제하고 체결된 군사 합의서에 대한 이행까지 인정해 버린 미국이 진심으로 우리나라를 동맹으로 인정할지 의심스러운 상황이다.

　　상황은 심각하다. 우리나라에 대한 미국의 불신과 우려가 급증하고 있다. 미국의 많은 전문가들도 남북 군사 합의서와 종전 선언 등을 둘러싼 한미 간의 이견이 감지되고 있다고 경고하고 있다. 얼마 전 미국 유력 싱크탱크인 헤리티지재단The Heritage Foundation의 브루스 클링너Bruce Klingner 선임 연구원은 한국 기자들과의 간담회 자리에서 "공개적으로 미국은 문재인 대통령과 그의 노력을 지지하는 모습을 보이고 있지만 미국 정부 관계자들과 얘기를 나눠 보면 상당수가 문 대통령의 대북 정책에 대해 매우 우려하거나 심지어 화내고 있다"고 언급했다.[32] 미국의 한반도 전문가들이 내놓은 의견들에 따르면 미국의 우려와 불신이 일정 수준을 넘어선 것으로 보이지만 문재인 정부는 마치 한미 간 이견은 없는 것처럼 주장해 왔다.

　　그러나 한일 지소미아 파기 후 미국 국무부의 '심각한 우려와 실망'이라는 논평과 '미국은 문재인 정부에 이 결정이 미국과 우리 동맹의 안보이익에 부정적 영향을 줄 것이고, 동북아에서 우리가 직면한 위중한 안보적 도전과 관련해 문재인 정부의 심각한 오해를 나타낸다고 거듭 분명히 해 왔다'는 논평은 한미동맹 균열의 분명한 증거다.

　　거듭 강조하지만 현재의 한반도를 둘러싼 국제 정세는 남북만의, 혹은 우리 민족만의 문제로 좁혀서 볼 수 없다. 서로 다른 셈법을 숨긴 채 한반도를 주시하는 국제 정세 속에서 그 의미를 파악하고 대처해야 한다. 문재인 정부는 한미 동맹이 우리나라에 어떤 의미인지 깊이 생각해 봐야 한다.

북핵 이후, 세계 국가를 향해

통일은 새로운 도약의 기회

북핵 위협의 가장 근본적인 원인은 남과 북이 갈라섰기 때문이다. 그렇기 때문에 북핵 위협 해결의 가장 확실한 방법은 통일이기도 하다. 물론 그동안 우리는 북핵 정책과 통일 정책이 모순된 관계를 형성해 온 경우를 많이 목도해 왔다. 통일을 염두에 두고 추진되었던 야심 찬 남북 경협 사업이 오히려 북핵 문제를 악화시킨 정황도 드러났고, 마찬가지로 북핵 문제가 악화되면서 전향적인 통일 정책을 추진할 환경이 열악해지기도 했다.

통일 정책이 북한 핵 문제를 악화시키고, 악화된 북한 핵 문제가 통일 정책 추진 환경을 열악하게 만드는 악순환이 계속 되어 왔다는 의미다. 이런 모습을 보면 마치 북한 핵 정책과 통일 정책이 모순을 이루고 있는 것 같지만, 반드시 그런 것만은 아니다. 북핵 문제가 해결되면 통일의 길은 앞당겨지는 것이고, 통일이 이루어지면 북핵 문제는 해결되는 것이다. 이제 통일에 대해 이야기해 보고자 한다.

북한의 경제 개방 모델

김정은은 2018년 3월 말 중국 방문 당시 중국의 실리콘밸리 Silicon Valley로 불리는 중관춘中關村과 신개발구이자 대표적인 항구 도시인 다롄大連을 방문했다. 중국 개혁 개방에 대한 김정은의 관심이 반영된 방문지 선정이었다. 이어 5월에는 북한 노동당 간부들이 중국 곳곳을 답사하며 중국의 개혁 개방을 배우겠다고 언급했다. 그런데 중국을 방문한 사찰단이 노동당 간부들로 구성된 점을 미루어 보면 당이 중심이 되는 통제 가능한 개혁 개방의 방향으로 진행될 것이리는 점을 짐작한 수 있다.

많은 전문가와 언론은 북한이 중국이나 베트남식 개혁 개방을 추진할 것이라고 전망하지만, 태영호 전 공사는 북한이 개혁 개방의 길로 간다면 중국이나 베트남식이 아닌 개성 공단식 모델로 진행될 것이라고 말한다. 북한은 외부로부터의 정보 접근 차단, 주민의 자유로운 이동 금지, 억압적 정치사상 생활을 수단으로 유지되는 시스템이기 때문에 중국이나 베트남처럼 주민들에게 정보 접근, 이동, 비정치의 자유를 허용한 개혁 개방과는 접근 방법이 다를 수밖에 없다는 것이다. 따라서 외부 정보의 접근과 주민 접촉을 최소화할 수 있는 개성 공단과 같이 단절된 형태의 개방만이 가능할 것이라고 태영호 공사는 강조한다.

　　이러한 모습은 개성 공단뿐만 아니라 금강산 관광에서도 이미 드러났다. 북한은 금강산 관광 구역 근처를 통제 구역으로 만들어 북한 주민의 접근을 철저히 통제하고 한국인 관광객들만을 상대로 경제적 수익만 얻어 갔다. 개성 공단도 마찬가지다. 남한 사람들과 접촉하지 못하게 하려고 개성 공단 근처에 거주하는 북한 근로자들을 개성으로 이주시켜 버스로 출퇴근하는 구조로 만들었다.

　　최근 김정은은 원산 - 갈마 해안 관광 지구 개발에 큰 관심을 보이고 있다. 2018년 들어서만 세 차례나 시찰할 정도이다. 이 관광 지구에는 30층 이상의 고층 호텔, 종합 경기장, 물놀이 공원 등이 김정은의 직접 지시에 의해 들어설 예정이라고 한다. 시찰 당시 김정은은 "이곳에서 인민들이 행복한 휴식을 보낼 생각에 기쁘다"고 언급했다는 보도가 나왔으나, 북한 체제의 속성상 이곳 관광 지구도 주민의 접근이 철저히 통제된 단절 모델의 특구로 개방될 가능성이 크다. 금강산과 마찬가지로 원산 지구도 외국인 관광객 유치를 통한 외화벌이의 수단으로 활용할 의도라는 지적이 나오는 이유다. 국제 사회가 예상하는 개혁 개방의 모습과는 거리가 있다.

　　북한의 개혁 개방이 이렇게 통제된 특구 형태로 진행될 경우 남북 경협의 활성화에 적지 않은 타격이 될 가능성이 있다. 특히 우리나라는 남북 경협의 활성화로 남북중러를 잇는 시베리아 횡단철도TSR, 중국횡단철도TCR, 만주횡단철도TMR 등 대륙 횡단 철도를 건설해 유라시아로의 새로운 진출로를 확보하고 대륙 국가로 거듭 날 수 있는 기회를 만들어야 하는 상황이다. 그러나 북한 체제 유지를 전제로 한 단절식 개방으로 개혁 개방이 진행된다면 남북을 가로지르는 철도 건설이 가능할 수 있을지 의문이다. 따라서 섣부른 판단으로 성급히 서두르는 경협은 오히려 국민들이나 투자 기업들에게 장밋빛 청사진만 강요하는 결과로 나타날 수 있다는 점을 간과해서는 안 된다.

앞서 살펴본 바와 같이 북한에는 아직도 10만 명이 넘는 인원이 감금되어 있는 정치범 수용소가 있으며 그 인권 실태는 상상을 초월한다. 그렇기 때문에 전방위적이며 완벽한 핵 사찰이 불가능하고, 중국식의 전면 개혁 개방은 더욱 불가능하며, 체제 수호를 의식하지 않을 수 없는 김정은이 선택할 수 있는 최대치의 개방은 개성 공단식의 폐쇄형 경제특구 체제가 될 것이다. 그 위치는 북중 국경과 비무장 지대 인근이 될 가능성이 높다. 그런 상황에서 과연 중국의 대북 영향력이 줄어들 수 있을까.

우리의 통일 정책은 북한 정권보다 북한 주민에게 초점을 맞춰야 한다. 남한 사람과 같이 살고 싶다는 생각을 하는 북한 주민들이 많아져야 통일이 가능하다. 이를 위한 인도주의적 지원과 다양한 개발 사업은 비핵화 진전 속도와 보조를 맞춰 추진되어야 한다.

하지만 문재인 정부는 북한을 자극하지 않기 위해서인지 통일이라는 말을 거의 사용하지 않는다. 2018년 12월 3일 문재인 정부는 '제 3차 남북관계발전기본계획 및 2018년도 시행계획'을 공개했다. 2018년부터 2022년까지 적용되는 이 계획에는 7개 과제 중 통일 관련 과제가 단 하나만 있을 뿐이다. 박근혜 정부 당시 발표된 2차 기본 계획에는 10개 과제 중 5개가 통일 관련 과제였다. 흡수 통일을 앞에 내세워 굳이 북한을 자극할 필요는 없겠지만 통일이라는 국가적 과제에 대한 국민 공감대를 확산시키기 위해서라도 통일을 뚜렷한 목표로 세워 추진할 필요가 있다. 문 정부는 아마도 통일보다는 그저 남북 관계의 평화적 관리를 목표로 하고 있는 듯하다. 남북 관계만 관리하면 비핵화를 이루고 통일도 성취할 수 있을까? 보다 적극적인 비핵화 정책과 통일 정책이 필요하지 않을까?

    통일에 대한 국민적 관심이 줄어들고 있는 것이 작금의 현실이다. 내 또래나 어르신들에게 "통일해야 하나요?"라는 물음을 던지면, 대부분 "당연하지, 남과 북이 다 같은 한민족인데 통일해야지"라고 대답할 것이다. 그런데 이제 '같은 민족이니까'라는 당위성만 강조하며 통일의 필요성을 설파하기에는 한계가 있다. 최근 청년 세대들은 통일을 더 이상 필수적인 것으로 판단하지 않는다. "통일이 되면 엄청난 비용을 우리가 부담해야 할 텐데 반드시 통일을 해야 해?" 하는 생각이 근래에 변화된 통일에 대한 인식이다. 특히 청년 세대들이 여러 가지 문제로 어려움을 겪고 있는 요즘 상황에서 통일 비용까지 감당해야 한다고 하면 차라리 통일은 안 하느니만 못한 것이라고 생각할 수도 있다. 다소 비현실적인 부분도 있었지만 박근혜 정부의 '통일 대박론'은 통일에 대한 국민적 관심을 도출하는 데는 어느 정도 성공했다.

실제로 통일이 되면 당장은 아니더라도 궁극적으로 엄청난 경제적 기회가 창출될 것은 확실해 보인다. 사실 우리나라 경제가 이렇다 할 성장 동력을 찾지 못하고 있는 상황에서 통일은 경제적 돌파구 역할을 할 수 있는 부분이 있다.

북한이 비핵화를 통해 정상 국가로 변모하고 남북 간의 평화 체제가 구축되면 대북 제재가 완화되어 남북 경협과 북한 투자가 활성화될 것이고, 사실상 섬나라로 갇혀 있던 대한민국의 위상이 대륙 국가로 전환되는 획기적인 계기가 마련될 수 있다. 다시 말해 대륙 횡단 철도와 북극 항로를 활용한 세계 국가로의 전환이 가능하다는 이야기다. 그러기 위해서는 비핵화가 선행되어야 한다.

그렇게 되면 이제 우리나라의 국익과 통일을 위한 구상은 미래 지향적인 과제로 집중될 수 있다. 진정한 한반도 번영의 길이 목표가 되는 것이다.

북한과 평화 관계가 구축되고 산업적 교류가 일어나면 여러 분야에서 수혜가 예상된다. 특히 김태유 서울대학교 공과대학 교수의 북극 항로 비전은 남북 관계 개선을 전제로 충분히 우리의 자산으로 만들 수도 있다. 지구 온난화로 북극의 빙하가 녹아 실제로 이용 가능한 항로가 곧 개척되는데, 그 북극 항로를 이용하면 현재 이용하고 있는 남방 항로보다 거리가 짧아 에너지와 시간이 3분의

1 정도가 절약된다. 이 항로를 이용하기 위한 전제 조건은 북한과의 관계 개선이다. 만약 북한과의 관계 개선에 실패해 북한 영해를 피해 일본 영해로 돌아가야 할 경우 북극 항로를 통한 실익은 일본이 가져간다.

북극 항로의 사례에서도 나타나듯 국익을 확대하기 위해서라도 북한과의 관계 개선 필요성은 충분하다. 거기다가 러시아로 연결되는 가스 파이프라인까지 생각하면 북한과 좋은 관계를 유지하는 것은 어찌 보면 반드시 이루어야 할 과제이기도 하다. 그런 점에서 현재의 남북 관계 개선의 방향성은 인정한다. 다만 이런 관계 개선을 통해서 우리가 어떤 실익을 얻을 수 있을 것인지는 우리가 가지고 있는 비전과 전략의 문제다.

남북 경협을 통해 우리가 얻을 수 있는 이익은 먼저 인프라 부문이다. 북한 인프라 건설에 우리 기업이 투자를 해서 수익을 올리는 방안도 있고, 국제통화기금IMF이나 아시아 개발 은행, 중국 인프라 투자 은행 등과 같은 국제기구 기금을 통해 북한 인프라를 미리 지원하고 통일 후 우리가 실익을 얻는 방안도 있다.

다만 이러한 경제적 이익이 실현되려면 상당한 적응 기간이 필요하고 적응 기간 동안 우리가 부담해야 하는 비용도 적지 않을 것이다. 그래서 어떻게 통일을 하느냐가 중요하고, 통일을 위한 준비를 차곡차곡 해나가는 것이 중요하다. 통일 비용 부담에 대한 사회적 합의 도출도 이러한 준비 과정 중 하나다.

분단 비용과 통일 비용

통일은 궁극적인 경제적 편익 외에도 우리에게 가져다줄 이익이 상당하다. 이러한 이익은 비용을 훌쩍 뛰어넘는다. 많은 사람들이 통일 비용을 얘기하지만 '분단 비용'에 대해서는 인식을 잘 못하고 있다.

우리나라는 최빈국에서 어엿한 중견 국가로 성장했다. 빠른 속도로 경제 발전과 정치 민주화를 이뤄 여러 저개발 국가와 개발도상국들의 모범이 되고 있다. 하지만 남북 분단과 대치 상황은 우리에게 지속적인 안보 불안 요인으로 작용하고 있다. 그리고 이에 대처하기 위해서 우리는 엄청난 분단 비용을 치르고 있다. 이러한 분단 비용은 단순히 GDP 대비 국방비와 같은 '경제적' 수치로만 치환할 수 없다. 우리나라가 치러야 하는 '정치·외교적' 분단 비용 역시 어마어마하다. 엄청난 비용이 분단 관리에 소요되고 있는 것이다.

이러한 분단 비용은 우리가 선진국으로 진입하는 데 커다란 장애 요인으로 작용하고 있다. 그렇기 때문에 통일을 이뤄 낸다면 남과 북이 사용하고 있는 분단 관리 비용, 그리고 소모적인 체제 경쟁 비용을 보다 생산적인 용도로 전환해서 사용할 수 있을 것이다.

또한 통일로 인해 우리나라의 국력이 더 강해질 것 역시 분명하다. 현재 우리나라는 경제력, 군사력을 기준으로 세계 10위권의 어엿한 중견 국가이다. 하지만 동북아의 역학 관계에서는 여전히 국력의 열세를 벗어나지 못하고 있다. 국가의 크기와 인구수는 국력을 결정짓는 주요 요소이다. 현재의 남북한 인구를 합친 7600

만 정도의 인구가 한반도를 자유롭게 활보하며 역량을 결집할 수 있다면 통일 한국의 국력은 분단 상태의 남과 북 국력을 모두 합한 수치를 쉽게 뛰어넘을 수 있을 것이다.

재통일이 아닌 신통일

어떻게 통일을 하느냐가 매우 중요하다. 물론 통일 한국은 자유 민주주의와 시장 경제를 근간으로 하는 국가가 되어야 함은 분명하다. 하지만 우리나라의 정치 경제 체제로 단지 북한을 흡수한다는 생각보다, 남북한 모두의 역량을 결집해서 지금의 대한민국보다 더 살기 좋은 '새로운' 국가 건설을 염두에 둬야 한다. 즉 새로운 국가 창설을 목표로 하는 신新통일 new unification이 되어야지, 분단 이전으로의 회귀만을 목표로 하는 재再통일 re unification이 되어서는 안 된다는 의미다.

최근 들어 세계화와 신자유주의 질서의 한계가 미국의 트럼프 대통령 당선과 영국의 브렉시트 Brexit 등으로 표출되면서 여러 문제점들을 노정하고 있는 증거들이 나오고 있다. 양극화라는 것도 단지 '좌파의 공세'가 아니라, 세계화와 신자유주의가 초래한 문제점인 것으로 드러나고 있고 자유주의 진영에서도 '공동체 자유주의', '자본주의 4.0' 등의 개념을 통해 이러한 한계를 극복하려고 노력하고 있는 상황이다.

나는 신통일 국가가 공동체적 자유주의와 따뜻한 자본주의에 바탕을 둔 포용적인 국가가 되어야 한다고 강조한 바 있다. 그리고 너무 민족적 당위성만을 강조하는 민족주의적 통일은 지양해야 한다고 생각한다. 민족을 앞에 내세우고 민족주의에 호소하는 통일 방안은 주변국들의 반발을 불러일으킬 소지가 있기 때문이다. 물론 통일은 우리가 주도를 하지만 주변국들의 지지 역시 유도할 수 있는 통일 방안이 되어야 한다는 의미다. 아울러 2017년 기준 31만 가구나 되는 다문화, 다민족 가정이 대한민국을 살아가고 있는 현실을 분명히 인지해야 한다. 게다가 인구 절벽이 커다란 문제로 다가오고 있는 상황에서 이러한 현실을 반영한 통일 한국을 상정하고 외국인에게도 문화적으로 개방된 열린 국가가 되어야 한다. 인류 보편적 가치를 실현하고 구현하기 위한 여정으로 통일을 상정해야 한다.

구체적인 통일 방법론에 대한 문제는 대단히 어려운 화두이다. 우선 단계적이고 평화적인 방법으로 혼란과 비용을 최소화하며 진행하는 통일이 최상의 시나리오라는 데는 이견이 없을 것이다. 그러나 자신의 체제 유지에 급급한 북한과 과연 통일을 협상할 수 있을지는 의문이다. 물론 현재 남북 간, 미북 간 북핵 문제를 위한 대화와 평화 무드가 진행되고 있지만 북핵 폐기보다 통일을 앞세우기는 시기상조다. 그렇다면 북핵 폐기 협상과 통일 준비를 투 트랙으로 진행시켜 나가야 한다. 평화 통일 공감대 확산 및 통일 역량 강화가 그나마 문재인 정부의 3차 기본 계획에 포함되어 있어서 다행이다.

현 시점에서 통일을 위해 가장 필요한 것은 북한 정권이 아닌 북한 주민을 대상으로 하는 관여 정책 engagement policy 이다. 북한 주민을 대상으로 지속적인 관여 정책을 추진하여 북한 사회의 구조적이고 의미 있는 변화를 불러일으키는 방향으로 통일 정책을 추진해야 한다. 대한민국의 역대 정부들은 정권마다 차이는 있지만 관여 정책을 추진해 왔다. 그러나 관여 정책의 목표인 북한 사회의 구조적 변화를 초래할 정도의 관여 정책을 추진하지는 못했다. 북한 주민보다는 북한 정권을 파트너로 생각했고, 북한 사회의 기저에 구조적 변화를 가져올 수 있는 사업은 없었다. '퍼주기'라는 비판이 나오는 이유이다. 문재인 정부의 대북 정책은 과연 이러한 비판에서 자유로운가? 북한 사회의 구조적 변화라는 정책 목표를 가지고 있기는 한 것인가?

북한의 민생 인프라를 구축할 수 있고 인도적 문제를 해결할 수 있는 긴 호흡의 관여 정책이 필요하다. 정책의 대상이 북한 정권보다는 주민이 되어야 하고 실제로 구조적인 변화를 초래할 정책적 방안이 마련되어 있어야 한다. 북한 주민들을 대상으로 한 관여 정책은 통일 준비를 위한 기본 명제다. 물론 제재가 가해지고 있는 현시점에서 이러한 관여 정책을 적극적으로 추진하기에는 한계가 있다. 하지만 북의 비핵화 조치에 맞춰 제재가 완화된다면 북한의 구조적 변화를 도모할 수 있는 관여 정책을 추진해야 한다.

이런 관여 정책의 추진을 위해서는 다시 강조하지만 첫째, 북한 정권의 단기적인 행동 변화를 추구하기보다는 장기적인 안목에서 북한 사회의 구조적 변화를 도모할 수 있어야 한다. 그러기 위해서는 실질적으로 북한 사회의 구조적 변화를 가져올 수 있는 정교한 정책이 필요하다. 농촌 개발과 조림 사업 등의 과제는 언젠가는 '우리 것'이 될 북한 지역에 대한 투자라는 발상의 전환이 필요하다.

둘째, 이러한 정책은 국민적 합의와 주변국의 공감 속에서 추진되어야 한다. 내가 북핵 문제와 한반도 통일의 문제는 남북 간의 문제로 국한될 수 없다는 사실을 누차 강조하는 이유이기도 하다. 그러나 지금 정부는 미국 등 주변국의 우려는 아랑곳하지 않고 국민적 설득도 없이 자신들만의 대북 지원 정책을 급하게 밀어붙이고 있다. 주변국과 국제 정세를 망라하는 것이 아니라 오직 남북 관계에만 몰입하여 추진하는 경향이 강하다. 이러한 대북 정책의 목표가 무엇인지가 뚜렷하지 않다. 그래도 김대중, 노무현 정부의 햇볕 정책은 북한의 변화를 도모한다는 정책 목표가 있었다. 문재인 정부는 실제 북한의 구조적 변화를 초래할 정책 목표를 상정하고는 있는 것일까? 그렇다면 이 정부의 대북 정책 목표는 그저 소극적 평화 관리인가? 핵 있는 평화인가? 이는 누구이 강조하지만 진짜 평화가 아니다.

셋째, 지속적인 관여로 단계적이고 점진적인 통일 정책을 추진해야 하지만, 북한 정권에 예기치 않은 상황이 발생해 붕괴될 가능성에는 늘 대비해야 한다. 흡수 통일을 이야기하는 것이 아니다. 지금까지의 북한 상황을 보면 북한 정권이 그동안 예측한 것에 비해 훨씬 공고해 보이는 것은 사실이다. 붕괴에 근거를 두고 정책을 추진할 필요는 없지만 붕괴 가능성에 대해서는 다양한 시나리오를 염두에 두고 대비해야 한다.

통일을 위한 주변국 외교

통일을 우리가 주도적으로 해야 한다는 점에는 이견이 있을 수 없다. 하지만 통일은 남한과 북한에 엄청난 변화를 초래할 한반도의 문제인 동시에 동북아 세력 균형에도 일대 판도 변화를 가져올 사건이다. 그래서 통일을 위해서는 남한과 북한뿐만 아니라 동북아 국가, 세계 각국의 지지가 필요하다. 북한의 비핵화는 주변국들의 이해와도 합치하는 부분이 크기 때문에 상대적으로 주변국들의 지지와 협조를 도출하기가 용이할 수 있다. 그런데 통일은 그 과정이 불안정할 수 있으며 많은 불확실성을 야기할 확률이 높기 때문에 주변국들이 적극적으로 지지하고 협조하지 않을 가능성도 높다. 그렇기 때문에 통일을 위한 주변국 외교가 중요하다.

    우선 한반도 통일이 역내 세력 질서를 뒤흔들어 불안정한 요인으로 작용하지 않을 것이고, 오히려 동북아의 안정과 평화에 기여할 것이라는 인식을 심어 줘야 한다. 통일 한국은 동북아에서 지금보다 힘이 있는 국가가 될 것은 분명하지만, 강성 패권 국가가 되지 않을 것이라는 점을 인식시켜야 한다. 주변국의 우려를 불식시키기 위해 통일 한국은 동북아의 비핵 중견 국가가 될 것이고, 동북아의 안정자 역할을 할 것이라는 점을 분명하게 밝혀야 한다. 혹자는 이러한 정책이 앞서 내가 주장했던 핵 개발 준비 태세 구축 정책과 모순된다고 주장할지 모른다. 하지만 핵 개발 준비 태세 구축은 북한의 비핵화가 국제 사회의 노력에도 불구하고 이뤄지지 못했을 경우를 대비한 정책 옵션이지 우리의 통일 국가 비전은 아니다. 우리는 북핵 문제가 해결되었을 때 한반도는 비핵 지대가 될 것이라는 점을 명확히 해야 한다.

멀리 볼 것 없이 독일의 통일이 미국의 지원, 러시아와 프랑스의 동의하에 이뤄졌다는 점을 상기해야 한다. 마찬가지로 미국과 중국의 지지와 보장을 유도할 수 있는, 한반도가 명실상부한 세계 국가의 일원임을 완성하기 위한 스마트형 통일 외교 전략을 계속 개발해서 추진해 나가야 한다.

남북 경제 공동체 마스터플랜

통일은 우리 민족이 언젠가는 성취해야 할 역사적 과업이고 반드시 평화적인 방법으로 이뤄져야 한다. 새로운 한반도 통일 국가의 체제는 자유 민주주의와 자유 시장 경제 질서에 토대를 두어야 함은 물론이다. 이런 궁극적인 목표가 이루어지기 위해서는 남북 주민 간의 상호 신뢰를 쌓을 수 있는 정교한 대북 정책과 치밀한 준비가 필요하다. 끝없는 인내와 투자를 통해 신뢰를 쌓는 과정을 만들어야 하고 그것이 통일 기반 조성이라는 말이다. 더구나 70년 이상 다른 체제에서 분단의 이질화가 진행되어 왔기 때문에 정치, 경제, 사회, 문화적 동질성을 회복하기 위한 다양한 프로그램도 필요하다.

분단국가들의 통일 과정 가운데 독일 통일은 우리에게 시사하는 바가 크다. 분단국가에서 국제 사회의 동의를 통해 평화적인 통일을 이루어 낸 독일과 피비린내 나는 전쟁의 상흔을 남긴 예멘과 베트남을 비교해 보면 통일 과정이 왜 중요한지가 더욱 극명해진다.

1990년 10월, 소련이 해체되고 냉전의 봄이 완연할 즈음에 독일 통일이 이루어졌다. 독일은 무력 충돌 없이 통일의 대과업을 성취했다. 우리의 통일이 어떠해야 하는지 타산지석他山之石으로 삼아야 한다. 1989년부터 동유럽에는 자유화의 물결이 출렁이기 시작했다. 동독도 그러한 체제 전환의 역사적 조류에 고스란히 노출되고 있었다. 이러한 역사적 조류는 자연스럽게 통일에 대한 열망으로 발전했으며, 그해 11월 급기야 브란덴부르크의 장벽이 무너지면서 동서독 통일의 길을 걷게 되었다. 서독과 동독은 통화 정책을 위시해 경제 정책에서의 통합을 먼저 추진했고, 통일의 기반이 닦인 후 정치적인 통합을 이뤄 냈다.

독일의 통일에는 국제 사회의 동의와 지원, 그리고 오랜 동안의 교류와 협력이 있었다. 첫째, 1990년 9월 12일, 동서독과 미국, 구소련, 영국, 프랑스 등 4대 전승국에 의해 서명된 '독일 관련 최종 처리에 관한 조약(일명 2+4조약)'은 평화롭고 안정적인 통일을 만들어 내는 데 단단한 디딤돌 역할을 했다. 둘째, 1960년대부터 동독에 비해 경제적 우위에 있었던 서독의 유연하고 적극적인 교류와 경제 협력이 동서독 국민들에게 견고한 신뢰를 쌓아 통일의 에너지로 작용했다. 즉 대對동독 포용 정책이 탈냉전의 국제 환경과 맞물리면서 통일이 가속화되었던 것이다.

만약 서독의 경제력이 동독에 비해 월등하지 않았다면 동독인들이 통일을 우호적으로 생각하지 않았을 수도 있다. 아무리 통일을 위한 국제적인 환경이 우호적이었다고 하더라도 조속한 통일을 이뤄 내지는 못했을 것이다. 다시 말해 통일은 긍정적인 국제 환경과 통일에 대한 열망, 그리고 무엇보다 통일을 감당할 수 있는 경제적인 힘이 함께 존재해야 실현 가능하다는 사실을 독일 통일의 역사가 증명한다.

문재인 정부의 남북 화해 협력과 경제 협력 확대를 위한 다양한 시도와 노력은 북핵 폐기와 같은 다른 현안이나 쟁점을 차치하고라도 통일 과정에서 부분적으로 불가피한 측면이 있다. 다만 다듬어지지 않은 질주와 과속을 우려하는 것이다.

통일의 지렛대 역할을 할 통일 기반 조성 작업의 상당 부분은 남북 경제 협력으로 이루어지는데, 3단계 정도로 구분해 볼 수 있다.

① 초기: 경제 지원 및 투자 단계

초기의 기초적 경협 단계는 폐쇄형 경제 특구를 확대하는 형태로 진행될 것으로 보인다. 북한은 체제 안정과 김일성 가계의 집권 보장이 최우선이기 때문에 전제적 지배 체제에 최소한의 위협이 되는 형태의 개혁 개방도 부정적인 입장을 보일 것으로 전망된다.

경제 협력 초기에는 개성 공단과 같은 폐쇄형 경제특구 형태를 선호할 가능성이 매우 높다. 휴전선을 기점으로 서쪽의 연평도 인근 강령 국제 녹색 시범구와 동쪽의 금강산 관광특구에 대한 투자 정도가 수용 가능한 정도일 것이다. 또는 기존 북한과 중국 국경에서 시도된 두 개의 특구, 나진–선봉 경제 특구, 신의주–단동 경제특구에 참여를 검토하는 것도 필요하다. 비핵화가 진행되어 한반도 북측의 국경 지대에 한미일의 자본이 투자된다면 북한의 개혁과 개방에도 적지 않은 도움이 될 것이다.

이외에도 북한 체제에 도움은 되지만 사회 전반에 충격을 주지 않는 형태의 인프라 구축, 즉 발전소 건설, 도로·철도·항만·공항 신증설 등의 사회 간접 자본 투자, 현금·현물 지원 등이 고려될 수 있다. 국제 금융 기관은 자선 단체가 아니다. 제공한 자금을 회수할 수 있다는 확신이 있어야 한다. 중국이 주도하는 AIIB조차 북한에게 자금을 지원하지 않는다. 결국 북한이 완전한 비핵화를 이루고 체제 전환을 통해 정상 국가로 탈바꿈해야지만 국제 금융에 접근이 가능할 것이다.

② 중기: 통일 기반 조성 심화 단계

북한이 핵을 폐기하고 정상 국가화됨과 동시에 초기 형태의 투자가 이루어지는 경우에도 북한 경제를 완전히 개방하여 1인당 소득 5000달러, 1만 달러식의 번영을 목표로 하는 개방이 이루어질 것으로 기대하는 것은 과도한 희망이다. 북한 정권의 속성과 본질을 바탕으로 추측하면, 경제 형편이 체제를 위협할 수준을 넘어서고 인민을 통제할 수 없음을 걱정할 정도에 이르면, 오히려 개혁 개방의 속도를 조절할 가능성도 배제할 수 없다.

이러한 북한의 우려를 극복하는 과정에서 진전과 퇴보를 거듭하며 우여곡절을 겪을 가능성은 상존하며, 이 경우에 대비한 예방책, 분쟁 해결책, 투자 보장 협정 등 보완책을 반드시 마련해 두어야 우리 투자 기업인의 피해를 최소화할 수 있을 것이다.

이런 험난한 과정을 거쳐 상품과 서비스가 자유롭게 왕래할 수 있는 단계가 중기에 해당한다. 상품과 서비스, 노동력과 투자 등이 국가 간 무역이나 거래 형태로 자유로이 유통되기 위해서는 제반 법 제도가 완비되어야 한다. 특히 북한 사회에 정보 유통의 자유, 거주지 이동의 자유 등 민주주의 사회에서 보장되는 국민 기본권이 어느 정도 보장되어야 하는데, 이는 중국과 베트남에서 현재 이루어지고 있는 개혁 개방 수준의 변화가 북한 사회에서 이루어져야 비로소 가능해진다. 북한의 현 상황으로서는 실현 가능성이 높지 않은 시나리오다. 남북경협으로 일본의 경제 우위를 단숨에 따라잡겠다는 문재인 대통령의 '평화경제론'이 우물가에서 숭늉 찾는 격이라는 생각이 드는 이유이기도 하다.

③ 종기: 경제 공동체 단계
북한의 정치, 경제, 사회, 문화적 개혁 개방이 완성 단계에 이르고, 상품과 서비스, 노동력의 이동이 국가 간의 무역 형태가 아닌 국내 시장 거래처럼 자유로운 단계이다. 남북 간에 북핵 폐기는 물론이고 안보와 관련하여 평화 체제 구축이 완성되고, 상호 체제 존중 및 신뢰의 정도가 최고조에 이를 뿐만 아니라 주변 4강의 협조와 도움이 있어야 비로소 가능한 교류 협력이다. 남북 경제 공동체가 드디어 완성된 단계이며, 남과 북의 경제, 금융, 기업, 노동, 사회 시스템이 통합되어 자유 시장 경제의 경제 원칙이 한반도 전체에 통용되는 상태이다.

감히 남북의 발전이 서로 시너지 효과를 낼 수 있는 단계라고 상상해 본다. 참으로 먼 미래에 가능할 수도 있는 희망을 담은 밑그림이지만, 생각만 해도 가슴이 뛰는 환상적인 청사진이 아닐 수 없다.

저출산 고령 사회

3장

하류노인이 온다

고령 사회 시대

유엔에서는 한 국가의 전체 인구 가운데 고령 인구가 차지하는 비율이 7퍼센트 이상일 때를 고령화 사회, 14퍼센트 이상일 때를 고령 사회, 20퍼센트 이상일 때를 초고령 사회로 분류한다. 우리나라는 지난 2000년 고령 인구 비중이 7퍼센트를 넘어서면서 고령화 사회로 진입했다. 그리고 2017년 인구주택총조사 결과, 전체 인구 5142만 명 가운데 65세 이상 고령 인구가 14.2퍼센트로 나타나며 고령화 사회를 넘어 고령 사회로 접어들었으며, 2019년 통계청 발표에 따르면, 14.9퍼센트에 이르고 있다.

출산율을 올리는 정책적 투자도 중요하지만, 저출산이 이어지고 노인 인구가 급증하는 사회에 대비해 무엇을 준비해야 할지가 중요한 정책 현안이 되었다. 노동 정책, 복지 정책, 주거 정책 등 모든 사회 정책의 중심에 저출산 고령 사회가 자리해야 한다. 앞으로 다가올 사회적 변화를 정교하게 예측해 정책을 준비해야 한다. 고령 사회를 어떻게 극복하느냐에 따라 대한민국의 미래가 바뀐다.

하류노인

일본에서 만들어진 신조어인 '하류노인'은 중산층으로 살기 위해 노력했지만 노후에 빈곤층으로 추락한 노인을 의미한다. 1991년 일본의 버블 경제 붕괴로 시작된 소위 '잃어버린 20년' 시기를 사회 주축 세대로 경험한 세대이기도 하다. 일본에서는 4년 전부터 하류노인이 사회 문제로 대두되기 시작했다.

《2020 하류노인이 온다》의 저자 후지타 다카노리는 하류노인을 '기초 생활 수급 정도의 소득으로 생활하는 고령자 또는 그런 우려가 있는 고령자'로 정의하며 다음과 같이 묘사한다.

"예를 들어 한여름 찜통더위 속에서도 전기세가 무서워 에어컨도 켜지 못해 실내에서 열사병에 걸린 노인, 의지할 가족 없이 종일 아무 일도 않고 혼자 텔레비전만 보는 노인, 라면이나 밥에 달걀 하나만 올린 식사로 끼니를 때우는 노인, 집세를 내지 못해 공원에서 생활할 수밖에 없는 노인, 배가 고파 편의점에서 도시락 3개를 훔치고 형무소에 보내 달라고 눈물로 애원하는 노인…"

후지타 다카노리, 《2020 하류노인이 온다》

현재 우리 사회의 은퇴 빈곤과 같은 모습이다. 우리나라 65세 이상 노인의 빈곤율은 48.8퍼센트로 OECD 평균인 12.1퍼센트보다 4배 이상 높다. 특히 노인 1인 가구의 빈곤율이 70퍼센트가 넘는다.[33] OECD는 2062년경에 세계에서 가장 고령화된 사회는 한국이 될 것이며 향후 50년간 노인 부양비가 OECD 국가 중 가장 높은 350퍼센트 이상의 증가폭을 기록할 것으로 전망했다.[34] 대한민국의 하류노인 시대는 이미 시작됐다.

캥거루족과 빈곤의 악순환

하류노인의 사회 문제화는 아이러니하게도 청년 빈곤의 문제와 직접적으로 연결된다. 자가 생활이 어려운 청년들은 자연스레 부모에게 의존할 수밖에 없다. 소위 캥거루족이라 불리는 청년들이 늘어나게 되면, 가뜩이나 노후 생활에 대한 준비가 되어 있지 않은 부모들의 경제력이 더욱 악화된다. 악순환의 고리가 만들어지는 것이다.

1990년대에 일본에서 심각한 사회 문제였던 20~30대 캥거루족 가운데 상당수가 여전히 부모에게 의존하고 있다. 2012년 일본 총무성이 발표한 자료에 따르면 35~44세 연령대 일본 국민 가운데 약 16퍼센트인 295만 명이 결혼도 하지 않은 상태에서 부모와 동거하고 있는 것으로 조사됐다. 이들 중년 캥거루족이 1990년 112만 명, 2000년 159만 명이었던 것을 감안하면 증가 추세가 매

우 가파르다.[35]

청년들뿐 아니라 중년 캥거루족들까지 부모의 경제력에 의존하게 되면 부모 세대는 계속 일자리를 유지한 채 경제 활동을 지속할 수밖에 없다. 부모 세대가 일자리를 놓지 않으니 청년들이 일할 공간은 그만큼 줄어들어 청년 일자리 감소의 결과로 돌아온다. 일자리를 구하지 못한 청년들은 다시 경제적으로 부모에게 의존할 수밖에 없다. 이렇게 서로 물고 물리는 악순환 관계가 지속될 가능성이 크다.

일본은 부모 세대가 버블 경제 시기의 혜택을 입어 어느 정도 경제적 여유가 있는 상황이지만, 우리나라는 다르다. 청년 일자리 부족으로 인한 청년 빈곤이 다시 노인 빈곤으로 이어지는 악순환에 더 크게 노출될 수밖에 없다. 모든 사회관계 정책들이 청년 빈곤과 노인 빈곤의 상관관계를 이해한 후 수립되어야 하는 이유이다.

노인 빈곤, 나아질 기미가 없다

2019년 보건복지부 예산은 2018년보다 14.7퍼센트가 증가한 72조 5148억 원이며, 국회로 제출된 2020년 예산안은 82조 8000억 원으로 전년 대비 10조 원 늘었다. 늘어난 예산의 많은 부분을 아동, 보육, 노인 분야가 차지하고 있어 정부가 저출산 고령화 문제에 힘을 쏟으려는 모습이 보인다. 그러나 우리나라는 노인 자살률과 노인 빈곤율은 OECD 회원국 평균보다 훨씬 높고, 출산율은 OECD 회원국 중 최하위권인 상황을 10년째 벗어나지 못하고 있다.

더 큰 문제점은 지금 이 상황을 타개할 길이 전혀 보이지 않는다는 것이다. 보건복지부는 2017년 8월 보도 자료를 통해 국민연금 제도가 정비되더라도 노동 시장의 불안정성으로 인해 노인 빈곤율이 OECD 평균 수준으로 낮아지기는 어렵다고 밝힌 바 있다. 또한 노인이 보유하고 있는 자산의 대부분이 부동산이기 때문에 쉽게 현금화하기 어려워 노인 빈곤율 하락에 큰 영향을 미치기 어렵다고 한다.

빈곤율만큼이나 노인 자살률도 높다. 우리나라의 노인 자살률은 10년 넘게 OECD 국가 중 1위를 기록하고 있다. 주목해야 할 부분은 보건복지부가 2014년 발표한 노인 실태 조사에 따르면 노인이 자살을 생각하게 되는 주요 원인으로 경제적 어려움(40.4퍼센트)을 꼽았다는 사실이다. 노인 빈곤율과 자살률의 상관관계를 보여 주는 상징적인 지표다. 이미 언급한 대로 정부에서도 노인 빈곤율이 나아지기 힘들다는 입장을 밝히고 있는 상황에서 노인 자살률 역시 개선이 요원하다는 결론에 이를 수밖에 없다.

인구 감소와 가구 형태의 변화

눈앞에 와 있는 인구 절벽

인구 절벽이 다가오고 있다. 2019년 통계청의 인구 추계 자료에 따르면 우리나라 인구는 2029년부터 감소할 것으로 전망된다. 인구 감소 시점이 10년밖에 남지 않았다는 보고도 충격이었지만 더 심각한 것은 2017년 인구 추계 자료에서 인구감소 시점을 2031년으로 잡았는데 불과 2년 만에 2년이 더 앞당겨졌다는 점이다.

통계청은 인구 추계 자료를 작성할 때 합계 출산율을 중위 수준(2017년 1.05명~2067년 1.27명)으로 가정해 인구 감소 시점이 2029년이 될 것으로 전망했다. 하지만 합계 출산율이 더 떨어질 것으로 예상되는 저위 수준(2017년 1.05명~2067년 1.10명)으로 가정하면 인구 감소 시점은 2020년으로 앞당겨진다. 통계청이 인구 추계 자료를 발표했던 2017년의 합계 출산율은 1.05명으로 중위 수준은커녕 저위 수준보다도 낮은 수치를 기록했다. 통계청은 2018년 9월 발표한 인구 동향 조사에서 2018년 3분기 합계 출산율이 역대 최저인 0.95명이라고 밝혔다. 강신욱 통계청장도 2018년 11월 언론 인터뷰에서 2018년의 합계 출산율이 1.0 미만이 될 것이라고 전망했다. 이런 사실들로 추론해 볼 때 실제 인구 감소는 2028년보다 빨리 도래할 것으로 전망된다. 인구 절벽 문제는 수년 내에 도래할 당면 과제다.

한 가지 더 큰 문제는 인구 감소의 속도와 진행률이 지역마다 다르다는 것이다. 출생과 사망에 따른 자연적인 인구 증감이 아닌 전입과 전출에 따른 상대 인구로 지역 간의 인구 비중을 들여다봤을 때, 비수도권의 인구 비중은 1993년 전체 인구의 55.7퍼센트에서 2017년 50.6퍼센트까지 지속적으로 감소해 왔다. 특히 20~30대 청년 인구의 비수도권 비중은 1993년 52.3퍼센트에서 2017년 47퍼센트까지 하락한 것으로 나타났다.[36]

지방 소멸

지방 시군구는 물론이고 광역시와 같은 거점 도시들도 도시 소멸의 문제를 마주하고 있다. 일본에서는 몇 년 전부터 인구 감소에서 지방 소멸로 이어지는 지방 붕괴 과정을 당면 과제로 삼아 극복 방안을 심도 깊게 연구하고 있다. 몇 년의 시간차를 거쳐 이제 이 문제는 우리 대한민국이 당면한 문제가 되었다.

2018년 한국고용정보원에서 발표한 '한국의 지방 소멸 2018'

보고서에 따르면 전국 228개 시군구 가운데 20~39세의 가임기 여성 인구 비중이 65세 이상 노인 인구 비중의 절반이 안 되는 소멸 위험 지역이 89개인 것으로 나타났다. 더 우려되는 것은 지방뿐 아니라 거점 도시까지 소멸 위험에 처했다는 것이다. 다음 표를 보자.

전국 기초 지자체 소멸 위험 지수

소멸 위험도가 큰 지방		소멸 위험도가 큰 광역시 도심	
경북 의성군	0.15	인천 강화군	0.24
전남 고흥군	0.16	인천 옹진군	0.33
경북 군위군	0.16	부산 영도구	0.42
경남 남해군	0.17	부산 동구	0.45
경남 합천군	0.17	부산 중구	0.49

가임기 여성 인구수를 고령 인구수로 나눈 값. 0.5 이하가 되면 소멸 위기 단계로 진단

자료: 행정안전부(2017)

부산 영도구는 2013년 0.65였던 소멸 위험 지수가 2018년 0.42로 떨어졌고, 부산 동구는 2013년 0.61이였던 소멸 위험 지가 2018년 0.45로 떨어졌다. 다른 광역시도 크게 다르지 않다. 인천 옹진군은 0.33, 인천 강화군은 0.24로 소멸 위기에 가깝다. 이렇게 비수도권 광역시 같은 거점 도시들의 도심이 무너지기 시작하면 광역시 외곽의 상황은 더 위태로워진다. 비수도권 광역시 주변의 기초 지자체의 경우를 살펴보면 경북 의성군 0.15, 전남 고흥군 0.16,

경북 군위군 0.16, 경남 남해군 0.17, 경남 합천군 0.17로 소멸 위기가 코앞까지 다가왔다. 거점 도시들의 붕괴가 지방 소멸을 더욱 앞당기고 있다.

한편, 2017년 인구주택총조사에서 수도권 인구는 2552만 명으로 2010년에 비해 160만 명 정도가 증가했다. 우리나라 전체 인구의 49.6퍼센트가 수도권에 몰리다 보니 수도권과 비수도권의 인구 분포 격차는 날로 심화되고 있다. 지방 이탈 주민의 수가 점차 증가하고 있음을 보여 주는 지표이자 지방 소멸의 가능성이 점차 커지고 있음을 보여 주는 근거다.

인구 절벽의 해법

저출산 고령 사회를 극복하기 위한 고민과 대책은 지금도 계속되고 있다. 오랜 고민과 정책 검토를 통해 어느 정도의 보편적인 해법은 나와 있는 상태다. 세 가지 큰 틀에서 접근이 가능한데, 이제부터 하나씩 짚어 보자.

첫 번째, 결혼, 비혼 출산, 육아에 친화적인 환경을 조성해야 한다. 비혼 출산은 아직까지 유교의 영향을 받는 우리나라의 전통적인 인식으로 볼 때 쉽게 접근하기는 어렵겠지만 프랑스의 저출산 대책을 참고할 필요가 있다. 프랑스는 PACS라 불리는 제도를 도입했다. 동거하는 두 성인이 서로의 관계를 법적으로 인정받을 수 있는 제도다. 동거 가정에 가족 수당, 소득세 등 결혼한 부부와 동일한 혜택을 준다. 선택의 자유를 중시하는 프랑스 특유의 문화에 기반을 둔 저출산 대책이다. 동거도 결혼에 준하는 법적, 제도적 보호를 받는 단계에 진입한 프랑스의 사례에서 우리가 도입할 저출산 대책을 어렴풋하게나마 전망할 수 있을 것이다.

    프랑스는 가족 정책 예산에 연 1200억 유로(약 155조 원)를 투입하며 출산율을 끌어올리기 위해 애쓰고 있다. 출산과 양육을 정부가 책임지는 것은 물론이고, 젊은 세대가 결혼을 꺼리는 점까지 고려해 비혼 커플에게도 법적 부부와 동일한 양육 혜택을 제공한다. 2016년을 기준으로 프랑스의 혼외 출산율은 59.7퍼센트나 된다.[37] 가족 선택의 폭이 넓어지면서 1명대였던 출산율 역시 2006년 2명으로 올라섰다.[38]

    프랑스 공교육은 유치원부터 대학까지 학비가 거의 들지 않기 때문에 출산부터 육아, 학업까지 모두 국가가 책임지는 셈이다. 반면 한국은 신생아 가운데 1.9퍼센트(2014년 기준)만이 비非법정 가정에서 태어난다. 미혼모 공식 통계도 2015년에야 만들어졌다.

    결혼과 비혼 출산, 육아에 친화적인 환경을 조성하기 위해서 몇 가지 세부적인 시행 사항이 필요한데, 출산 휴가 및 육아 휴직, 근로 시간 단축과 유연 근무제 확산과 같은 기업 문화의 변화를 통한 지원을 더욱 확대할 필요가 있다.

    두 번째로는 청년, 여성, 장년 등 가용한 인적 자원을 극대화해야 한다. 인적 자원의 극대화를 위해 근로 인센티브를 강화하고 여성의 경력 단절을 예방하기 위한 노력이 함께 수반되어야 한다. 또 은퇴했거나 은퇴를 앞두고 있는 장년층의 사회 재참여를 위한 공간을 마련하는 것 역시 필요하다. 전문성 수준별로 차별화된 외국인 인력의 활용 방안도 마련해야 한다.

　　마지막으로 이미 진입한 고령 사회에 대한 사회와 국민의 적응력을 높여야 한다. 고령 사회 탈출을 위한 다양한 정책들의 점검과 시행 방안을 마련하는 것과 동시에, 고령 사회로 진입한 현재의 사회를 인정하고 구체적인 대응책에 대한 국민적 공감대와 정책 방향의 공론화 등을 추진해야 한다는 의미다. 사회 안전망 강화와 복지 등의 사회적 비용 증가를 감안한 재정 건전성 확보 방안도 고민해야 한다. 복지 강화와 경제 성장을 동시에 달성할 수 있는 고령 친화 산업을 육성하고 가구 변화에 따른 주택 시장의 변화와 지방 소멸도 대비해야 한다.

　　이러한 보편적 해법들이 올바른 결과를 얻기 위해서는 무엇보다 먼저 경제 활동과 육아를 비롯해 사회 전반에 드리워져 있는 성차별적 인식이 바뀌어야 한다. 전통적 가치관을 벗어나 새롭게 변화하는 가치관이 반영된 문화가 우리 사회에 자리 잡을 때 비로소 정책적 투자가 효과를 볼 수 있다.

가구 형태와 경제 환경의 변화

저출산 고령 사회의 모습을 잘 보여 주는 지표 중 하나가 가구 형태의 변화다. 2015년 2.53명이었던 우리나라의 평균 가구원 수는 2018년 2.4명으로 감소했다. 가구원 수의 기준을 4인으로 보는 시대는 사실상 완전히 막을 내렸다. 2018년 인구주택총조사 결과를 살펴보면 우리나라 가구 구성원의 수는 1인 가구가 29.3퍼센트로 가장 많았고, 2인 가구가 27.3퍼센트로 뒤를 이었다. 한편 오랫동안 가구 구성원 수의 기준으로 사용했던 4인 가구는 17퍼센트에 그쳤다.

이처럼 1~2인 가구가 증가함에 따라 전체 가구의 수도 달라졌다. 2017년 우리나라의 총 가구 수는 2017만 가구로, 2010년 1766만 가구보다 약 250만 가구가 증가한 수치이다. 아울러 가구주의 중위 연령 역시 2017년 51.7세로 2010년 48.3세보다 3세 정도 높아졌다. 가구원의 고령화 역시 함께 이뤄지고 있다.

우리나라 가구의 규모와 형태를 정리하자면 가구 수는 증가하고, 가구 규모는 작아졌으며, 가구 구성원은 고령화되고 있다. 이 결과를 두고 가구의 취약성이 여러 방면에서 증가하고 있다고 해석할 수 있다.

가구 유형이 다양화되고 가구 크기가 작아짐에 따라 총 가구 수는 지속적으로 증가할 것으로 전망된다. 이와 같은 가구 유형의 다양화는 보통 가족 해체 등 부정적인 원인으로 만들어지는 경우가 많다. 이혼자로 구성된 1인 가구와 미혼 자녀만으로 구성된 1세대 가구, 부모의 이혼을 통해 부모 중 한 사람과 미혼 자녀로 구성된 가구, 경제적 사정 등으로 부모들이 떠나고 조부모와 미혼 자녀로 구성된 가구 등이 그런 모습이다. 또한 고령화와 황혼 이혼의 증가로 노인 부부만으로 구성된 가구와 독거노인 가구도 가구 수의 꾸준한 증가를 일으키는 원인이 되고 있다. 이처럼 부정적인 영향으로 구성된 가구의 구성원은 1~2인으로 구성되는 것이 대부분이다.

가구 구성원의 숫자가 줄어들면 경상비 지출 때문에 경제적으로도 비효율이 발생한다. 한 가구에서 생계를 함께하는 가구원 수의 급격한 감소는 가족 돌봄 등을 포함한 생활의 모든 면에서 개인이 지출해야 할 부담을 증가시킨다. 또 가족 구성원의 규모가 작아지면서 전통적인 가족의 의미가 쇠퇴하고 각 구성원 개인의 고립이 심화될 가능성이 크다. 소규모 가구 구성원 각각의 정서적 고립과 경제적 부담을 불러와 소외, 고독사, 자살률 증가로 이어질 수 있는 잠재적 가능성이 높아진다.

마지막으로 평균 수명의 상승 추세에 따라 가구 구성원의 고령화가 가속화된다. 가구 구성원이 고령화되면서 경제 활동의 가능성이 축소되고 독립적인 경제생활이 곤란해질 가능성이 높아진다. 여기에 신체적, 정서적 측면에서도 스스로 문제를 해소할 수 없는 상황이 더해지면 문제는 심각해진다.

이러한 변화는 상당한 수준의 산업과 경제 상황의 변화를 초래하게 된다. 우리보다 먼저 고령 사회에 진입해 각종 사회 문제를 맞닥뜨리고 있는 일본의 경우를 보면 고령화에 따른 이동성의 제약으로 인해 원거리 대형 마트의 이용자가 급감하는 등 기본적인 소비 패턴부터 사회적 변화가 이뤄진다. 1~2인 가구의 증가로 초소형 주택 수요가 급증하기 때문에 미리 대비하지 않으면 주택 수급에도 심각한 문제가 발생할 수 있다. 우리나라의 경우 수도권의 인구 쏠림 현상이 특히 심하기 때문에 지방의 빈집과 폐가가 증가하게 될 가능성이 높고 이는 지방의 슬럼화로 귀결될 수 있다.

결국 우리 사회의 미래 모습을 결정할 이 세 가지 요인을 기본 준거점으로 삼아 미래의 사회관계 정책을 세워야 한다는 결론에 도달하게 된다. 저출산 고령 사회는 우리나라의 사회, 경제, 문화 등 모든 것을 바꿔 놓을 수 있는 문제다.

안타까운 점은 현 정부의 저출산 고령 사회 정책은 인구 감소에 대한 우려만 있을 뿐, 위에서 언급한 급격한 세 가지 변화와 그에 따른 사회상의 변화를 정책의 바탕으로 삼고 있지는 않다. 또한 인구 감소 우려의 중심에는 마치 여성들이 출산을 꺼리는 것이 문제라는 편협한 사고가 자리하고 있다. 대한민국의 가임 여성들은 아이를 낳는 기계가 아니다. 사랑하는 배우자를 만나고, 사랑스러운 자녀를 낳아 가정을 이루고, 함께 아이를 키우는 데 불편함이 없다면 결혼과 출산, 육아를 부담스러워할 리가 없다. 이런 모든 과정에서 가족의 소중함과 행복감을 느낄 수 있도록 하는 종합적인 접근이 필요하다. 지금이라도 이미 다가온 미래에 대해 정확히 파악하고 대책을 세워야 한다. 그렇지 않으면 지금처럼 아무리 예산을 투입하고 각종 지원금의 명목으로 현금을 나누어 줘도 돌이킬 수 없는 상황을 맞이하게 될지 모른다.

외국인 정책의 한계와 제언

전문성을 지닌 차별화된 외국인 인력의 활용이 우리나라의 저출산 고령 사회를 극복하는 또 하나의 방안이 될 수 있다. 경제 활동 인구의 보충과 부족한 분야의 노동 인력 수급이라는 관점에서 외국인 정책을 다시 점검해야 한다.

2018년 2월 법무부가 '제3차 외국인 정책 기본 계획'을 발표했다. 2018년부터 2022년까지의 외국인 정책 목표와 주요 내용이 총망라되어 있다. 특히 외국인 정책 추진상의 한계와 문제점을 정리한 부분이 눈길을 끈다. 기본 계획에 따르면 우수한 외국 인재를 유치하기 위해 노력하고 있으나 전문직 종사자의 비중은 8퍼센트 수준에 머물러 있다. 게다가 고용 허가제를 통해 입국한 비전문직 외국인 근로자가 국내에 장기 체류하면서 발생하는 사회적 부담도 늘어나고 있는 상황이다. 한편 기본 계획에 담긴 정부의 이민자 정책이 결혼 이민자 위주로 편성되어 있어 지나치게 한쪽으로 치우친 외국인 정책이 아닌지도 냉정하게 판단해 볼 필요가 있다.

인구 감소와 저출산 고령화에 대응하기 위해 개방적인 이민 정책이 필요하다는 주장이 늘고 있지만, 법무부가 설명한 것처럼 저임금 이민자의 증가에 따른 사회적 문제와 비용이 증가될 것이라는 우려의 목소리도 그만큼 커지고 있다.

한국은행이 발표한 '인구 구조 고령화의 영향과 정책 과제'에 따르면 해외 여러 나라들은 고령화 사회에서 발생하는 노동 공급 부족을 해소하기 위해 전문직 고학력 외국인 인재 유치에 적극 나서고 있다고 한다. 우리나라도 외국인 인력에 대한 포용 정책을 통해 외국 인력의 정착을 지원할 필요가 있다고 언급하고 있다.

위의 두 가지 관점은 인구 감소와 저출산 고령 사회 대응을 위해 외국인 이민 정책의 득과 실을 따져 고려할 것을 제안하고 있다. 단순히 우려되는 부작용과 국민적 거부감 때문에 무시하고 넘어갈 수 있는 문제가 아닌 것은 분명하다.

이제 노동 인구 고령화와 인력 부족이라는 상황을 인정하고 대비책을 세워야 한다. 외국인 유입에 대한 감성적 접근을 접고 객관적으로 외국인 정책을 바라볼 필요가 있다. 외국인 노동자의 유입이 우리 국민의 일자리를 빼앗는다는 편협한 생각을 넘어 근로의 영역별로 정교하게 준비된 인력 정책을 구사해야 한다.

난민이나 결혼 이민자, 외국인 노동자가 사회적 위협이 될 것이라는 단순한 논리로 무조건 반대하고 비판할 것이 아니라, 우리의 현실과 본질을 파악하고 판단할 필요가 있다. 노동 인구의 고령화와 인구 감소로 인한 인력 부족을 메울 해법을 찾아야 한다. 이민 정책을 통한 인구 유입이 해법이 될 수도 있겠지만 반드시 사회적 합의를 거쳐야 한다.

　　　먼저 현재 우리나라에 외국인 유입 정책이 필요한 이유에 대한 설명이 우선되어야 한다. 그리고 어떤 외국인의 유입이 필요하며, 어떻게 질서 있는 이민 정책을 시행할 것인지에 대한 설명과 설득이 진행되어야 한다. 단일 민족이라는 뿌리 깊은 사고가 지배하는 우리나라의 특성을 고려해 국민적 저항감을 최소화해야 한다. 명확한 논리와 정확한 행정 체계를 통해 유입 외국인을 엄선하고 차별화해서 우리에게 필요한 인력을 수급해야 한다. 정책적 해법이 될 수 있도록 말이다.

양성평등

한국의 딸들

저출산 고령 사회의 극복을 위한 여러 가지 대책들을 간략히 정리해 보자면, ①지방 소멸을 막기 위한 실효성 있는 저출산 대책의 수립 ②시대의 변화에 발맞추는 양질의 일자리 확대 ③가구 형태의 변화에 따른 새로운 주거 정책 등으로 요약할 수 있다. 그러나 이러한 정책 방향과 더불어 반드시 실현해야 하는 부분이 바로 양성평등이다. 성 역할에 대한 차별과 출산 및 육아에 대한 선입견이 계속 존재하는 한 어떤 대책도 성공할 수 없다. 앞서 강조한 사회 경제적 문화와 가치관의 변화가 필요한 부분이 바로 양성평등이라는 주제이다.

    요즘 여성 운동의 바람이 거세지고 있다. 우연히 접한 한 글에서 최근 결혼 적령기의 여성이 남성을 만나 데이트 초기에 묻는 질문 목록을 본 적이 있다. 많은 사람들이 직업이나 연봉 질문을 예상하겠지만, 제일 큰 관심사는 "제사 지내느냐"라고 한다. 평생 제사 지내면서 고생하는 어머니의 모습이 딸의 눈에는 답답하게 비쳤을 것이다. 여자들만 부엌에서 전을 부치고 생선 구우면서 허리 펼 시간도 없이 일하는 것이 우리가 알고 있는 제사 준비의 모습이 아닌가.

한국의 어머니들은 딸에게 "나처럼 살지 말라"고 말하고, 딸들은 "엄마처럼 살지 않을 것"이라고 다짐한다. 성 역할에 대한 전통적 규범이 현실에 맞게 고쳐지지 않는 한 불행의 대물림은 계속될 것이다. 사회적 성 역할에 생겨나고 있는 인식의 변화가 출산율에도 영향을 미치고 있다.

유럽의 양성평등 정책

성 역할에 대한 사회적 공감대의 변화는 세계적인 현상이다. 주목할 것은 성 역할에 대한 사회 인식 측면에서 신교와 구교 간의 가치관 차이가 드러난다는 점이다.

남유럽 국가인 스페인은 가톨릭 문화의 영향으로 여성에게 집중된 양육의 몫이 좀처럼 나눠지지 않고 있다. 스페인은 여전히 성 분업적 역할 규범이 유지되고 있다. 스페인의 여성 경제 활동 참가율이 꾸준히 증가해 온 것은 사실이나 여성 고용률은 51.3퍼센트로 우리나라(53.5퍼센트)보다 뒤처져 있다.[39] 이와 같은 모습은 정부의 보육 정책에서도 드러난다. 스페인의 정책은 일·가정 양립에 대한 지원 미흡, 자녀의 육아·교육 비용 지원 미흡, 공적 보육 시설의 부족 등 보육 정책의 실패 사례로 평가되고 있다.

반면 신교 국가인 북유럽의 모습은 완전히 다르다. 여성 인력을 노동 시장에 투입함과 동시에 가정과 직장 내 여성 차별을 없애는 일·가정 양립 정책이 성공을 거두고 있다. 대표적인 나라가 스웨덴이다. 가사와 육아의 남녀 분담이 자연스럽게 이뤄지고 있어 일과 가정의 양립이 가능해졌다. 자녀 양육에 대한 정부의 지원과 육아 인프라도 잘 갖추어져 있다. 다양한 가족과 이민에 대한 사회적 수용도도 높아 스웨덴은 '유에스 뉴스 앤드 월드 리포트US News and World Report'가 2017년에 발표한 이민자가 살기 가장 좋은 나라로 선정되기도 했다.

이러한 가치관의 차이가 만들어 낸 정책의 결과는 여성의 경제 활동 참가율과 고용률로 나타났다. 2012년 OECD 국가들의 여성 경제 활동 참가율을 보면 스웨덴은 77.9퍼센트로 아이슬란드에 이어 2위를 기록했고 여성 고용률에서도 71.8퍼센트로 4위에 올랐다. 양성평등 가치관이 가져오는 차이는 눈에 보이는 수치의 차이를 넘어 정책의 성공과 실패를 가르는 열쇠가 된다.

대한민국의 양성평등 정책

우리나라 여성의 경제 활동 참가율은 2016년 기준 58.4퍼센트를 기록하고 있는데 이는 OECD 평균인 63.6퍼센트보다 낮은 수치다.

우리와 마찬가지로 가부장적 유교 문화를 가진 일본은 우리와 비슷할 것이라는 예상을 깨고 OECD 평균보다 높은 68.1퍼센트를 기록했다. 일본은 2009년 이후 여성 경제 활동 참가율이 한 번도 OECD 평균 이하로 내려간 적이 없다.

OECD 주요 국가 여성 경제 활동 참가율 비교

구분	2016년	2015년	2014년	2013년	2012년	2011년	2010년	2009년
한국	58.4%	57.9%	57.0%	55.6%	55.2%	54.9%	54.5%	53.9%
일본	68.1%	66.7%	66.0%	65.0%	63.4%	63.0%	63.2%	62.9%
미국	67.3%	66.9%	67.1%	67.2%	67.6%	67.8%	68.4%	69.0%
OECD 평균	63.6%	63.0%	62.8%	62.6%	62.3%	61.8%	61.8%	61.5%

OECD 기준은 15~64세 기준

자료 : OECD, Employment Outlook 2017

  2017년 한국은행이 발표한 '고령화 원인과 특징' 보고서는 출산율 저하의 주요 요인으로 지목되어 온 혼인 관념의 변화, 노동 시장 여건, 교육 및 사회 문화적 요인, 기타 정책 및 제도적 요인 등과 출산율의 상관관계를 언급했다. 보고서에 따르면 남성의 가사 분담, 근로 조건에서의 양성평등 등 사회 문화적 요인이 잘 갖추어져 있을수록 출산에 긍정적인 유인으로 작용한다. OECD는 국가의 여성 경제 활동 참가율이 1퍼센트 증가하면 출산율은 0.3~0.4퍼센

트 상승하고, 실업률이 1퍼센트 늘어나면 출산율은 약 0.05퍼센트 떨어지는 것으로 분석한다.[40]

우리가 지금까지 모두 당연한 것처럼 알고 지냈던 부당하고 불평등한 모습들이 우리 사회 전반에 계속 드리워져 있는 한 변화는 생각할 수 없다. 양성평등 문제는 과거부터 지속적으로 제기되어 왔지만 최근에야 비로소 우리의 생활 속으로 들어왔다. 그리고 이렇게 펼쳐지고 있는 양성평등 흐름이 우리 사회 내부의 변혁을 이끌고 있다. 양성평등이 건강한 변화로 자리 잡을 때 비로소 출산율도 높아질 수 있다.

저출산 고령 사회 대비 정책

장기적 가족 정책으로서의 저출산 대책

출산율이 저하된다는 것은 곧 가까운 미래에 노동 인구가 감소되고 경제 성장률이 저하되며 연금 기금 고갈에 직면해 국가 경쟁력에 치명적인 타격을 입는다는 것을 의미한다. 또 청년 인구가 줄어들면서 사회 전체적으로 활력이 감퇴돼 기술·제도 혁신도 잘 일어나지 않는다.

저출산 고령화는 세계적 추세이기 때문에 이로 인한 인구 감소를 막을 방법이 없다고 주장을 하는 이들도 많다. 하지만 최근 유럽의 몇몇 국가들이 국가적 총력을 기울여 하락 추세였던 출산율을 반등시키는 데 성공했다. 이는 정부가 정책 역량을 발휘하면 저출산 문제를 완화할 수 있다는 것을 의미한다. 2000년 1.66명이었던 영국의 출산율은 2015년 1.87명으로 증가했고, 같은 기간 프랑스는 1.88명에서 1.97명으로 늘었다. 유럽에서 출산율이 가장 낮았던 독일마저 2000년 1.35명에서 2016년 1.59명으로 증가했다. 영국, 프랑스, 독일 등 가장 먼저 산업화를 시작한 나라들이 출산율 반등에 있어서도 모범 사례가 된 것이다.

독일, 프랑스, 스웨덴, 영국 등 출산율 반등에 성공한 나라들은 단기적인 출산율 증가에 정책 목표를 두지 않았다. 포괄적인 가족 정책으로 출산 문제를 다루고 정책을 시행했다. 부모가 안심하고 출산할 수 있도록 지원 규모가 크고 대상이 폭넓으며, 정책의 연속성도 높았다. 김종훈 보건사회연구원 저출산고령화대책기획단장은 "국민들도 인구 절벽의 심각성을 알지만 삶의 질을 포기하면서까지 출산을 바라지는 않는다"며 "저출산 대책은 청년 일자리와 주거 대책으로 이어지는 장기 사안이다. 현재 5년 단위의 저출산 대책을 다시 고려할 필요가 있다"고 말한다.

출산 정책의 현재

저출산 극복을 위한 국가 재정 투입은 2006년 2조 1445억 원에서 2018년 30조 6002억 원으로 13배나 증가했다. 13년간 총 157조 원을 들였는데, 신생아 수는 2006년 44만 8153명에서 2018년 32만 6822명으로 오히려 줄어들었다.

이런 상황 속에서 문재인 정부가 시행하고 있는 출산 장려 정책을 한마디로 표현하자면 현금 지원 정책이다. 직접 돈을 주는 혜택으로 국민을 현혹하고 있을 뿐만 아니라 이런 정책이 다시없는 대안인 것처럼 홍보에 나서고 있다. 육아와 관련된 정부 간행 홍보물은 제목부터가 '돈으로 주는 정부 지원 혜택 5가지'다. 현금 지원의 부작용을 고려하지 않고 당당하게 현금 지원을 공표하고 있다. 이러한 모습은 지자체도 마찬가지다. 인구 증가와 출산 장려를 위한 소프트웨어는 없다. 단지 정부의 특별교부세 확보를 지자체의 출산 장려와 인구 감소 정책 성과로 홍보하고 있다. 언제까지 돈으로만 출산 장려를 할 것인지 걱정스럽다.

이런 식의 정책으로 출산율이 증가할 것이라는 기대는 커다란 오판이자 우리의 미래를 훼손하는 행위다. 가치관의 변화, 아이와 보육에 대한 사회 인식의 변화, 아이가 살아갈 미래에 대한 확신 등 저출산의 원인이 되는 사회 부조리를 정확하게 인식하고 평가한 후에, 이를 토대로 저출산 정책을 마련해야 한다.

프랑스와 일본의 출산 장려 정책
프랑스의 출산 장려 정책도 각종 현금 보조금을 지급하면서 시작했다. 프랑스는 국민 총생산의 2.8퍼센트를 저출산 대책에 투자한다. 자녀가 몇 명인지에 따라 가족 수당을 구분해 지급하는데, 두 자녀 가정은 매달 108유로(약 14만 원), 세 자녀 가정은 매달 248유로(약 32만 원), 세 자녀 이상의 가정은 추가로 140유로(약 18만 원)의 수당을 현금으로 지급한다. 현금 지급은 여기에 그치지 않는다. 출산 보너스로 800유로(약 103만 원)를 지급하고, 신생아 환영 수당으로 출산한 아이가 3세에 이를 때까지 매달 160유로(약 21만원)를 지급한다. 이외에도 가족 영·유아 수당, 가족 보조금 등을 합치면 출산과 보육을 통해 받는 재정 지원은 40여 가지나 된다. 여기에 더해 프랑스의 공교육은 대학교까지 무상으로 제공된다.

    프랑스는 적극적인 출산 정책을 운용해 1993년 1.66명까지 감소했던 출산율이 2010년 2.02명까지 증가했다. 그렇지만 2014년 2.0명을 기점으로 프랑스의 출산율은 다시 점점 떨어졌고, 2017년에는 1.88명까지 하락했다. 현금 지원 정책만으로는 출산을 장려할 수 없다는 의미다.

    출산율이 하락하고 있다지만 프랑스의 출산율은 1.05명에 불과한 우리나라에 비해 월등히 높다. 프랑스의 출산 장려 정책이 단지 현금 지원에만 치중하고 있는 것은 아니기 때문이다. 프랑스는 여성의 경력 단절을 막기 위해 출산 및 육아 휴직 후 복직을 확실하게 보장하고 있다. 덕분에 가임 연령인 24~49세에 해당하는 여성의 83.8퍼센트가 경제 활동에 참여하고 있다.[41] 아울러 부모 가운데 한 명이 집에서 육아를 할 수 있도록 시간을 보장하는 방향으로 출산 정책을 전환하는 등 여성의 일·가정 양립이 수월하도록 정책을 추진하고 있다. 다시 말해, 프랑스 출산 정책의 기본은 출산에 따른 직업 안정성의 보장과 일·가정 양립을 가능하게 하는 양성평등 문화로부터 기인한다. 아동 수당과 같은 프랑스의 현금 지원은 출산 장려를 위한 기본 정책을 측면에서 지원하는 부수적인 장치이지, 현금 지원이 정책의 전부가 아니라는 의미다.

2017년 일본의 출산율은 1.43명으로 나타났다. 우리나라와 마찬가지로 인구 절벽을 우려하는 대표적인 나라가 바로 일본이다. 일본은 2005년 출산율 1.26명을 저점으로 다소 증가한 모습을 보이고 있다.

일본의 저출산 대책은 사회 문화적 문제 해결에 집중하고 있는 모습이다. 일본의 저출산 관련 주무 부서인 내각부는 저출산의 배경으로 일·가정 양립 정책의 부족, 불완전 고용과 저임금 노동으로 인한 생활과 근로의 불안정화, 결혼 및 출산에 대한 의식의 변화, 남성의 가사 및 육아 참여 저조 등을 꼽았다.

물론 일본 사회에서 여성의 사회 진출과 양성평등에 대한 의식이 차츰 변화하고 있고, 저출산으로 인한 노동력 확보 필요성이 대두되면서 경제 활동에 참여하는 여성의 수도 증가하고 있다. 하지만 여전히 일과 가정의 양립을 지원하는 서비스는 불충분한 상황이라는 평가가 나온다. 직장맘으로 불리는 여성 근로자 수의 증가 속도를 보육소 증설 속도가 따라가지 못하고 있고, 일본 기업의 전통적 관행에 따라 장시간 근무가 당연시되는 사회 분위기도 아직 만연하다.

또한 육아 휴직의 경우 여성 근로자는 2007년 이후 80퍼센트 이상을 유지하고 있으나 남성 근로자의 육아 휴직은 2015년 현재 2.65퍼센트에 지나지 않아 육아를 위한 성 역할이 분명히 구분되는 모습도 보인다. 다행히 여성 근로자의 육아 휴직 이용률이 높게 나타나는 점은 고무적이지만, 여전히 장시간 근무를 장려하는 사회적 분위기는 출산율 저하를 유발하는 일본의 사회 경제적 현상으로 보인다.

  이러한 전통적 사회 문화에서 초래되는 저출산 흐름에 대응하기 위해 일본은 1990년대의 '엔젤플랜'[42]에 이어 2000년대에 이르러 '신엔젤플랜'[43], '저출산 대책 플러스 원'[44] 등의 정책을 마련해 시행하고 있다. 신엔젤플랜과 저출산 대책 플러스 원 정책은 직장 우선의 풍토를 개선하고 근로 방식의 변화를 강조하는 것에 중점을 둔다. 직장인들이 출산 후에도 육아를 병행하며 근무할 수 있는 직장 문화를 조성하도록 기업의 인식 변화를 유도하고 있으며, 남성에게도 5일간의 출산 휴가를 제공하고 남성 육아 휴직 이용률을 10퍼센트까지 확대하도록 장려했다. 그러나 이러한 정부 정책에도 불구하고 일본의 전통적인 사회 문화를 넘어서지 못하고 있는 것이 현실이다.

  일본의 저출산 대책이 근로 문화 변화와 일·가정 양립 지원에 중점을 두고 있는 점은 긍정적이지만 정책 시행 과정에서 전통적인 일본 사회의 분위기를 극복하지 못하면 성과는 요원해질 수밖에 없다. 결국 저출산 대책의 출발은 출산과 육아, 여성의 경제 활동을 바라보는 사회의 문화적 인식 변화가 무엇보다 중요하다.

일본의 저출산 고령 사회 대비 정책

출산 장려 정책과 함께 고민해야 할 부분은 이미 다가온 저출산 고령 사회를 대비하는 정책이다. 출산 장려 정책이 인구 감소 문제 대응에 목표를 둔다면, 저출산 고령 사회 대비 정책은 고령 사회로부터 기인하는 돌봄과 정서적 고립감을 극복하는 데 중점을 둔다.

아베 정부는 일본 경제의 잠재 성장률이 저하될 것이라는 전망의 원인을 장기간 지속되어 온 저출산 고령화 기조로 인한 노동력 감소로 파악하고 '1억 총 활약 플랜'을 제시했다. '1억 총 활약 플랜'은 50년 후에도 일본 인구를 1억 명으로 유지하고, 여성과 노령자를 포함한 1억 인구 모두가 경제 활동에 활발하게 참여할 수 있는 사회를 만드는 것을 목표로 했다. 일본 정부는 2015년 10월 '1억 총 활약 국민회의(내각부 산하)'를 발족하고 수차례에 걸친 간담회와 여론 수렴의 과정을 거쳐 2016년 5월 '일본: 1억 총 활약 플랜'을 발표했다.

'일본: 1억 총 활약 플랜'은 비정규직, 고령자, 장애인 등의 노동 시장 참여 확대를 위한 방안들을 포함하고 있다. 특히, 고용 시장 전체에서 비정규직의 고용 비중 상승[45]과 경제적인 이유로 결혼을 기피하는 젊은 층의 증가라는 일본 사회의 현상을 반영해 청년층의 고용 안정화 및 경제적 기반 강화에 정책 역량을 집중했다. 결혼율 저하 - 출생율 저하 - 경제 잠재 성장률 저하로 이어지는 악순환의 고리를 끊기 위한 노력의 일환이다. 그뿐만 아니라 신규 고용되는 65세 이상 고령자의 고용 보험 적용과 납부 보험료의 한시적 면제

(2019년까지) 등 고령자의 시장 참여 확대 유인책까지 포함하고 있다.

또한 '1억 총 활약 사회'의 중추로 꼽히는 여성의 사회 경제적 참여를 독려하기 위해 여성 고용 실태 현황과 대책을 분석하고, 여성의 일하는 방식을 개혁하는 여성 활약 추진법[46]을 시행하고 있다. 여기에 더해 일과 가정 양립을 위한 직장 근로 시간 축소, 재택근무, 유연 근무 등 다양한 근로 형태를 장려한다. 기업들도 이에 적극적으로 참여하는 추세다. 일례로 토요타 자동차는 정부 정책 발표 두 달 후인 8월부터 사무직과 연구직 직원들을 대상으로 주 중 2시간만 회사에서 근무하고 나머지 시간은 집이나 현장에서 일할 수 있는 파격적인 재택근무 시스템을 도입했다. 1억 총 활약 플랜은 사회 보장과 양육을 강조하는 아베노믹스 2단계의 과제들과 동일한 방향성을 공유하며 저출산 고령 사회를 대비하기 위한 사회 시스템을 준비해 나가고 있다.

한편, 일본은 고령 사회의 문제점을 극복하기 위해 과거 대가족 형태를 부활시키는 시도를 하고 있다. 다시 말해 3세대 동거를 장려하는 방향으로 정책 전환을 모색하고 있는 것이다. 대가족 부활 프로젝트는 '1억 총 활약 사회' 정책의 일환에서 비롯되었다. 자녀와 부모, 조부모 등 3세대가 동거할 경우 집수리 비용 소득 공제, 대출금 일부의 소득 공제 등 세금 할인 혜택을 준다. 저출산 고령 사회에서 필수적인 돌봄과 육아 문제의 해법을 가족의 형태 변화에서 모색하려는 시도이다.

대가족 부활 프로젝트 이외에 콜렉티브 하우스collective house와 같은 색다른 주거 방식도 등장했다. '따로 또 같이'라는 공간 공유 개념이 반영된 콜렉티브 하우스는 여러 가구가 모여 살면서 거주는 독립적으로 하되 생활의 일부분을 함께하는 주거 방식이다. 콜렉티브 하우스의 입주자들은 주 2~3회 공동 식사를 실시한다. 각 식사의 참여 여부는 자율이지만, 의무적으로 월 1회 이상은 식사 준비에 참여해야 한다. 다양한 사람들이 공동 공간을 공유하며 생활하다 보니 각종 그룹 활동이 자연스럽게 생겨나고, 고령자 식사 보조나 정원 손질과 같은 공동생활에 필요한 작업들을 위한 역할 분담을 자연스럽게 논의하는 효과가 있다.

콜렉티브 하우스는 1인 가구 비중이 높았던 스웨덴 등 북유럽 국가에서 시작되어 주거 시설이 아닌 공동체의 개념으로 변화해왔다. 최근 1~2인 가구가 급증하는 우리 사회도 또 다른 주거 형태 사례로 충분히 고려할 만한 개념이다.

지역 포괄 케어 시스템은 인구 1만 명 기준으로 지역 범위를 설정해 긴급 상황 발생 시 의료진이 30분 이내에 도달할 수 있게 하고, 간병이 필요한 고령자나 장애인이 자택에서 의료, 간병, 예방, 생활 지원 등의 서비스를 제공받을 수 있도록 하는 시스템이다. 주거, 의료, 개호(돌봄), 개호 예방(돌봄이 필요한 상태가 되지 않도록 하는 예방), 생활 지원이라는 다섯 가지로 이루어져 있다.

이 시스템은 각 지역이 지역 의사회와 자체적으로 협력해 재택 의료 간병 지원 센터를 설치하고 의사, 간호사, 간병인 등이 사실상 24시간 상주하도록 하고 있다. 긴급 상황의 경우는 물론 평상시에도 주기적으로 고령자의 자택을 방문해 치료를 진행한다.

지역 포괄 케어 시스템은 각각의 지역을 거점으로 지역 내 필요한 고령자 지원의 수요와 공급을 자체적으로 해결해 고령자가 일정 수준의 삶을 유지하고 자립 생활을 영위할 수 있도록 하는 맞춤형 저출산 고령 사회 대비 정책이기도 하다.

우리나라는 이미 저출산 고령 사회로 진입했을 뿐만 아니라 노인의 빈곤율과 자살률이 OECD 국가 평균보다 월등히 높다. 또 황혼 이혼과 경제 문제로 인한 가정 해체 등 부정적 사회 요인이 독거노인과 조손 가정 등 1~2인 가구의 수를 꾸준히 증가시키고 있다.

개인과 가구의 취약성이 증가하고 신체적, 물리적, 정서적, 경제적 고립과 추락이 심화될수록 돌봄과 지원에 대한 새로운 정책적 접근이 무엇보다 시급하다. 이미 현재가 되어 버린 저출산 고령 사회에 적응하고 취약 계층으로의 추락을 최소화하기 위한 새로운 정책적 접근과 대책이 필요한 이유다.

고령 친화 산업 육성

우리보다 앞서 저출산 고령 사회를 겪고 있는 일본은 편의점이 지역 커뮤니티의 중심이 되고 있다. 거동이 불편한 노인들이 원거리에 있는 대형 마트보다 자택 인근이나 역 부근에 있는 슈퍼나 편의점 쇼핑, 인터넷 구매 등을 선호하기 때문이다. 이들은 또 신선 제품보다 외식과 반조리 식품을 선호한다. 그러다 보니 손쉽게 접근이 가능하면서 한 끼 식사까지 해결할 수 있는 편의점의 기능이 더욱 확대되고 있다. 일본의 편의점은 상품 판매를 넘어 쇼핑 약자 지원으로까지 역할을 확대하고 있다. 고령자 및 치매 환자 도우미를 지원하고, 버스, 항공권, 콘서트 티켓 등도 구입이 가능하다. 공과금 수납과 우편 업무 등도 대행하며 택배 수령과 예탁 기능도 갖추고 있다. 이렇게 노인 인구의 소비문화와 생활 습관 변화에 따라 일본의 노인층은 경로당 대신 편의점을 찾고, 정부도 이에 따라 간병 상담원 등을 편의점에 상주시키는 등 정책적으로 지원하고 있다. 한마디로 편의점이 친고령 산업으로 자리매김한 것이다.

이제 일본의 편의점은 이동 편익을 최대 무기로 고령층은 물론이고 40~50대의 홀로족을 겨냥하고 있다. 연간 10조 엔(약 104조 원)에 이르는 점심 시장을 편의점이 차지하게 되면서 매출 규모에서 대형 마트를 이미 앞질렀다. 고령 사회로의 전환이 소비 패턴과 시장의 경제적 영향력 변화로까지 이어진 것이다.

저출산 고령화로 인한 영향은 모든 산업 영역에 걸쳐 발생한다. 저출산 고령 사회가 심화될수록 고령 친화 산업 관련 제품과 시장이 새로운 성장 분야로 발돋움할 가능성이 커진다. 우리나라도 이미 시작된 고령 사회로 인한 사회 변화와 수요 변화에 대비해 고령 친화 산업을 활성화해야 한다.

우리나라는 이미 2006년 고령 친화 산업 진흥법이 제정되어 실질적인 고령 친화 산업의 지원과 육성에 대한 법적 근거가 마련되어 있다. 그러나 산업 활성화에 대한 공감대 부족, 복지 용품 위주의 제한적 성장, 대표 제품 및 대표 기업의 부재, 국내 시장에의 한정 등을 이유로 성장에 제한이 있는 것으로 평가되고 있다. 특히, 고령 친화 산업 제품의 대부분이 노인 장기 요양 보험 급여의 복지 용품과 연계된 고령 친화 제품을 중심으로 활성화되어 지극히 제한된 성장세만을 보이고 있다.[47]

그럼에도 불구하고 고령 친화 산업의 미래 전망은 밝다. 이미 2012년 27조 원이 넘는 규모였던 고령 친화 산업은 2020년까지 매해 13퍼센트의 평균 성장률을 보일 것으로 전망된다. 아직까지는 여가 산업과 식품 산업이 큰 비중을 차지하지만 요양 산업 비중이 점차 확대될 것으로 전망된다.

고령 친화 산업은 정책적 측면에서의 복지와 민간 경제적 측면에서의 수익이 맞닿아 있는 산업 영역이다. 국민 건강권 및 생존권이라는 정부의 책임을 민간 산업을 통해 강화하기 위한 노력이므로 산업 지원 이상의 의미로 접근해야 한다. 따라서 고령 친화 산업을 위한 다양한 소비자의 수요를 조사하고 국내외 사례를 다방면으로 분석하는 등 정책적인 지원이 절실하다. 정부의 정책적 지원을 바탕으로 민간의 적극적인 참여를 유도해야 고령 친화 산업 활성화가 가능해진다.

정부의 정책 지원과 함께 고령 친화 산업 육성을 위한 산업 측면에서의 환경 변화에도 적극 나서야 한다. 제조 부문에서는 노인 장기 요양 보험에서 급여되는 이동 변기, 목욕 의자, 성인용 보행기, 안전 손잡이, 지팡이 등 기초적인 복지 용품 수준을 넘어 고령자가 편리하게 이동하고 생활할 수 있는 안전하고 다양한 고령 친화 용품의 개발과 생산의 확대로 전환해야 한다.

금융 부문에서도 주택이 재산의 상당 부분을 차지하는 우리나라 고령자의 현실을 반영한 금융 상품의 개발과 자산을 낭비하지 않는 금융 플랜을 제공해야 한다. 역모기지를 활성화하고 노인 대상의 금융 컨설팅을 적극 지원하는 등 안정된 노후를 지원하는 방향으로 접근할 필요가 있다.

노령 인구의 안정된 주거를 위해서 노인 복지 주택, 소규모 그룹홈 등 거부감 없는 실버타운 형성을 유도하는 새로운 주거 형태에 대한 고민이 필요하다. 또한 노인 요양 시설 및 돌봄 서비스를 차별화해 치매 등 장기 요양이 필요한 환자와 이를 돌보는 가족들이 다양한 서비스를 편안하게 제공받을 수 있도록 요양 산업을 전환해야 한다. 여가 산업 역시 건강한 노후 생활을 위해 휴양, 취미, 여행, 오락, 체육 등 다양한 맞춤형 레저 산업을 개발하고 육성해야 한다.

저출산 고령 사회가 사회의 모든 산업에 대한 수요와 공급 구조를 재편하고 있다. 단지 산업적인 측면뿐만 아니라 정부의 모든

고령 친화 산업 육성 방향

제조	보행기, 배변기, 실내외 이동기기, u-Health 등 고령 친화 용품 노인에게 편리하고 유익하며 안전하고 다양한 제품 제공
금융	역모기지, 자산 관리, 보험, 컨설팅 등 역모기지(2007.7. 도입), PB 노인 상담 강화, 효도 자산 상품 개발 등
주택	노인 복지 주택, 주택 신·개축, 임대 주택, 소규모 그룹홈 등 실버 타운의 활성화 여건 조성(실버 타운의 유인책 제공 등)
요양	노인 요양 시설 및 서비스(간병·수발, 목욕, 간호, 가사 지원) 치매 등 장기 요양 환자에게 편안한 시설 및 다양한 서비스 제공
여가	휴양, 취미, 여행, 오락, 체육 등 휴양 단지, 다양한 여가 프로그램·서비스, 실버 관광, 노인 건강 운동, 동호회 등
기타	교통, 의류, 교육, 장례 등 저상 버스, 교통 체계(신호등, 보도턱 등), 중장년층 맞춤형 교육 프로그램 등

정책과 목표마저 변화시키고 있다. 저출산 고령 사회의 심화를 막기 위한 정부와 국민의 노력도 필요하지만 이미 도래한 사회 변화에 대비하는 것 역시 중요하다. 무엇보다 정부의 저출산 고령 사회에 대한 정확한 이해와 인식이 먼저 자리 잡고 있어야 가능한 일이다.

고령 사회의 부동산 대책

저출산 고령 사회에 대한 정확한 인식과 변화의 양태를 파악하고 있어야 제대로 된 부동산 대책이 가능하다. 우리 사회에서 발생하고 있는 가구 변화의 양상, 즉 가구의 형태가 변화하고 가구 수가 증가하는 흐름은 주택 문제로 이어진다. 늘어나는 1~2인 가구 수를 감당할 만큼의 주택 공급이 이루어져야 한다. 부동산 가격 조절을 중심으로 공급 대책을 세워 나가는 것은 이러한 가구 변화의 현상을 모두 담아내는 데 한계가 있다. 수도권으로의 인구 집중이 이미 시작된 상황에서 서울 집값의 상승은 이미 예견된 일이다. 주택은 다른 소비재와는 달리 생산과 공급에 5년 이상의 기간이 필요하므로, 늘어나는 가구 수를 감안하면서 서울과 수도권의 부동산 가격이 급등락하지 않도록 중장기 수급 계획을 세우는 정책적 접근이 절실하다.

그럼 먼저 현재의 부동산 정책에 대해 짚어 보자. 2018년 추석을 전후로 정부가 부동산 정책을 발표했다. 벌써 아홉 번째 부동산 정책인데 세금과 금융으로 압박하는 정책만 나열하다가 뒤늦게 공급 대책을 내놓았다.

공공 택지 17곳에 3만 5000호를 공급한다는 내용이 골자다. 발표에 따르면 서울에선 송파구 가락동 옛 성동 구치소 자리와 강남구 개포동 재건마을 등 11곳, 경기도에선 광명 하안 등 5곳, 인천에선 검암 역세권 등이다. 여기서 공급되는 주택은 서울 1만 282호, 경기도 광명, 의왕, 성남, 시흥, 의정부 등 1만 7160호, 인천 7800호다. 아울러 '3기 신도시' 조성을 포함하여 수도권 공공택지 30곳을 개발해 30만 가구를 공급한다는 계획이다.

내용을 살펴보면 서울보다는 과천, 남양주, 하남, 고양 등 서울 근교의 그린벨트를 풀어서 아파트를 공급한다는 계획으로 보인다. 정부가 지금까지 발표한 부동산 대책의 쟁점은 서울 집값, 특히 강남 주택 가격 안정에 있었다. 이런 목적에 따라 많은 1주택자들을 잠재적 투기 세력으로 몰아 세금과 금융으로 압박하는 정책을 펼쳐 왔다. 이후 공급 없이는 가격 안정이 어렵다는 지적이 나오자 신도시 조성 정책을 꺼내 들었지만 신도시 조성을 위해서는 최장 10년까지도 걸릴 수 있다는 점이 간과되었다. 언론에서도 수도권의 신도시 조성 정책으로는 집값 '불끄기'가 어렵다고 분석하고 있다.

이런 우스갯소리가 있다. 어떤 사람이 밤에 차를 타려고 가다가 자동차 열쇠를 떨어뜨렸다. 그런데 떨어진 곳에서 열쇠를 찾는 것이 아니라 옆에 있는 다른 전봇대 밑에서 열쇠를 찾고 있어 물었더니, 여기가 밝아서 이곳에서 찾고 있다고 하더라는 이야기다. 이번에 반포된 부동산 정책을 보면서 떠오른 이야기다.

주택 가격 상승의 진원지는 서울, 특히 강남이기 때문에 강남에 주택을 공급해야 강남의 주택 가격이 내려가고 주택 가격 전반이 안정화된다. 그러나 발표 내용을 보면 강남에 공급되는 주택 물량은 송파구 가락동 옛 성동 구치소 자리 1300채, 강남구 개포동 재건마을 340채 등 그리 크지 않은 규모다. 나머지 9곳은 아직 선정조차 되지 않았다. 이외에는 모두 서울 근교 위성 도시의 그린벨트를 풀어서 공급할 예정인데 신규 주택의 주 공급 지역으로 지정된 경기도는 여전히 미분양 아파트 문제가 해소되지 않고 있다. 이런 식의 대규모 공급이 경기도의 주택 가격에 더 큰 문제를 야기할 수

있다는 지적이 나오는 이유다.[48]

그렇다면 주택 가격을 안정시키기 위해서 어떻게 해야 되는가? 서울에는 이제 개발이 가능한 여유 토지가 없다. 서울시장에 재직하던 시절 마지막으로 주택 공급이 가능한 지역을 선정해 진행한 곳이 마곡 지구였다. 이제는 주택을 공급하는 방법을 전환해야 한다는 의미다. 도시는 생물과 같아서 계속 순환한다. 낙후된 곳이 재개발, 재건축을 통해 새로워지는 과정이 반복적으로 일어나는 곳이 도시다. 결국 해법은 재개발과 재건축밖에 없다.

앞서 밝힌 대로 향후 가구의 형태가 가구 수의 증가와 가구의 소규모화로 변화하고 있기 때문에 재개발, 재건축을 통해 이러한 변화를 반영한 주택 구성으로 신규 물량을 공급해야 한다. 현재 30평 이상 평형의 아파트를 재건축과 재개발을 통해 나눠야 한다는 의미다. 1970~1980년대에 4인 가족에 맞춰 지어진 형태의 주택을 없애고 새로운 가구 형태의 주택을 공급해야 변화하는 미래를 준비하는 투자가 될 수 있다.

여기서 뉴타운의 개념에 대해 잠깐 언급하고자 한다. 우선 재건축은 있던 주택을 허물고 그곳에 새로운 주거용 건물을 짓는 것이다. 과거의 수요에 맞춰 지어진 노후 아파트 단지는 더 이상 주차, 생활 편의 시설 등의 인프라 측면에서 수요자의 필요를 만족시키지 못한다. 단지의 규모에 맞추어 더 많은 세대를 수용할 수 있도록 용적률을 고려하며 미래에 필요한 형태로 새로운 주거지를 공급하는 것이 지금 필요한 재건축이다.

　　재개발은 과거에 있던 주택들을 모두 허물고 그곳에 주거 단지와 학교 등의 인프라를 새로운 도시 계획에 따라 건설하는 것을 의미한다. 뉴타운은 광역화된 재개발을 의미한다. 재개발보다 넓은 면적에 새로 도시 계획을 하는 작업이다. 기존의 건물들이 모두 허물어진 택지에 주거를 위한 아파트는 물론이고 상가, 학교, 도서관, 녹지 공원 등 완전히 새로운 인프라가 배치되는 모습이 바로 뉴타운이다. 소규모 재개발지에는 배치할 수 없는 각종 생활 편의 시설이 적정한 규모로 정교하게 재배치되어 삶의 질이 획기적으로 올라갈 수 있기 때문에 각광받은 도시 정책이다. 이러한 재건축과 재개발, 뉴타운을 통해서 미래의 주거 형태, 즉 가구 규모의 변화에 맞게 소규모화된 형태의 주택을 공급하는 방법 이외에 서울로 몰리는 수요를 충족시키고 주택 가격을 안정시키는 방법은 없다는 것이 나의 판단이다.

　　문제는 현 정부 인사들이 과거부터 재건축과 재개발에 대한 비난과 비판을 지속해 왔다는 점이다. 뉴타운 건설을 무모한 토건 사업으로 매도하고, 원주민의 재정착률이 20~30퍼센트에 머문다는 구실로 원주민을 내쫓는 나쁜 정책으로 규정지어 왔다. 불량 주택 밀집 지역을 그대로 두고 벽화 사업 등에 투자하는 것이 저소득층을 위하는 길인지, 아니면 뉴타운 등의 광역 재개발을 통해 학교, 병원, 마트, 녹지 공간 등 생활 인프라를 배치하여 삶의 질을 높이는 동시에 임대 주택 등 공공 주택을 섞어 넣어 저소득층에게도 주거를 제공하는 것이 바람직한지는 현명하게 판단할 일이다. 2018년 국정감사에서 정동영 의원은 국토부 통계를 인용하며 박원순 시장 8년 재임 기간보다 내가 시장으로 재임한 5년 동안 공공 주택 착공 실적이 1만 호 정도 더 많다고 지적했다.[49] 무엇이 서민을 위한 주택 정책인지 깊이 고민해야 할 시점이다. 서울시민은 2.5년에 한 번씩 이사한다는 통계도 생각해 봐야 한다.

더구나 앞으로 지어야 할 소형 주택은 모두 고령자의 실내 이동 편의를 고려한 무장애 주택이어야 하는데, 리모델링도 한계가 있는 이상 재개발 재건축을 경원시하는 태도는 앞으로 많은 부작용을 양산할 것이다. 안타까운 것은 이제는 이런 논리가 그들의 이데올로기가 되어 버렸다는 점이다. 그래서 이제는 재건축, 재개발, 뉴타운이라는 말을 스스로 꺼내지도 못하게 된 상황이 되고 말았다. 이제는 반대론자들도 재건축, 재개발 이외에는 서울에 주택을 추가 공급할 방법이 없다는 것을 알고 있을 것이다. 그러나 스스로에게 발목을 잡혀 버린 모양이 되어 버렸다. 그나마 진행되고 있던 재건축 사업마저도 주택 가격 폭등의 주범이라는 꼬리표를 달아서 안전 진단 기준 변경과 함께 모두 중단시켜 버렸으니 앞으로 무슨 수로 서울에 소형 주택을 공급할 것인가?

2018년 '주택 재건축 판정을 위한 안전 진단 기준 일부 개정 고시안'에서 밝힌 개정 이유에도 재건축이 투기 수요를 유발한다고 적시하며, 고시 개정을 위한 통상적인 행정 예고 기간도 20일에서 10일(2018년 2월 21일 공고, 3월 2일 의견서 제출 마감)로 단축시켜 개정했다.

이 여파로 서울의 주요 재건축 단지인 여의도 광장 아파트 재건축 사업이 무산되었고, 앞으로도 이렇게 강화된 안전 진단 기준으로 재건축 사업이 막히게 될 단지들이 증가할 것으로 예상된다.[50] 게다가 정치권도 이러한 정부의 정책 판단을 부추기고 있는 형국이다. 여당의 원내대표가 나서서 "재개발, 재건축 사업들을 풀어 주게 되면 부동산 경기에 기름 끼얹는 것"이라며 강조하고 있다.[51] 당장 눈앞의 과제만 해결하고 5년 후, 10년 후의 수급에는 눈을 감으면 다음 정권 이후에 들이닥칠 수도권의 소형 평형 가격 폭등을 어떻게 수습할 수 있을까?

과거의 경험에 비춰 보면 지금과 같은 경기 부진이 지속될 경우 그 여파로 수도권 이외의 부동산 가격이 하락하는 상황이 올 수 있다. 그렇게 되면 오히려 경기 부양을 위한 부동산 가격 인상 정책이 필요할 수도 있다. 몇 년 후의 부동산 경기와 전반적인 경제 상황을 정확히 예측하고 판단할 수는 없지만, 실제로 2008년 글로벌 금융 위기 이후 경제 충격의 여파로 2010년 말부터 2013년 중순까지 서울의 아파트조차도 매매 가격 지수가 95.7에서 85.1까지 하락했다.[52] 최장 10년까지 소요되는 신도시가 수도권 인근에 공급될 무렵에 주택 가격이 떨어지는 상황이 발생할 수도 있다는 이야기다. 최악의 시나리오이지만 그때가 되면 이 정권 담당자들에게 책임을 물을 수도 없을 것이다.

근본적인 변화 동인인 가구 규모와 형태의 변화를 파악하지 못한 부동산 정책이 남발될 경우 악몽과도 같은 시나리오가 벌어질 개연성은 충분하다.

바람직한 국민연금 개혁 방안

저출산 사회의 지속은 국민연금에도 직접적인 영향을 끼친다. 한국처럼 연금 기금을 적립하여 미래를 대비하는 적립 생산 방식에서는 저출산이 지속될 경우 국민연금 기금의 조기 고갈로 연금 보험요율이 급격하게 상승할 수밖에 없다. 저출산 문제에 정부가 적극적으로 대처해야 하는 또 하나의 큰 이유이다. 선진국들은 대부분 적립 방식에서 부과 방식으로 전환했지만 기금을 적립하지 않은 것을 큰 잘못으로 여기고 있다.

우리나라의 노후 소득 보장 체계는 연금 기여금에 기반을 둔 국민연금과 함께 조세를 재원으로 하는 기초 연금이 공적 연금을 구성하고 있다. 현행의 국민연금 체계는 2007년 국민연금법 개정이 이뤄진 이후 그 골격이 유지되고 있다. 2007년 국민연금 소득 대체율(국민연금 가입 기간 40년 기준으로 생애 소득 대비 연금액 비중)을 60퍼센트에서 2028년까지 40퍼센트로 낮추는 국민연금법이 개정되었고, 노후 소득 보장을 강화하기 위한 기초노령연금법(2014년 기초

연금으로 전환)이 도입되었다.

　　국민연금 재정추계위원회가 발표한 '2018 국민연금 재정 추계'에 따르면 국민연금 가입자 수는 2018년 2182만 명이며, 노령 연금 수급자는 367만 명이다. 국민연금 가입자 수는 2019년 2187만 명으로 최고점에 이른 후, 근로 연령 인구가 감소함에 따라 점차적으로 감소할 것으로 전망되었다. 노령 연금 수급자 수는 지속적으로 증가하여 2063년에 최고 1558만 명에 이른 후 감소하는 것으로 전망됐다. 2088년이 되면 국민연금 가입자는 1019만 명으로 줄어들지만, 수급자는 1272만 명으로 늘어난다. 국민연금 가입자 100명이 수급자 118.6명을 부양하는 셈이 된다. 2018년 현재는 100명당 16.8명꼴이다. 미래 세대의 부담이 커진다는 뜻이다.[53]

　　저출산 고령화의 증가세와 함께 저성장이 지속될 것이라는 거시 경제 전망은 국민연금 재정에 부정적 영향을 미친다. 현재의 국민연금 제도는 지속 가능성에 큰 문제가 있다. 인구 구조 변화로 인해 재정 안정성 문제가 심각한데다 현재 세대가 많이 받을수록 미래 세대의 부담은 커지는 '세대 간 형평성' 문제가 존재한다.

　　저출산 현상이 지금처럼 지속되면 국민연금 재정의 악화 속도는 가파를 것으로 예상된다. 2018년 8월 17일 국민연금 제도발전위원회는 합계 출산율 1.24명(2015년)을 기준으로 2040년부터는 1.38명까지 올라갈 것을 전제로 국민연금 기금이 2057년 고갈된 뒤, 부과 방식으로 연금 재정이 바뀌면 연금 보험료는 2060년 소득의 26.8퍼센트, 2088년에는 28.8퍼센트라고 밝혔다. 그러나 2017년 합계 출산율 1.05명을 기준으로 계산하면, 2060년 29.3퍼센트, 2088년 37.7퍼센트까지 보험료를 올려야 하는 것으로 나타났다. 부모 세대와 같은 연금액을 받으면서 부모 세대의 보험료인 9퍼센트의 세 배 이상을 내게 된다면, 다음 세대가 이를 부담하려 할 것인가? 국민연금의 보험료가 소득의 30퍼센트를 초과할 경우 건강보험 등 4대 보험 운영도 불가능하게 될 것이다.

국민연금 제도발전위원회는 이를 고려해 국민연금 보험료의 마지노선을 소득의 18퍼센트로 잡고, 이보다 높아지지 않도록 미리 보험료를 올려 대비하자는 방침으로 두 가지 보험료 인상 방안을 제시했다. 보건복지부는 2018년 11월 7일 보험료 인상을 포함한 안을 발표했으나 청와대에서 공개적으로 반려되었고, 12월 14일 네 가지 방안을 담은 개정안을 발표했다. 보험료 인상을 미룰수록 후세대에 큰 부담을 떠넘기는 것이다. 여야는 정치적 이익을 고려하지 않고 사회적 대타협을 통해 국민 연금을 개혁해야 한다.

보건복지부는 2018년 11월 7일 국민연금 개편안을 마련했다. 국민연금의 소득대체율을 45퍼센트로 유지하면서 보험료율을 12퍼센트로 인상하는 안과 소득대체율을 50퍼센트로 인상하면서 보험료율을 13퍼센트로 인상하는 안, 그리고 2028년까지 소득대체율을 40퍼센트로 낮추는 현행 규정을 유지하면서 보험료율을 점진적으로 15퍼센트로 높이는 안이었다. 현재 국민연금 보험료율이

9퍼센트인 점을 감안하면 세 가지 안 모두 보험료율을 인상하겠다는 내용을 담고 있었다. 이 국민연금 개혁안은 청와대에서 공개적으로 반려됐고, 정부는 2018년 12월 14일 아래 표와 같이 국민연금과 기초연금을 연계한 소득대체율과 연금보험료 수준에 따라 총 네 개의 방안을 담은 소위 '4지선다형' 국민연금제도 개편안을 발표했다.

국민연금 정책조합 방안 주요 내용

	소득대체율	보험료율	기초연금
1안 현행유지	40% 유지 (2028년까지 유지)	9% 유지	2021년 30만 원
2안 기초연금 강화	40% 유지 (2028년까지 유지) +기초연금 40만 원	9% 유지	2021년 30만 원 2022년 이후 40만 원
3안 노후소득보장 강화	45%(2021년 부터)	12%('21~'31년 5년 마다 1퍼센트 포인트씩 인상)	2021년 30만 원
4안 노후소득보장 강화	50%(2021년 부터)	13%('21~'36년 5년 마다 1퍼센트포인트 인상)	2021년 30만 원

경제사회노동위원회 산하 '국민연금 개혁과 노후소득 보장 특별위원회(연금특위)'는 네 가지 안을 중심으로 국민연금 개혁안을 마련하려 하였으나 단일안 도출에 이르지 못했다. 연금특위는 소득대체율을 40퍼센트에서 45퍼센트로, 보험료를 소득의 9퍼센트에서 12퍼센트로 올리는 방안을 주요 안으로 제시했다. 그러나 이런 연금개혁안들은 미래 세대에 지금보다 더 큰 부담을 안길 위험

이 많다. 세계에서 가장 빠르게 진행되고 있는 우리나라의 고령화를 고려하면 현 제도를 유지한다 해도 보험료를 16퍼센트로 올려야 한다. 이런 상황에서 소득대체율을 인상할 경우 미래 세대가 더 큰 부담을 질 것이 자명하다. 해결책이 아닌 비양심적인 미봉책이다.

한편 공무원연금과 군인연금은 매년 수 조원에 달하는 연금 적자 상태에 빠져 있어 지속 가능성에 의문이 제시되고 있다. 2018년 공무원연금과 군인연금의 적자 합은 3조 3119억 원에 달하며, 2019년에도 3조원이 넘는 적자를 기록할 것으로 추산됐다. 2019년 공무원연금 수급자는 지난해 보다 2만 3000명이 증가한 51만 1000명이며, 군인연금 수급자도 5년 전보다 1만 1877명 증가한 9만 6442명에 달한다. 이와 같은 불균형은 국가재정 부담을 가중시키고 있다. 그럼에도 정부 일자리위원회는 '일자리정책 5년 로드맵'에서 2017년부터 2022년까지 공무원을 17만 4000명 증원하겠다고 밝혔다. 국회예산정책처는 증원된 공무원 17만 4000명이 사망하기 전까지 수령할 연금액을 92조 4000억 원으로 추정했다. 공무원연금공단 적자로 공무원연금 국고보전금은 2016년부터 2018년까지 3년 연속 2조원을 넘어섰다. 또한 공무원 증원 시 정부가 추가로 부담해야 하는 연금 부족분은 2018년부터 2088년까지 약 21조원에 달한다. 증가하는 재정에 대한 대책 없이 공무원 수만 증가하면 결국 미래 세대의 짐이 될 것이다.

재원 대책 없는 포퓰리즘 정책 '문재인 케어'

문재인 정부는 2017년 8월 건강보험 보장성 강화 정책인 '문재인 케어'를 발표하였다. 그 핵심은 '모든 비급여의 단계적인 건강보험 적용'으로, 미용과 성형, 건강검진 등을 제외한 상급 병실, 간병, 선택 진료와 함께 초음파와 MRI 등 대부분의 비급여 치료 항목에 건강보험을 적용해 개인 의료비 부담을 경감하는 것이다. 이외에 중증 치매환자 진료비, 어린이 입원치료비, 장애인 보조기 등에 대한 건강보험 혜택도 확대된다. 또한 저소득층의 연간 의료비 '본인부담 상한액'도 하향 조정된다. 이를 위해 2017년부터 2022년까지 30조 6000억 원을 투입하여 2016년 기준 62.6퍼센트였던 보장률을 2022년까지 70퍼센트 수준으로 개선시킬 계획이다.

보건복지부는 건강보험 보장률이 70퍼센트로 확대되면 2015년 기준 50만 4000원이었던 본인부담금이 41만 6000원으로 약 18퍼센트 감소할 것으로 전망했다.

건강보험의 보장성을 강화하겠다는 정책은 국민 입장에서는 반가운 일이다. 그러나 '문재인 케어'는 건강보험제도의 지속 가능성에 문제가 있는 전형적인 '포퓰리즘' 정책이다. 즉, 재원 조달 방안이 부실해 건강보험 재정을 파탄에 빠트릴 뿐만 아니라 건강보험료의 급격한 인상을 초래해 건강보험제도 자체를 위험에 빠트릴 수 있다.

건강보험은 이미 2018년에 2010년 이후 처음으로 적자를 기록했으며 그 액수는 1778억 원에 달한다. 보건복지부는 2019년 4

월 10일 발표한 '제1차 건강보험 종합계획'에서 2019년 3조 1636억 원, 2020년 2조 7275억 원 등 2023년까지 매년 적자가 발생해 5년간 9조 5148억 원의 적자가 발생할 것으로 예상했다.

국회 예산정책처는 2019년 3월 건강보험 재정지출을 추계하며 2026년에는 누적적립금을 포함한 모든 건강보험재정이 소진될 것으로 전망했다.

이런 재정 악화의 주된 원인은 결국 문재인 케어다. 보험급여 지출 증가와 MRI, 초음파 등 의료서비스 증가로 재정 부담이 늘어나기 때문이다.

건강보험 재정 위기를 초래하지 않으려면 국고 지원의 확대가 필요하다. 건강보험법과 건강증진법에는 예상 보험료 수입액의 20퍼센트를 정부의 예산으로 지원하게 되어 있다. 하지만 정부 지원금은 최근 들어 오히려 축소되었다. 2019년 미지급된 국고 지원금만 2조 1000억 원으로, 문재인 정부 들어 국고 미지원금은 3년간 총 6조 7000억 원에 달한다. 정부 지원금이 8조 원에 달하는 상황에서 국고지원이 축소되거나 중단되면 건보료의 대폭 인상이 없는 한, 건보 재정은 위기에 처할 수밖에 없다.

건강보험은 청·중장년층이 주로 비용을 부담하고 노년층이 혜택을 보는 사회적 연대에 기초한 제도인데, 이로 인한 세대 간의 갈등도 야기될 수 있다. 이와 함께 문재인 케어의 시행으로 인한 건강보험 재정이 악화되고, 건강보험료가 대폭 인상될 경우 국민들의 보험료 저항이 심각할 수도 있을 것이다. 이와 같이 문재인 케어는 저부담-저급여의 국민건강보험제도가 감당하기 어려운 것으로, 저출산과 고령화가 심해지는 상황에서는 더욱 대비하기 어려운 제도이다.

    앞으로 건강보험이 지속 가능하기 위해서는 무엇보다도 건강보험의 안정적 재원 확충 방안의 마련이 중요하다. 이와 함께 국민의 의료비 절감을 위해서 국민에게 실질적인 혜택을 줄 수 있는 필수 의료부터 보장성이 강화되도록 문재인 케어의 틀을 전면 수정하고 다시 설계해야 할 것이다.[54]

2030이 행복한 정부?
미래 세대 부담만 늘리는 정부

무분별한 신규 사업 추진, 훼손되는 재정건전성

정부가 세계 최고 수준이라 자랑하던 재정건전성에 비상벨이 울리고 있다. 세계에서 가장 빠른 저출산·고령화 국가인 대한민국은 기존 제도를 유지하는 것만으로도, 급증하는 복지 지출로 인한 재정 악화가 불가피한 구조다. 그럼에도 문재인 정부는 출범 이후 기초연금 인상 등 각종 복지사업을 잇달아 추진했고, 이로 인해 재정건전성 훼손이 한층 빨라질 것이란 우려가 높다.

국회예산정책처는 지난 1월 발표한 '2019~2050년 장기 재정전망 보고서'에서, 2020년 통합재정수지가 6조 6000억 원 적자를 기록할 것으로 전망했다. 국가채무 역시 올해보다 41조 원 늘어난 759조 1000억 원으로 전망했다. 저출산·고령화로 인해 세수 증가 여력은 줄고 재정지출 수요는 늘어나리라는 것을 고려하면 재정적자 및 국가채무의 장기적 추가 확대가 명약관화하다. 예산정책처는 변수가 없다면 2030년에는 통합재정수지는 50조 9000억 원 적자를 기록할 것이고, 국가채무는 1240조 9000억 원까지 증가할 것으로 전망했다.

우리나라 장기 재정 전망

단위:조 원

항목	2019년	2020년	2030년	2040년	2050년
총수입	478.3	492.9	612.4	707.2	777.1
총지출	470.8	499.6	663.3	839.7	1014.5
통합재정수지	7.6	-6.6	-50.9	-132.5	-237.4
관리재정수지	-36.0	-45.9	-71.3	-110.1	-149.4
국가채무	718.1	759.1	1240.9	1930.8	2863.8
GDP 대비 국가채무비율	38.4%	39.5%	50.5%	65.6%	85.6%

자료: 국회예산정책처

국가 지출의 증가는 재정적자 증대와 국가채무 확대로 귀결된다. 이렇게 급증하는 재정 소요는 절대 국채 발행만으로 조달할 수 없다. 재정건전성을 유지하기 위해서는 시기의 문제일 뿐 증세가 불가피하다. 이는 당연히 국민의 조세 부담액 증가로 연결된다. 2018년 연말 기준 국가채무 비율인 38.4퍼센트를 유지하기 위해 정부가 증세를 한다고 가정했을 때 1인 세 부담은 2016년 580만 원에서 2060년 6403만 원으로 11배가량 급증할 것으로 예측된다.

현재 세대가 혜택을 받기 위해 늘린 국가채무는 언젠가 상환해야만 한다. 이를 상환하는 시점의 미래 세대는 필연적으로 조세 부담이 증가하거나 정부로부터 받는 서비스가 축소될 수밖에 없다. 아직 태어나지도 않았거나 투표권이 없어 자신을 정치적으로 대표할 수 없는 미래 세대의 부담을 급격히 증가시키는 것은 무책임한 짓이다.

20년 만에 반 토막 난 대한민국의 잠재성장률
우라나라 경제의 잠재성장률이 종전 추정 때보다 훨씬 가파르게 하락하고 있다. 잠재성장률은 한 나라 경제의 최대 성장 능력, 다시 말해 보유 자원을 최대한 활용했을 때 유지할 수 있는 성장률을 뜻한다.

2019년 9월 한국은행은 '잠재성장률 추정 보고서'를 발표했다. 보고서는 2년 전 2.8~2.9퍼센트 수준으로 추정했던 2016~2020년 잠재성장률을 2.7~2.8퍼센트로 하향 조정했으며, 올해부터 내년까지의 잠재성장률은 2.5~2.6퍼센트가 될 것으로 추정됐다. 특히 미·중 무역 분쟁, 일본의 수출 규제 등으로 투자 경기가 얼어붙은 올해의 실질 국내총생산GDP 성장률은 잠재성장률을 크게 밑도는 2.2퍼센트에 그칠 것으로 전망했다. 미중 무역 분쟁, 일본 수출 규제 등의 대형 악재가 겹치며 대한민국의 성장잠재력이 더욱 잠식되고 있는 작금의 형국에서 당분간 잠재성장률를 하회하는 저성장은 지속될 것으로 보인다.

　　　이와 같은 잠재성장률 하락 추세를 극복하기 위해서는 반드시 강도 높은 구조 개혁을 통해 생산성 향상을 도모하고 노동시장의 비효율성을 개선해야 한다. 아울러 정부는 15세 이상 생산 가능 인구 감소가 가져오는 잠재성장률의 가파른 하락 추세를 고려해야 한다. 인구 감소 충격을 완화하기 위한 여성과 청년층의 경제 활동 참가 증진 정책 추진이 필요하다.

미래 세대의 잠재적 조세부담률

현재 세대의 조세 부담에 미래 세대가 부담해야 할 재정 적자를 합쳐 계산한 '잠재적 조세부담률'이 2018년 기준 20.6퍼센트를 기록했다. 이는 금융 위기였던 2009년 21.0퍼센트 이후 9년 만에 가장 높은 수치다.

　　　잠재적 조세부담률이 의미하는 바는 크다. '명목 GDP 대비 총 조세'로 계산하는 조세부담률에 통합재정수지와 사회 보장성 기금 간 차를 산출한 관리재정수지 비율을 차감해서 산출하는데, 지난해의 관리재정수지 비율은 마이너스를 기록해 국민의 부담을 덜어주기는커녕 가중시켰다. 세금과 관리재정 적자가 늘어나면 늘어날수록 국민 부담은 증가하는데, 현재의 추세는 현 세대의 부담 증가는 물론이고 미래 세대의 세금 부담마저 늘리고 있다. 특히 작금의 대한민국은 경기 악화로 인해 GDP 감소가 우려되고, 문재인 정부의 확정적 재정지출에 기인한 관리재정수지 비율 악화가 명약관화해 향후 잠재적 조세부담률은 급증할 것으로 전망된다.

청년의 미래를 훔치는 문재인 정부(벼랑 끝의 2030세대)

문재인 정부의 경제 정책은 청년 세대의 부담을 도외시하는 경향이 있다. 청년수당 같은 사탕발림 정책도 있지만, 문재인 케어, 기초연금, 공무원 증원 같은 굵직굵직한 복지·일자리 정책들은 미래 세대에 부담을 떠넘기는 형태로 추진되고 있다.

지난해 건강보험 진료비 지출 중 65세 이상 노년층에게 쓰인 돈이 40퍼센트를 넘어섰다. 문재인 정부는 건강보험 보장 범위를 계속 넓혀 5년간 41조 원을 더 쏟아 붓겠다고 하는데, 이 계획대로 간다면 청년 세대는 월급의 3분의 1을 건강보험료로 내야 할 가능성이 높다. 5년 후 1000만 명을 돌파할 노인 인구에게 제공하는 기초연금을 정부 계획대로 월 40만 원까지 올리려면 매년 20조 원 이상이 더 필요하다. 공무원을 17만 명 증원하려면 총 420조 원이 필요하다. 이 모든 뒷감당은 2030세대의 몫이다.

국민연금의 상황은 더 심각하다. 현재와 같은 구조의 국민연금은 지금의 청년 세대가 연금을 받아야 할 2056년 즈음에는 이미 고갈되어 있을 것이고, 그 시점의 청년들은 이들의 노후를 책임지기 위해 월급의 27퍼센트를 국민연금으로 내야 할 것으로 추정된다.

문재인 정부 출범 이후 재정 운용의 가장 큰 특징은 정치 논리가 경제 원칙을 압도하고 있다는 점이다. 대중의 인기에만 영합하는 퍼주기식 포퓰리즘이 국가의 주요 정책으로 자리 잡았는데도 불구하고, 눈앞의 선거만을 고려한 달콤한 복지 정책들은 연일 쏟아지고 있다. 문재인 정부 경제 정책의 중심에 놓여있는 '소득 주도 성장'도 그 대표적 사례다. 국가 재정을 써서 가계소득을 인위적으로 올리고 이를 통해 소비를 증가시켜 경제를 살리고 일자리를 늘리겠다는 소득 주도 성장은 무리한 재정지출을 일삼으며 국가 재정 건전성을 심각하게 위협하고 있다.

국회예산정책처의 분석에 따르면 앞서 언급한 문재인 정부의 신규 4대 사업만 고려해도, 정부 계획대로 추진 시 2060년 기준 우리나라 GDP 대비 국가채무비율이 194퍼센트까지 오른다. 국가부도를 막기 위해 국가채무율을 현재 수준인 40퍼센트로 유지하려면 세금을 더 걷어야 되는데, 시간이 갈수록 세금부담액이 증가해 2060년의 생산가능인구 1인당 조세부담액은 지금의 79배로 급증할 것으로 전망된다.

문재인 정부의 각종 포퓰리즘 정책들의 공통점은 초기 5년간 가시화되는 재정 악화의 상황 없이 진행되는 듯이 보인다는 것이다. 하지만 고령화와 사회보장제도의 성숙에 따라 필연적으로 차기 또는 차차기 정부에 엄청난 부담을 주고, 미래 세대에게 막대한 세금 부담을 전가하는 결과를 초래할 것이다. 국가의 장기 비전은 외면한 채 미래 세대에 대한 부담 전가를 마다하지 않는 문재인 정부를 '하루살이 정권'이라고 정의하지 않을 수 없다.

4차 산업혁명

4장

대한민국, 4차 산업혁명을 만나다

4차 산업혁명을 말한다

'4차 산업혁명'이 우리 사회의 화두가 된 지 오래다. 이제 더 이상 누구도 초연결, 초지능의 데이터 기반 인공지능 사회로 진입했음을 의심하지 않는다. 디지털 전환digital transformation[56]을 가능하게 하는 요소 기술들의 융합을 통해 산업 생태계 전반에서 벌어지는 혁명적 변화는 이미 우리 생활에 깊숙이 파고들기 시작했다.

모두가 4차 산업혁명을 논하고 그 발전 방안을 고민한다. 나 역시 2015년 고려대 기술경영전문대학원 석좌교수로 강의를 시작한 이래 깊은 관심을 가져왔고, 여러 전문가들과 토론과 논의를 계속해 왔다. 그러나 이 책에서 4차 산업혁명의 기술적 측면이나 발전 방향에 대해서 설명하고자 하는 것은 아니다. 오히려 미래 기술의 변화와 정책의 상관관계에 초점을 맞추고자 한다. 4차 산업혁명이 진행되는 과정에서 벌어질 우리 사회의 변화상을 미리 예측하고 이에 준비된 사회로 나갈 수 있는 방향과 대책이 무엇인지를 논의해 보고자 한다.

인류 역사의 과제, 빈부 격차

빈부 격차 해소는 모두가 꿈꾸지만 해결하기 어려운 과제다. 우리나라도 빈부 격차가 심각한 사회 문제로 대두된 지 오래다. 소득 불평등에 관한 현실 진단은 조사의 원자료 raw data, 해당 연도에 따라 결과의 편차가 크다. 또한 대부분의 경우 연구자가 원하는 결과를 도출하기 위해서 통계를 다루기 때문에 제시하는 통계 수치가 객관적이어야 함은 물론이고 통계의 해석 또한 조심스럽게 해야 한다.

소득 불평등을 나타내는 지수는 지니 계수 Gini-Index 가 대표적인데, 총소득 기준, 시장 소득 기준, 처분 가능 소득 기준으로 구분되고, 이 가운데 처분 가능 소득을 기준으로 하는 것이 가장 일반적이다. 지니 계수는 0에서 1사이의 비율 가운데 1에 가까울수록 불평등도가 높은 상태임을 나타낸다.

한국의 지니 계수

	2006	2007	2008	2009	2010	2011	2012	2013	2014	2015	2016
처분 가능 소득 (세후)	0.306	0.312	0.314	0.314	0.310	0.311	0.307	0.302	0.302	0.295	0.304
시장 소득 (세전)	0.330	0.340	0.344	0.345	0.341	0.342	0.338	0.336	0.341	0.341	0.353

가계 동향 전체 가구 기준

자료 : 통계청, 가계 동향 조사

세후 소득인 처분 가능 소득(시장 소득+공적 이전 소득 - 공적 비소비 지출)으로 작성된 지니 계수를 살펴보면, 전국의 1인 가구 및 농가까지 포함한 전체 가구의 지니 계수는 2008년과 2009년 0.314로 최고점을 찍은 후 2015년까지 지속적으로 감소했고, 2016년에 0.304로 약간 상승했다. 세전 소득인 시장 소득의 지니 계수는 2006년 0.330에서 2009년 0.345까지 증가했다가 2013년 0.336으로 약간 하락한 후 2014년부터 다시 상승해 2016년에는 0.353까지 증가했다.

1997년 외환 위기를 겪기 전까지 대한민국은 성장과 분배가 개선된 세계에서 보기 드문 나라였다. 우리나라의 지니 계수는 1997년 경제 위기를 겪은 후 악화되었다가 일부 개선을 보인 후 2008년 금융 위기 때 다시 악화되었으나, 2012년 이후 다시 개선되는 모습을 보였다. 하지만 2016년부터 다시 악화되는 상황이라 볼 수 있다.

우리나라의 빈부 격차는 프랑스, 독일보다는 심각하지만 미국보다는 심하지 않은 수준이다. 소득 분배 정도를 국가별로 비교하기 위하여 OECD에서 발표한 2015년 기준 처분 가능 소득 지니 계수를 살펴보면, 한국은 0.295로 프랑스 0.295와 같은 수준이다. 스웨덴 0.278, 독일 0.293, 폴란드 0.292 등에 비해서는 상대적으로 높고 미국 0.390, 영국 0.360, 호주 0.337, 이탈리아 0.333, 일본 0.330, 캐나다 0.318 등에 비해서는 상대적으로 낮다. 이에 대해 이병태 한국과학기술원 KAIST 교수는 "국가 규모를 고려해서 지니 계수를 읽으면 전 세계 200여 국가 중 우리나라의 분배 정도는 상위

10퍼센트에 든다"며 "현재 우리나라보다 인구가 많으면서 분배가 잘된 나라는 독일밖에 없다"고 견해를 밝혔다.[56]

지니 계수와 더불어 소득 불평등도의 척도로 널리 사용되는 지표로 소득 5분위 배율과 상대 빈곤율이 있다. 소득 5분위 배율은 소득 상위 20퍼센트 집단의 평균 소득을 소득 하위 20퍼센트 집단의 평균 소득으로 나눈 값인데, 2016년 기준 전체 가구의 소득 5분위 배율은 7.06배이며 근로 연령층(18~65세) 가구의 소득 5분위 배율은 6.19배이다. 중위 소득의 50퍼센트에 미치지 못하는 가구의 비중을 나타내는 상대 빈곤율은 전체 가구 기준으로 2016년 17.9퍼센트로 조사됐다. 장기적으로 소득 5분위 배율과 상대 빈곤율의 변화는 지니 계수와 비슷한 양상을 보이는데, 2010년까지는 악화되다가 그 이후에는 대체로 개선되는 추세를 보이고 있다.

그 외에도 임금 노동자가 받은 임금 총액을 국민 소득으로 나눈 값인 노동 소득 분배율도 소득 불평등과 관련하여 사용되고 있으며, 홍장표 전 대통령비서실 경제수석비서관이 주장하는 소득 주도 성장을 뒷받침하는 지표로 사용되기도 한다. 노동 소득 분배율이 높으면 소득 불평등 혹은 지니 계수가 낮다고 주장하기는 어려우나, 노동 소득 분배율과 지니 계수가 음의 관계에 있다는 연구는 다수 있다. 그런데 정부의 공식 발표 통계와 주상영 건국대 교수의 통계는 상이하게 나타난다. 정부가 공개 발표한 '국가 지표 체계'를 통해 본 조정 노동 소득 분배율은 OECD 평균보다 높을 뿐만 아니라 미국과 일본보다도 높다. 이에 반해 주상영 교수는 우리나라 노동 소득 분배율이 1996년 66.1퍼센트에서 2016년 56.2퍼센트로 9.9퍼센트포인트 떨어졌는데 이는 OECD 회원국 가운데 가장 큰 하락폭이라고 주장했다.[57] 이런 통계들은 우리나라가 빈부 격차 문제를 해소하기에 아직 늦지는 않았지만 자칫 잘못하면 시기를 놓칠 수도 있다는 점을 시사한다.

산업혁명 등 사회의 변혁기를 거치는 과정에서 빈부 격차가 더욱 벌어졌던 역사적 선례들로 미뤄 볼 때 4차 산업혁명 시대가 도래하면 빈부 격차는 더욱 심화될 것으로 전망된다. 이에 따라 복지 확대, 조세 정책 혁신, 기부 문화 확산 등 빈부 격차를 줄이기 위한 다양한 해법과 대안들이 쏟아지고 있다.

나는 여기서 이런 모든 노력을 통합할 수 있는 방법론을 찾는다는 의미에서 '사회 유동성 social mobility의 보장'을 제시하고자 한다. 사회 유동성의 사전적 의미는 사회에 존재하는 계층 간의 이동 가능성이다. 그동안 우리가 국가 발전에 힘을 모을 수 있었던 중요한 동력은 열심히 노력하면 당대에 혹은 다음 세대에 계층 상승이 가능하다는 믿음이었다. 나의 미래에, 또는 적어도 내 자식은 나보다 나은 삶을 살 것이라는 믿음은 교육에 대한 투자로 이어졌고 이는 우리 사회 발전의 든든한 밑바탕이 되었다.

그러나 점차 우리 사회의 계층 구조가 고착화됨에 따라 계층 상승은 과거에 비해 완연히 힘겨워지고 있다. 빈부 격차가 크게 벌어져 격차를 극복할 계층 간 이동이 불가능해진다면 사회 갈등은 늘어날 수밖에 없다. 또한 그렇게 갈등이 팽배한 사회는 사회 통합을 견인할 수 없고 사회 발전의 에너지도 기대할 수 없다. 결국 커져가는 빈부 격차를 방치하면 국가와 사회를 유지하고 발전시킬 원동력이 사라지는 결과로 이어진다. 이런 악순환의 고리를 끊기 위해서라도 사회 유동성의 보장은 반드시 필요하다.

두 나라 이야기

두 나라를 예로 현재 대한민국의 현재 모습을 그려 보겠다. A국가는 빈부 격차가 없으나 절대적인 빈곤 상태에 있고, B국가는 발전했으나 빈부 격차가 존재한다. 우리나라의 60년대가 모두 고르게 못사는 A와 같은 국가였다. 몇 해 전 한국국제협력단 중장기 자문단으로 체류했던 아프리카의 르완다는 여전히 A국가의 모습을 벗어나지 못하고 있다. B국가는 소위 헬조선이라는 신조어가 등장한 현재의 대한민국이다. A국가는 국민 모두가 낮은 수준의 생활에 머물러 있고, B국가는 하위 계층조차 A국가에 비해 높은 수준의 문화생활을 누리고 있다. A국가는 화장실 위생조차 해결하지 못했고, 핸드폰은 부유층의 전유물이지만, B국가의 국민들은 길을 걷다 어느 공중화장실을 가도 위생적인 시설을 경험할 수 있고, 모두가 가격이 결코 싸지 않은 핸드폰을 사용한다.

그러나 B국가의 국민들은 행복하다고 느끼지 않는다. 행복지수는 A국가가 훨씬 높다. A국가에서는 국민들의 생활 수준이 거의 비슷하다. 주변에 나보다 더 잘사는 사람이 없어서 남들에 대한 부러움과 질시 같은 감정을 느낄 필요가 없다. 대체적으로 불행하다는 느낌은 남들과의 비교에서 오는 상실감에서 비롯되는 경우가 많다. 모두가 비슷한 삶을 살고 있어 그런 상대적 박탈감이 없기 때문에 불만은 적고 행복감은 높게 나타나는 결과로 이어진다.
　　A국가와 같은 생활상은 지금도 세계 여러 곳에서 목격된다. 앞서 언급한 르완다를 예로 들어 보자. 르완다 국민들은 카사바 나무의 뿌리를 주식으로 한다. 카사바 나무에서 채취한 고구마 덩이와 비슷하게 생긴 뿌리에는 녹말이 들어 있어 에너지원으로 활용되지만, 비소 성분이 함유되어 있어 반드시 익혀 먹어야 한다. 윤기 흐르는 쌀밥을 주식으로 하는 우리 국민은 한 끼도 먹기 힘들 만큼 열악한 음식이지만 그들은 그것을 주식으로 먹는다. 그마저도 하루 세 끼 먹는 사람이 드물다. 아이들의 절반 이상은 신발이 없어 제대로 포장되지 않은 거친 길을 맨발로 걸어 등교한다. 학교도 그저 블록을 쌓아 올린 창문 없는 허름한 창고 같은 곳이다. 재밌는 것은 해외 원조 물품들이 많이 들어와서 맨발에 명품 옷이라는 진기한 풍경이 심심치 않게 목격되는 곳이기도 하다. 그곳은 고속 도로는 물론 포장도로도 없다. 우리나라의 1950~1960년대 흙먼지 날리는 시골길 같은 도로가 전부다. 그러나 이곳의 사람들은 적어도

상대적 박탈감에 시달리지는 않는다.

모두가 못살면서 행복한 사회는 우리가 원하는 바도, 나아갈 바도 아니다. 산업화를 거치면서 누적된 부작용도 분명히 있지만 세대를 이은 희생과 노력으로 이룬 현재의 모습을 부정할 수는 없다. 현명한 방법으로 빈부 격차를 줄여 가는 방안을 찾아보자.

노동 소득과 자본 소득

4차 산업혁명이 도래하면서 전통적인 부와 행복의 격차를 만들어 내는 개념도 확연히 달라지고 있다. 몇 년 전 선풍적인 관심을 모았던 토마 피케티의 주장을 유념할 필요가 있다. 피케티는 부의 불평등에 대해 연구한 경제학자로 파리경제대학 교수다. 2014년 그의 저서 《21세기 자본》이 인기를 끌며 '피케티 신드롬'이 일어났다. 돈이 돈을 버는 속도, 즉 자본 수익률이 일해서 돈을 버는 속도인 노동 수익률보다 빠르기 때문에 자본주의가 발전할수록 빈부 격차가 심해진다는 것이 피케티의 주장이었다.

맞는 말이다. 노동 소득이 자본 소득을 능가할 수는 없다. 일반적인 경제 성장하에서 계층 간 소득 비율을 비교해 보면 상위 계층이 보다 가파르게 성장하는 모습을 관찰할 수 있다. 인정하기 싫어도 인정할 수밖에 없는 사회 현상이다.

그러나 자본 소득의 질주를 막고 계층 간 격차를 줄이기 위해 격차만큼의 소득을 하위 계층에게 복지의 형태로 전환한다면 경제 성장률 하락이라는 결과를 불러오게 된다. 소득 상위 계층의 소득 비중이 줄어들어 단기적으로는 계층 간 격차가 줄어드는 양상을 보일 수 있으나 경제 성장률 하락으로 국가 경제 전체가 흔들리게 된다.

어느 정도의 불평등은 자본주의의 속성이기에 인정할 수밖에 없다. 그래서 이를 위해서는 국민적 동의가 반드시 필요하다. 성장과 분배 중 어디에 중점을 둘 것인가에 대한 공론화 과정과 국민적 합의가 필요하다. 그렇게 만들어진 국민적 공감대를 바탕으로 빈부 격차로 인한 불만을 최소화하고 성취동기를 느낄 수 있도록 해야 한다. 결국 성장이 지속될 때 저소득층에게도 기회가 더 늘어난다는 사실을 공유하고, 분배가 성장을 저해하는 정도에 이르지 않는 적정선에 대한 사회적 공감대를 만들어 내야 한다.

2015년 노벨 경제학상 수상자인 앵거스 디턴 Angus Stewart Deaton은 "무엇보다 중요한 것은 평등한 기회가 제공돼야 한다는 사실이다"라고 강조했다. 조세와 보조금에 기댄 재분배 정책에만 무게 중심을 두지 말고 사회 구성원들에게 평등한 기회가 주어질 수 있도록 정책을 펴야 한다는 말로 이해된다.[58]

디지털 실업과 빈부 격차의 확대

4차 산업혁명이 시작되면 사회 전 분야가 디지털 전환을 통해 질적·양적으로 크게 변화될 것으로 전망된다. 전개 속도도 과거에 비할 수 없이 빨라서 지난 100년 동안 진행됐던 변화가 향후 10~15년 만에 이뤄질 것으로 예상된다. 이런 격동의 과정 속에서 일자리가 줄어들 가능성은 매우 높다. 이미 세계 여러 곳에서 이런 모습들이 나타나고 있다.

아마존은 인공지능 점포 '아마존 고 Amazon Go'를 시범 서비스하고 있다. 컴퓨터 시각 센서와 생체 인식 센서, 그리고 딥러닝 deep learning 기술 등을 활용해 고객의 쇼핑 리스트를 알아내기 때문에 계산대가 더 이상 필요 없다. 현재는 아마존 본사가 위치한 미국 시애틀에서 시범 서비스 중이지만 충분한 검증을 마친 후 아마존 매장 대부분이 대체될 것으로 전망한다. 현실화될 경우 미국 내 4300여 면 매장 계산원이 실직 위기에 처한다. 현재 계산원으로 생계를 유지하는 350만 명 미국인이 이 변화의 영향권 내에 있다.

이미 우리나라의 프랜차이즈 매장이나 편의점 등에서도 직원이 아닌 스탠드식 단말기를 통해 주문을 하는 디지털 키오스크 매장이 운영되고 있다. 미국 맥도날드는 키오스크 매장을 미래형 매장 experience of the future 이라는 기치 아래 전국 2500개 매장으로 확대하고 있다. 디지털 실업이 이미 현실화되고 있는 것이다. 한편, 이러한 디지털 실업은 숙박업계에도 확산되고 있는데, 일본 도쿄의 헨나호텔에서는 이미 140여 대의 로봇이 프런트 데스크, 안내 등 호텔 업무를 수행하고 있다. 직접 근무하는 직원은 단 7명에 불과하다.

이러한 자동화 매장의 확대가 현재로서는 최저 임금 인상 등의 임금 부담에서 기인하는 것으로 보이지만 근본적으로는 기술의 진보에 따른 고용 대체 기술의 확대가 주요 원인으로 분석된다.

4차 산업혁명의 디지털 전환을 선두에서 이끌고 있는 아마존 창립자 제프 베조스Jeffrey Preston Bezos는 노동자를 로봇으로 대체하겠다는 말을 공식화하고 있다. 또한 세계 최대의 주문자 상표 부착 생산OEM 기업인 폭스콘Foxconn도 이르면 5년, 늦어도 10년 내에 생산직 지원의 80퍼센트를 로봇으로 대체할 계획이다.

뉴 디지털 디바이드

4차 산업혁명 시대의 빈부 격차는 디지털 전환의 기반에 올라탈 수 있는 사람과 올라타지 못한 사람들 간의 뉴 디지털 디바이드로 나타나게 될 것이다. 디지털 시대에서 계층 간 불균형을 일컫는 디지털 디바이드는 빈부 격차에서 오는 디지털 관련 지식과 기술 습득의 차이가 빈부 격차를 더욱 심화시킨다는 뜻이다. 1990년대 중반 미국에서 처음 사용되었는데, 중산층 가정의 학생들과 저소득층 가정의 학생들 간에 인터넷 학습의 기회가 차별적으로 발생하는 현상에서 비롯되었다. 인터넷과 디지털 지식 습득 과정에서 발생하는 격차가 선진국과 후진국, 사회 주류와 소외 계층 간의 격차 확대로 전이되고 권력의 편중으로까지 이어진다는 것이다.[59]

이러한 인터넷 지식과 정보 접근 측면에서의 디지털 격차가 제1의 디지털 디바이드라고 하면, 현재와 같이 사물 인터넷, 빅데이터, 인공지능 등 디지털화된 도구들에의 접근 정도에 따라 발생하는 계층 간 격차는 제2의 디지털 디바이드, 즉 뉴 디지털 디바이드라고 할 수 있다. 뉴 디지털 디바이드로부터 발생하는 삶의 차이는 더 이상 회복할 수 없는 격차의 세상으로 귀결될 수밖에 없다.

뉴 디지털 디바이드는 개인, 기업을 넘어 국가 간의 격차로 이어진다. 현재도 삼성, 애플, 구글, 네이버, 페이스북 등 일부 독점적인 플랫폼들이 시장을 지배하고 있다. 이렇게 지배적인 플랫폼을 소유하는 기업이 가져가는 이익은 관련 시장 전체 수익의 80~90퍼센트에 이를 만큼 막대하지만 후발 주자들은 진입할 공간이 없어 도태되고 만다.

개인의 경우도 마찬가지다. 디지털 도구의 발전에 따라 인공지능이나 사물 인터넷과 같은 전문 기술을 가진 개인들은 높은 소득을 올리지만, 단순 기술직에 종사하는 사람들은 직업 자체가 존폐의 기로에 놓일 수밖에 없다.

국가의 경우 역시 그렇다. 과거 개발도상국들은 값싼 노동력을 무기로 노동 집약적 산업에서 경쟁력을 확보할 수 있었지만, 현재는 생산·제조 라인이 자동화 기계와 로봇으로 대체되기 시작하면서 값싼 노동력에서 오는 경쟁력 자체가 사라져 버리고 말았다.[60] 자동화 기계와 로봇을 설치할 수 있는 선진국과 값싼 노동력이 전부인 개도국 간의 격차가 좁히기 힘들 만큼 벌어지고 있다는 것이다.

'2015년 유엔 미래 보고서'는 4차 산업혁명의 시대가 시작되면 현재 직업의 80퍼센트가 사라지거나 대체될 것이라고 전망한다. 2016년에 열린 다보스 포럼에서는 지금 7살 아이들은 현존하지 않는 직업을 가질 확률이 65퍼센트에 이를 것이라는 내용이 발표됐다. 4차 산업혁명이 가져올 기술 발전이 일자리 감소로 이어지는 역설적 현상이 벌어진다는 것이다.

4차 산업혁명과 디지털 전환에 관한 각종 세미나에서 많은 전문가들과 머리를 맞대고 치열하게 논의했던 내용도 일자리 문제였다. 일자리 급감을 피하기 위해 4차 산업혁명을 도외시하면 국가적 도태를 피할 수가 없고, 국가적 도태를 막기 위해 4차 산업혁명에 적극적으로 뛰어들면 일자리가 줄어드는 양날의 칼과 같은 상황이 4차 산업혁명 시대의 일자리 문제다.

기술의 발전 속도와 수용 속도

새로운 기술이 채택되어 우리 생활에 뿌리를 내리려면 어느 정도 시간이 필요하다. 자동화나 인공지능 같은 새로운 기술은 채택과 개발에도 많은 비용이 소요되지만 사회가 받아들이는 데까지 걸리는 시간도 상당하다. 사회 질서나 제도와 함께 가야 하기 때문이다.

바이오 부문이 대표적이다. 윤리 문제와 결부되기 때문인데,

기술의 발전 속도와 수용 속도

지금까지 인류가 지켜 온 윤리 체계에 반하는 내용일수록 사람들이 느끼는 윤리적, 심리적 저항이 클 수밖에 없다. 한계를 두지 않았다면 현재의 기술로도 인간을 복제할 수 있을 것이다. 하지만 생명 존중, 인간 대상 실험의 문제 등 윤리적 장벽과 제도로 인해 실제로 적용하기에는 난관이 많다.

무인 자동차 역시 마찬가지다. 지금 우리나라를 비롯해 여러 나라의 기업들이 무인 자율 주행 성공 소식을 전하고 있다. 구글의 무인 자동차는 이미 수백만 킬로미터 거리의 자율 주행에 성공했다. 현대자동차도 고속 도로 1개 구간과 일반 도로 5개 구간에서 시험 운전을 마쳤다고 한다. 이미 상용화 단계에 와 있는 자율 주행 기술이지만 사회 제도와 윤리의 문제를 넘어야 한다. 예를 들어 무인 자동차의 알고리즘을 구성하면서 사고 발생 가능성을 상정한 때, 사고 직전의 차량 앞에 한 명과 세 명이 각각 맞은편에 서 있을 경우 어느 쪽을 선택하도록 알고리즘을 구성하는 것이 옳은가에 대한 문제가 그렇다. 한 명의 생명이 세 명의 생명보다 가볍다고 판단할 수만은 없기 때문이다. 이런 문제의 답을 찾아내기 위해 얼마나 많은 시간이 필요한지는 아직 알 수 없다. 한 달이 될 수도 있고 20년이 될 수도 있다. 기술의 문제가 아니기 때문이다.

차고 넘치는 적기조례

새로운 기술을 받아들이는 과정에서 발생하는 저항은 윤리 문제에 그치지 않는다. 이해관계 집단이나 노조 등의 반발 역시 큰 저항이다. 특히 우리나라에서 주의 깊게 살펴봐야 하는 부분이다. 이들은 각각의 이해관계가 다양하고 기득권을 놓지 않으려는 조직의 정서도 강해 새로운 변화에 언제나 저항 세력이 될 수밖에 없다. 이해관계 집단의 조직적 저항이 문제될 때 대표적으로 거론되는 사례가 바로 영국의 적기조례다.

적기조례는 1865년 증기 자동차의 등장으로 큰 피해를 보게 된 마차 산업을 보호하기 위해 영국에서 제정된 법이다.[61] 한 대의 자동차에는 운전사와 기관원, 기수까지 세 명이 반드시 함께 있어야 하고, 자동차의 최고 속도를 시속 6.4킬로미터(시가지에서는 시속 3.2킬로미터)로 제한했다. 기수는 낮에는 붉은 깃발, 밤에는 붉은 등을 손에 들고 자동차보다 55미터 앞서서 선도하게 했다. 붉은 깃발을 앞세우는 형식으로 자동차를 마차보다 천천히 달리게 강제한 것이다. 이로 인해 자동차의 필요성과 유용성은 사라졌다.

적기조례는 1896년까지 약 30년 동안 유지되며 영국 국민의 자동차 구매 욕구를 감소시켰다. 그 결과 산업혁명의 발상지이자 자동차 발명국인 영국의 자동차 산업은 독일, 미국, 프랑스 등에게 주도권을 내주고 만다. 사회 규제의 늪에 빠져 주변국들에게 과실을 빼앗긴 것이다.

지금 대한민국에서도 현대판 적기조례가 도처에서 발견된다. 원격 의료부터 시작해서 빅데이터까지 일일이 거론하자면 끝도 없다. 규제 완화를 외치는 목소리가 사회 여러 분야에서 커지고 있지만 정작 정책을 이끌고 실현해야 할 정부와 여당은 스스로 자기 발목을 붙잡고 있다. 최근 통과된 은산분리법은 대통령 결정 후 몇 달이나 소요됐다. 집권 여당 내에서 은산분리법이 대기업에 혜택을 줄 수도 있다는 반론이 나온 것이 지연 사유다. 이런 상황이 우리나라의 현실이다. 이런 식으로 가다가는 5년 집권 기간 동안 규제를 몇 건이나 완화할 수 있을지 우려하지 않을 수가 없다.

새롭게 발명된 기술이 상용화되려면 우선 사회 질서와 제도의 벽을 넘어서고, 적정한 생산 비용으로 이윤을 발생시킬 수 있다는 기업의 판단은 거친 후에야 가능하게 된다. 결국 기술은 하나의 가능성만을 보여 주는 단계에 지나지 않는다. 기존 질서와의 조화, 제도적 숙성, 이해관계의 해소 등이 해당 기술이 상용화되기까지의 시간을 결정하는 요소가 된다.

모든 새로운 기술이 반영된 제품들은 일반적으로 이와 같은 과정을 거치게 되는데, 제품의 성격과 특성에 따라 거쳐야 하는 경로와 소요되는 시간도 다르다. 그 지점에서 우리는 시간적 여유를 가질 수 있게 된다. 이런 지난한 과정을 신속하게 극복해서 조기에 상용화하는 나라는 해당 기술 부문에서 앞서가게 되고, 각종 이해관계 때문에 늦어지는 나라는 그 부문의 후진국으로 뒤처지게 된다.

대표적인 사례가 드론 기술이다. 크게 대단한 기술은 아니지만 규제를 두지 않은 중국이 글로벌 시장을 선점하고 있다. 전 세계 상업용·개인용 드론 시장에서 중국 회사가 차지하는 비중이 70퍼센트 이상이다. 심지어 우리나라 국립공원관리공단이 보유한 62대의 드론 모두 중국 제품이라는 언론 보도도 있었다.[62] 체제를 위협하지만 않는다면 무엇이든 가능하게 만들어 주는 중국의 발 빠른 대응이 부럽기만 하다.

기술의 역설

기술 발전이 일자리를 감소시키는 역설적인 상황이 벌어지기도 하지만, 끊임없이 새로운 제품과 서비스에 대한 니즈를 창출하려는 인간의 욕구는 기술 발전을 새로운 일자리 창출로 연결한다.

이런 사실은 산업혁명 당시 러다이트 운동 Luddite Movement에서 찾아볼 수 있다. 산업혁명으로 자동 방직 기계가 발명되고 공장 도입이 현실화되자 방직공들이 대량으로 일자리를 잃는 사태가 발생했다. 이에 노동자들이 실업의 원인을 기계 탓으로 돌리며 기계 파괴 운동을 벌였는데 이것이 러다이트 운동이다.

격렬한 저항에도 불구하고 결국 기계의 등장과 발전은 그때까지 존재하지 않던 새로운 일자리들을 창출해 냈다. 기계를 다루기 위한 기계 공학 기술자, 유지와 보수를 위한 기술자, 기계로 인한 대량 생산을 처리하기 위한 재무 회계와 새로운 경영 방식의 관리자 등 새로운 일자리가 생겨나게 된 것이다. 모두 당시로서는 전혀 상상할 수 없었던 새로운 일자리들이다. 마찬가지로 4차 산업혁명을 통해서도 지금까지의 지식으로는 생겨날 수 없었던 진화된 일자리들이 생겨날 수 있고 생겨날 수밖에 없다는 점을 짚어 봐야 한다.

지금의 4차 산업혁명은 사물 인터넷, 클라우드 컴퓨팅, 인공지능, 빅데이터 솔루션 등에 기반을 둔 디지털 전환으로 정의될 수 있다. 현재의 현상과 통계를 분석해 미래 예측을 가능하게 하는 데이터베이스와 빅데이터 부분은 인공지능에게 집중될 수밖에 없다.

2015년 한 해 동안 출판된 종양학 관련 논문은 약 4만 4000개다. 10분에 한 편씩 논문을 읽어도 매일 20시간 이상 1년 내내 읽어야 하는 분량이다. 사람이 감당하기에는 벅차다.[63] 결국 이러한 데이터들을 정리하는 데에는 인공지능의 역할이 필요할 수밖에 없다. 그러나 이렇게 업데이트된 데이터에 대해 최종적인 판단을 내리는 결정의 단계는 결국 인간의 몫이다.

인공지능 왓슨WATSON 을 이용해서 각종 질병을 분석하는 기술이 이미 엄청난 수준에 도달해 있지만 의사의 존재가 여전히 중요한 위치를 차지하고 있는 이유도 마찬가지다. 결국 최종 판단에 대한 책임은 사람에게 있기 때문이다. 금융 분야에서도 마찬가지다. 인공지능 데이터를 운용해서 수익을 낼 수 있는 주식을 뽑아내더라도 그 결과를 믿고 실제 투자를 할 수 있을지는 미지수다. 그래서 과도기적으로는 인공지능과의 협업이 이루질 수밖에 없는 상황이 도래할 것이라고 전문가들은 판단하고 있다. 인간의 역할과 그에 따른 일자리가 지속으로 유지될 수밖에 없는 이유다.

사회 유동성

지금까지 4차 산업혁명이 가져올 엄청난 사회적 변화를 비롯해 빈부 격차와 일자리 문제 등에 대해 살펴봤다. 빈부 격차는 디지털 전환을 통해 뉴 디지털 디바이드로 불릴 만큼 더욱 확대되고, 기술과 기계의 발달로 인해 우리가 흔히 알고 있는 수많은 일자리가 대폭 줄어들겠지만 아직 대응할 시간은 있다.

기술 발전과 기술 수용의 속도 차이로 발생한 시간차로 어느 정도의 완충적인 시간대가 존재하기 때문이다. 그러나 지금 현재를 살고 있는 청년 세대들은 이러한 4차 산업혁명의 여파를 직접 겪을 수밖에 없다. 그래서 이러한 문제들을 해결하고 준비된 미래로 나아가기 위해서는 몇 가지 과제를 반드시 해결해야 한다. 고용의 유연성을 통한 일자리 확보와 복지 정책의 혁신과 변화를 통한 사회 안전망 강화, 미래 인재를 양산해 낼 수 있는 교육 개혁이 바로 그것이다.

그러나 무엇보다 이러한 제도적 준비의 근간에는 계층 간의 이동이 활발하게 이루어질 수 있는 사회 유동성 확보가 전제되어야 한다. 부의 세습과 교육 투자의 차등, 지위의 계승 등으로 계층이 고착화되는 상황을 극복해야 한다. 이를 위해서는 기회의 확대, 공평한 분배, 공정한 경쟁이 담보돼야 한다. 정당한 차별과 이를 극복하기 위한 개인의 노력이 계층 상승으로 이어지는 사회 유동성의 원동력이 되어야 한다.

현재처럼 소득이나 자산의 불평등 해소에만 집중된 정책은 경제 성장률 저하라는 벽에 막혀 의미 있는 성과를 거두기 어렵다. 정책의 초점을 기회의 균등과 이를 저해하는 기득권 억제에 집중해야 할 필요가 있다. 국민적 반감에 기댄 이념적이고 선동적인 정책을 국민 스스로 물리치고 지양해야 한다. 기회의 균등과 공정한 경쟁을 바탕으로 하는 사회 유동성 확보, 상위 계층 구성원의 양보와 배려, 그리고 하위 계층의 노력과 열정을 이끌어 낼 수 있는 국민적 공간대가 전제되어야 바람직한 미래로 향할 수 있다.

문화 자본

가난한 사람에게 돈을 직접 주었을 때와 자립해야 되겠다는 의지를 심어 주었을 때 중 어떤 때가 그들이 가난에서 벗어날 수 있는 확률이 더 높을까? 당연히 자립 의지를 심어 주는 쪽이라고 답변할 것이다. 자립 의지를 키워 성공의 가능성을 높여 주는 방법, 바로 문화 자본에 대한 이야기다.

문화 자본론[64]으로 잘 알려진 프랑스 사회학자 피에르 부르디외Pierre Bourdieu의 이야기를 해보려 한다. 피에르 부르디외는 작은 농촌 마을에서 태어났다. 풍족하지 못한 가정에서 성장해 지적인 가정 교육을 받지는 못했지만 명문 파리 고등사범학교에 진학했다. 그런데 아무리 열심히 공부해도 자신의 학점이 일정 수준 이상으로는 올라가지 못했다. 원인을 찾던 부르디외는 의외의 지점에서 답을 얻을 수 있었다. 파리의 상류층이 선대로부터 대대로 물려받은 어휘력 등의 문화적 소양과 자신과 같이 가난한 농촌 마을의 가정에서 부지불식간에 전수된 문화적 소양 사이에는 독서로는 극복할 수 없는 차이가 존재한다는 사실을 깨달은 것이다. 부르디외는 이로부터 불평등이 시작되고, 경제적 불평등을 넘어서는 문화적 불평등이 존재함을 발견해 이를 '문화 자본'이라는 이름으로 개념화했다.

나는 빈곤을 극복하고 계층을 한 단계씩 올라서기 위해 필요한 요소 중에 가장 중요한 것이 문화 자본이라고 생각한다. 《계층 이동의 사다리》라는 책에서도 같은 내용이 소개되어 있다. 저자인 루비 페인Ruby K. Payne은 하위 계층의 아이들에게 그들이 자라 온 가정에서는 얻을 수 없는 문화 자본을 학교 교육을 통해 지원하는 것이 격차를 줄이고 계층 간의 이동을 원활하게 하는 원동력이라고 설명한다.

이런 모습을 정책에 반영한 사례가 내가 서울시장 재직 시절에 추진한 '희망의 인문학 강좌'이다. 미국의 얼 쇼리스Earl Shorris가 빈부 격차를 극복하기 위해서는 가난한 사람들에게 인문학을 가르쳐야 한다는 신념으로 노숙인, 마약 중독자, 재소자, 전과자 등에게 인문학 교육 과정을 제공한 '클레멘트 코스'[65]에서 착안했다.

'희망의 인문학 강좌'에 참여한 수강생들은 대개 노숙자였다. 강연은 서울시립대, 경희대 등 서울 시내 5개 대학에서 진행됐다. 나 역시 직접 강의에 참여했는데 강좌는 주로 인문학적 소양을 기를 수 있는 내용들로 채워졌다. 의외로 80퍼센트가 넘는 출석률을 보였으며, 3~4년 동안 많은 분들이 스스로 직업을 찾았고, 다양한 성공 사례에 대한 수기가 책으로 출간되기도 했다.[66] 수료를 할 때는 학교 측의 배려로 대학 졸업식과 마찬가지로 학사모와 가운을 입혀 주고 졸업장도 수여했다. 돈을 준 것이 아니라 그들이 스스로 참가하고 노력해서 이뤄 냈다는 자부심과 경험을 심어 준 것이다. 정부 정책의 구상과 방향에 따라 현격한 결과의 차이를 만들어 내는 좋은 사례였다.

계층 이동의 사다리는 돈으로만 만들어지는 것이 아니다. 이른바 문화적 소양을 북돋우는 정책적 접근을 병행해야 계층 이동을 통한 격차 해소 효과를 극대화할 수 있다. 정신적, 문화적 지원을 어떻게 정책적으로 지원하는지에 따라 한 사람의 인생이 바뀔 수 있다.

노동과 일자리

노동과 일자리의 미래

그렇다면 4차 산업혁명이 뿌리를 내리면서 노동과 일자리의 미래는 어떻게 될까.

결론부터 말하자면 4차 산업혁명 시대에는 노동의 양상이 달라져 일자리의 급격한 변화를 초래하는데, 단기적으로는 일자리가 감소하더라도 장기적으로 봤을 때는 유지 혹은 증가될 것으로 전망한다. 앞서 밝힌 바와 같이 새로운 기술에 대한 사회적 저항과 제도적 정착 과정 때문에 시간이 걸리더라도 완전히 새로운 일자리가 양산될 가능성이 높다.

4차 산업혁명이 가져올 수많은 변화들 가운데 노동 시간 감소는 우리 삶의 질과 직접적으로 연관된 중요한 영역이다. 지금부터 노동 시간과 그에 따른 일자리 양상의 변화를 살펴본다.

노동 시간의 변화

노동 시간은 일자리와 직접적으로 연관된다. 노동 시간의 감소로부터 일자리 감소의 속도를 늦출 수 있다는 의미다. 일자리의 수는 일의 분배에 의해 결정되므로 노동 시간이 줄어들면 일자리 감소의 속도도 함께 줄어든다. 노동 시간과 일자리 수의 상관관계를 고려하면 머지않은 미래에 주 3~4일만 근무하게 될 가능성도 예측해 볼 수 있다.

노동 시간의 감소는 자연스럽게 일자리의 양상을 변화시킨다. 평생직장이라는 개념이 희미해지면서 두 가지 이상의 직업을 가진 이들이 늘어나고 프리 에이전트 free agent 들이 경쟁력을 갖는 시대로 진입하게 된다. 뿐만 아니라 인생 2·3모작은 물론 평생에 걸쳐 직업을 여러 차례 바꾸는 현상이 보편화될 것으로 전망된다. 노동의 변화는 일자리의 형태를 변화시키고 사회가 필요로 하는 인재상의 모습도 달라지게 만든다. 경쟁적 우열이 강조되던 인재상은 창조성과 협동력을 갖춘 인재상으로 변화될 것이다.

일자리가 변화하고 그에 따라 필요한 인재상이 달라지면, 그 변화를 따라잡기 위해 교육의 성격과 노동 시장의 양태도 달라질 것이다. 새로운 일자리에 적응하기 위한 평생 교육의 중요성이 강화될 것이고 경쟁력 있는 프리 에이전트들의 일자리를 마련하기 위해 노동 시장의 유연성도 높아질 수밖에 없다.

노동 시장이 유연해지면 기업의 고용 형태는 자연스럽게 종신 고용에서 프로젝트형 고용으로 전환될 것이다. 노동 시간도 지금처럼 정해진 출퇴근 시간에 맞춰지는 것이 아니라 자신이 주도하는 유연한 모습으로 변화하게 된다. 게다가 근무를 위한 물리적 환경이 온라인, 원격 근무 등으로 디지털화되면서 근로와 여가의 구분이 모호해지고 시간이 아닌 성과로 보상받는 체계로 변화하게 될 가능성이 높다. 이에 더해 주 52시간 근로제 도입은 정해진 근무 시간 외의 업무 발생에 대비해 기업들로 하여금 프리랜서의 활용을 유인할 수 있다. 또한 프리랜서들에 대한 프로젝트형 고용 창출도 보편화될 것이다.

최악의 실업률 해소를 위한 극과 극의 대처

일자리의 형태가 변화하고 전문적 프리 에이전트의 시대가 다가오는 것은 노동 유연성이 증가함을 뜻하며, 노동 유연성의 증가는 미니잡의의 창출을 의미한다. 노동 유연성이 기업의 성장을 견인하고, 기업의 성장이 고용으로 이어지는 선순환 구조를 만들면 양질의 일자리를 지속적으로 창출할 수 있다.

　　　지금 프랑스에서 진행되고 있는 마크롱식 노동 개혁은 이런 내용을 핵심으로 한다. 마크롱은 "기업을 돕는 정책은 부자를 위한 것이 아니라 국가를 위한 것"이라는 소신을 피력하며 국익의 관점에서 노동 개혁을 추진하고 있다. 마크롱은 공무원 감축과 프로젝트별 계약직 공무원 채용 등 공공부문 개혁을 추진함과 동시에, 실업급여 수급 요건을 강화하는 노동개혁안도 제시하였다.

마크롱은 까다롭기로 유명한 프랑스식 해고 요건을 완화해 인력 수급을 용이하게 했다. 쉬운 해고와 쉬운 고용이 가능하도록 노동 유연성을 확보한 것이다. 노동 유연성이 확보되자 아마존, 구글과 같은 글로벌 기업들이 앞다투어 프랑스에 투자하기 시작했고, 그 결과 실업률도 한 자릿수로 감소했다.[67] 마크롱의 전임인 올랑드는 취임 때 9.7퍼센트의 실업률을 기록했고, 집권 말기인 2016년 말에는 10.6퍼센트까지 증가했다. 마크롱은 취임 때 실업률은 9.7퍼센트로 올랑드와 같은 수치를 기록하였지만, 취임 2년이 지난 현재는 8.5퍼센트다. 올랑드 재임 5년에 비해 마크롱 집권 2년의 GDP 성장률은 평균 1.9퍼센트로 추정되는데 1.0퍼센트포인트 이상 높다.[68]

이론적 기반이 취약한 '소득 주도 성장' 모델을 도입하여 최저임금을 급격하게 인상한 결과 최악의 고용 위기 상황에 처해 있는 대한민국이 배워야 할 부분이다. 2018년의 취업자 수는 2009년 이후 가장 적은 9만 7000명 증가에 그쳤다. 그런데도 정부는 최근 2019년 7월에 취업자 수가 전년도 대비 약 30만 명 증가했고, 7월 기준 15~29세 청년고용률도 2007년 이후 가장 높은 수준을 기록했다고 발표했다. 이는 초단기 노인 일자리 사업의 확대와 알바 쪼개기 등으로 인한 단기 일자리가 대폭 늘어난 것에 기인한다.

국정을 책임지고 있는 정부와 여당은 서둘러 마크롱의 노동 개혁에서 필요한 부분을 검토하고 노조와 국민을 설득하는 작업에 나서야 한다. 강도 높은 노동 개혁을 통해 노동 유연성을 확보하는 것만이, 현재의 고용 위기를 극복하고 변화할 미래의 노동 시장 흐름에 대응할 수 있는 유일한 방법임을 하루빨리 받아들여야 한다. 노동귀족의 기득권 보호를 철폐해야 하며, 기업의 고용 부담을 줄이는 방안을 모색해야 한다.

노동 시장 패러다임의 변화

이제 준비해야 한다. 노동 시장의 패러다임이 변화하고 있으며, 경쟁력을 갖춘 자발적 프리랜서와 자발적 비정규직의 시대가 도래하고 있다. 자발적 프리랜서의 시대에서 지금까지의 고용과 노동의 형태는 설 자리를 잃을 것이고, 고용 유연성을 갖춘 소규모의 맞춤형 일자리들이 경쟁력을 가지게 될 것이다. 또한 일자리 성격의 변화에 따라 사회가 요구하는 인재상도 달라진다는 사실을 분명히 인식해야 한다.

     이러한 변화와 흐름을 반영하는 과정에서 대두되고 있는 것이 '긱 이코노미 gig economy'[69]이다. 긱 이코노미는 기업들이 필요에 따라 단기 계약직이나 임시직으로 인력을 충원하고 그 대가를 지불하는 방식을 의미한다. 최근 이용자의 요구에 따라 각종 물품이나 서비스가 모바일 네트워크 또는 온라인 장터를 통해 즉각 제공되는 주문형 서비스인 온디맨드on-demand 경제가 빠르게 확산되면서 긱 이코노미가 새로운 노동 트렌드로 부상하고 있다.[71] 한마디로 시장의 변화가 노동의 의미와 역할을 재구성하는 것이다.

　　이러한 노동 시장 패러다임의 변화를 인식해야 현재 기득권 싸움에 몰두하고 있는 우리 노동 시장도 변화가 가능할 것이다. 노조의 양보를 설득해 내고 고용 시장의 유연성을 확보해 4차 산업혁명에 대응할 수 있는 일자리 구조를 서둘러 확립해야 한다. 이런 시급한 당면 과제를 해결하고 미래의 수요에 대응할 수 있는 정책을 개발하는 것이 정부의 역할이자 존재 이유다.

노동 개혁(직무급제 도입)

저성장, 고령화, 글로벌 기술경쟁 심화 등 노동시장 환경이 변화하면서 정년 연장, 임금체계 개편을 필두로 하는 노동 개혁의 필요성이 대두되고 있다.

　　정년 연장은 세계적 추세다. 일본은 2013년 65세로 연장한 데 이어 70세로의 단계적 연장 방안을 검토하고 있고, 독일·프랑스 등도 기존 65세인 정년을 연장하는 정책을 추진 중이다. 현재 우리나라에서도 기획재정부를 중심으로 60세인 현재의 정년을 연장하는 방안을 전담하는 태스크포스가 조직되어 집중적으로 논의가 진행 중이다.

저출산·고령화가 심각한 사회 문제로 대두되며 정년 연장은 피할 수 없는 과제가 됐지만, 추진에 따른 부작용도 만만찮을 것으로 전망된다. 구성원의 고령화는 조직의 역동성을 저하시키고, 성과 부진 근로자 해고도 어려워진다. 아울러 가뜩이나 심각한 청년 실업 문제를 악화시킬 수 있으며, 대기업 정규직 근로자의 기득권이 강화됨으로써 비정규직 근로자, 중소기업 노동자와의 노동 시장 양극화가 더 심화될 우려도 있다. 또한 직무 능력과 생산성에 따른 임금 체계의 변화 없이 정년만 연장할 경우 기업들의 인건비 부담이 크게 늘어난다. 기업 입장에서는 출혈을 감내하면서까지 자발적 정년 연장에 나서기 힘들 것이다. 따라서 정년 연장 논의에 앞서 경제의 체질을 근본적으로 개선할 수 있는 노동 개혁이 최우선 과제로 선행되어야 한다.

기업의 총 근로자 수가 늘지 않으면, 정년의 연장은 곧 청년 신규 고용 축소를 의미한다. 현행 호봉제 위주 임금 체계가 4차 산업혁명에 대응하는 기업의 혁신을 저해하고, 정부의 핵심 국정과제인 '일자리 창출'에도 걸림돌이 된다는 목소리가 커지면서 대안으로 직무급제 도입에 대한 관심이 높아지고 있다. 직무급이란 직무 내용과 중요도·난이도 등을 측정(직무 분석), 상대적 가치를 평가(직무 평가)하여 임금을 결정하는 것을 말한다. 직무급제 도입을 통해 기업은 직무를 상시 분석·관리함으로써 기술과 시장 변화에 시의적절한 대응을 할 수 있고, 직무별 특성에 맞는 인재를 육성하고 관리할 수 있다. 더 나아가 직무에 기초한 합리적인 성과 평가와 보상이 가능해 업무 효율성 향상을 도모할 수 있다.

현재 직무급제 확산의 필요성에 대한 사회적 공감대는 있지만, 노동계의 반발을 두려워하는 소극적인 정부의 움직임으로 도입은 진전이 없는 상황이다. 직무급제를 효과적으로 도입하기 위해서는 정부의 적극적인 실행 의지가 필요하다. 직무급제 확산을 위해서는 정부 차원에서 사회적 분위기를 조성하고, 선진국 수준의 임금 정보 인프라 구축과 임금 체계 개편을 위한 법적 요건 완화 등에 주력해야 한다.

세계적 흐름에 역행하는 문재인 정부 친노조 정책

현재 독일, 프랑스, 일본 등의 선진국은 4차 산업혁명이라는 거대한 시장의 변화를 맞아 국가 생존권 확보를 위한 2차 노동 개혁을 진행 중이다. 이들의 노동 개혁안은 공통적으로 유연성이 불안정성으로 이어지지 않고, 보호가 경직성으로 기울지 않도록 하는 데 초점을 맞추고 있다.

그러나 문재인 정부의 노동 정책은 선진국들과 상반된 길을 걷고 있다. 2019년 8월 기준 청년 실업률이 9.4퍼센트에 달해 18년 만에 최고치를 기록했지만 정부는 오히려 기업의 고용 유연성 확보와 공공기관 방만 경영 개선을 골자로 하는 '2대 지침'을 폐기한다는 답을 내놨다. 이전에도 문재인 대통령은 취임 직후 인천공항 비정규직의 연내 정규직 전환, 최저임금 인상, 주 52시간의 근로 시간 등의 정책을 연이어 내놓았었다. 노동 개혁과 반대되는 이런 친노조 정책들은 최소한의 노동 유연성마저 위협하고 있다. 여기에 더해진 문재인 정부의 핵심 경제 정책 '소득 주도 성장론'은 공급 혁신이나 구조 조정 대신 근로자 소득 증대에만 힘을 실어주고 있다.

그렇다면 선진국들은 어떠한 방식으로 노동 개혁을 실행했을까? 2003년 경제성장률 −0.4퍼센트라는 최악의 경제 위기에 봉착한 독일 슈뢰더 정부는 하르츠 개혁을 통해 임금 삭감과 노동 시장 유연화를 추진해서 독일을 성장 궤도로 되돌렸다. 프랑스의 마크롱 정부 또한 노조 반발에도 불구하고 노조 권한 축소와 정리해고, 수당 상한제 등 노동 개혁을 진행함으로써 프랑스의 실업률을 개선했다.

대한민국 노동 시장도 조직화된 기득권자인 노조의 반발을 두려워만 하지 말고, 노동의 패러다임 변화를 인정하고 변해야 한다. 노사정의 합심 협력을 통해 노동 시장 유연성을 확보하고, 4차 산업혁명에 최적화된 노동 시장을 구축해야 한다. 임금 체계의 근본적인 개편을 통해 청년 일자리를 확대하고, 기득권 노조가 노동 시장 개혁에 동참할 수 있도록 적극적으로 설득해 상생을 이끌어 낼 수 있도록 최선을 다해야 한다. 그래야만 '노동 소외'된 청년층의 일자리가 확대될 수 있다.

빈부 격차와 복지 정책

바닥을 친 사회 유동성

사회 유동성은 우리 사회의 희망을 견인하는 유일한 방법이다. 국민들이 희망을 가질 때 사회 통합과 사회 발전의 에너지를 이끌어 낼 수 있다. 하지만 작금의 대한민국 현실은 어떠한가?

계층 이동 가능성과 관련해 통계청이 발표한 '2017년 사회조사'에 따르면 본인 세대가 계층 이동을 할 가능성이 낮다고 응답한 사람이 65퍼센트로 2015년에 비해 2퍼센트포인트 증가했다. 계층별 조사에서도 하위 계층으로 갈수록 계층 이동의 가능성이 낮다고 응답했다. 본인 세대의 경우 하위 계층의 13.4퍼센트, 자식 세대의 경우 하위 계층의 23.4퍼센트만이 계층 이동이 가능할 것이라고 답변했다. 실제 계층 이동이 필요한 사람들이 더 부정적인 인식을 가지고 있음을 알 수 있다.

사회 유동성에 대한 부정적인 인식은 단지 특정 정권만의 문제가 아니다. 벌써 우리나라에서 10년 전부터 나타나기 시작한 현상이다. 헬조선이라는 신조어도 여기에서 나온 말이다. 많은 국민들이 자신의 앞날에 희망이 있다고 생각하지 않는다. 예전에는 스스로가 노력하면 성공할 수 있다고 생각했다. 나 역시 마찬가지였다.

금수저로 오해하는 사람들도 있지만 사실 나는 무척 어려운 유년 시절을 보냈다. 그 시절의 어머니를 생각하면 떠오르는 기억 대부분이 돈 빌리러 여기저기 다니시던 모습이었다. 아버지도 쉬지 않고 일하셨지만 월급이 제때 나오지 않아 곤란을 겪는 일이 반복됐다. 어렸을 때 어머니께 왜 우리는 밥을 못 먹느냐고 물어본 기억이 있다. 그때 어머니의 대답이 선명히 기억난다. "너희 아버지 회사가 부도났다." 정확한 의미는 몰랐지만 어린 기억에도 '부도'라는 말은 정말 무시운 단어였다.

아버지가 월급을 받아오지 못하니 어머니가 생계를 위해서 돈을 빌리러 다니실 수밖에 없었다. 주로 이모님 댁에서 돈을 빌렸는데, 지금 생각해 보면 그 집도 그리 잘사는 집은 아니었다. 우리 집과 다른 점이라면 이모부가 국립대학교 교수였기에 적은 돈이라도 꾸준히 월급을 받을 수 있었다. 그래서 어머니가 믿는 유일한 곳이 작지만 월급이 꾸준히 들어오는 언니네였다. 어머니가 돈 빌리러 가실 때면 꼭 나도 따라갔다. 그때 어머니의 모습과 표정이 아직도 기억에 생생하다. 정말 어려웠던 시절이었지만 그때는 희망이 있었다. 그 희망을 가지고 열심히 노력한 끝에 그래도 경제적으로는 고단하지 않은 삶을 이룰 수 있었다.

그런데 요즘은 어떠한가? 로스쿨을 졸업해도 월급도 제대로 받지 못하는 변호사가 수두룩하다. 과거와 같은 희망은 좀처럼 찾아볼 수 없다. 관련 여론 조사 결과를 보면 갈수록 희망이 사라지고 있다. 자신은 지금 저소득층이라도, 내 자식은 중산층으로 진입할 수 있을 것이라는 희망이 있을 때 노력하고자 하는 의지가 생긴다. 지금보다 더 나아질 수 있다는 희망을 담보할 수 있어야 사회를 유지하고 발전시킬 수 있는 동력이 만들어진다. 지금 대한민국은 사회 유동성이 보장되는 나라로 바뀌어야 한다. 그리고 이것이 내가 정치를 하는 이유다.

이승만의 토지 개혁이 주는 교훈

대한민국의 건국 대통령이자 초대 대통령인 이승만에 대해 다시 생각해 볼 부분이 있다. 정권 말기의 무책임한 모습이나 불법·부정 선거 등의 과오도 있지만, 다른 관점에서 봤을 때 이승만 대통령이 없었다면 오늘날 대한민국이 존재하지 않았을 업적도 많다. 외교 안보 분야에서 미국과의 동맹을 통해 원교근공遠交近攻의 안보 전략이 가능하도록 한 점도 큰 업적이지만, 내가 주목하는 부분은 1950년의 토지 개혁이다. 이 토지 개혁이 없었다면 한국 전쟁 당시 우리나라는 공산 사회로 귀결될 수밖에 없었을 것이다.

토지 개혁은 1949년 농지개혁법이 국회를 통과하면서 이듬해 3월부터 시작됐다. 북한의 토지 개혁과는 달리 유상 매수, 유상 분배의 원칙하에 실시된 이승만의 토지 개혁은 지주들을 산업 자본가로, 대부분 소작농이었던 농민들을 자작농으로 전환시키는 계기가 되었다. 안타깝게도 토지 개혁 직후의 토지 소유 변화 실태에 대한 통계가 없어 당시의 정확한 토지 개혁 결과를 파악할 수는 없지만, 전쟁 후 작성된 1960년 농업 국세 조사에 따르면 소작지율이 11.9퍼센트로 나타나 해방 당시 63.4퍼센트에 비해 현저히 낮아진 것을 알 수 있다.[71] 토지 개혁을 통해 비로소 농민들도 자신이 소유하고 지켜야 할 땅이 생긴 것이다.

이는 해방 후 남북 간의 가장 중요한 정책적 차이 중 하나였다. 북한은 일세 시아의 토지늘 실세 경작자인 농민에게 되놀려 순다는 명분을 앞세워 지주나 일본인 소유의 농토를 강제로 빼앗아 농민들에게 나눠 주었다. '무상 몰수, 무상 분배'였다. 남한의 '유상 분배'는 연간 소출의 30퍼센트를 5년간 지주에게 내면 농지의 소유권까지 농민에게 돌아갔지만, 북한의 '무상 분배'는 농민에게 농지 소유권 아닌 경작권만 주면서 매년 소출의 30퍼센트 가까이를 국가가 현물로 걷어 갔다. 나중에는 경작권마저 박탈해 농민은 개인 땅 한 평 없는 협동농장의 인부로 전락하고 말았다.

일부 역사학계는 토지 개혁의 혜택을 본 농민이 적었다는 점을 들어 남한의 토지 개혁이 본래 목적인 토지 분배를 제대로 실천하지 못했다고 비판하기도 한다. 그러나 "토지 개혁으로 조그만 땅뙈기를 갖게 된 수많은 자영 농민들의 자발적 노동과 창의력, 그리고 끝없는 교육열이 오늘날 대한민국 자본주의 경제 발전의 기적을 만든 에너지의 원천"이라고 해석하는 학자들도 많다. 나 역시 여기에 동의한다.

전쟁이 발발하자 남한의 농민들은 자신의 땅을 지키기 위해 총칼을 들었다. 농지 개혁을 통해 이제 막 자신이 지켜야 할 땅이 생긴 농민들에게 전쟁에서 패배해 공산주의라는 미명 아래 자신의 땅을 무상으로 몰수당하게 되는 것만큼 두려운 것은 없었다. 토지 개혁을 통해 무산 계급이 유산 계급으로 변화되어 있던 것이 한국 전쟁 발발 직전 남한의 상황이었다.

이러한 이승만의 토지 개혁이 한국 전쟁 당시에 어떤 역할을 했는지 아는 국민들이 많지 않다. 토지 개혁이 있었다는 사실조차 모르고 있을 수도 있다. 그러나 국가를 지키고 발전시키는 원동력은 인간 본성으로부터 생겨나는 지켜야 할 '내 것'이라는 사실을 보여 주는 사례이다. 이승만 대통령의 토지 개혁을 소개하는 이유는 국가와 사회를 지켜 내는 근간이 무엇인지에 대한 이야기를 하기 위해서다. 자신이 지켜야 할 가치가 생겼을 때 비로소 국가와 사회를 지키려는 의지가 생겨난다.

빈부 격차가 벌어지고 양극화가 심화될수록 분노와 불만이 똬리를 틀 공간은 더욱 커지게 된다. 불만과 분노는 사회 통합을 가로막고, 국민의 화합으로부터 발생하는 국가 발전의 에너지를 사라지게 한다. 한마디로 빈부 격차와 양극화가 국가와 사회를 지켜내는 근간을 갉아먹는 것이다. 따라서 자신이 지켜야 할 '내 것'이 가치로 인정받을 수 있고, 또 그 가치가 더 큰 가치로 올라설 수 있는 사회 구조를 만들어야 한다. 자신의 노력으로 자신이 지켜야 할 가치를 확장할 수 있는 사회 유동성이 보장될 때 국가 발전의 근간을 유지할 수 있고, 발전의 원동력을 가로막는 빈부 격차와 양극화를 해소할 수 있게 된다.

스스로를 오해하는 국민

사회 전반에 상식처럼 자리 잡은 인식 가운데 하나는 재벌들이 모든 수익을 다 가져가고 일반 국민들은 중산층에도 들지 못해 빈곤층에서 허덕이고 있다는 생각이다. 실제 대부분의 사람들이 그렇게 믿고 있다. 그런데 다음의 표를 보면 생각이 달라진다.

가구당 순자산 보유액 구간별 가구 분포

	순자산 억원	-1 미만	-1~0 미만	0~1 미만	1~2 미만	2~3 미만	3~4 미만	4~5 미만	5~6 미만	6~7 미만	7~8 미만	8~9 미만	9~10 미만	10 이상	평균 (만원)	중앙값 (만원)
가구 분포	2015년 (%)	0.2	2.5	33.3	20.1	14.1	8.4	6.4	4.1	2.5	1.7	1.4	1.0	4.2	28,429	16,484
	2016년 (%)	0.2	2.6	32.0	19.2	14.0	9.5	6.3	4.3	3.1	2.0	1.4	1.1	4.5	29,533	17,563
	전년 비 (%p)	0.0	0.1	-1.3	-0.9	-0.1	1.1	-0.1	0.2	0.6	0.3	0.0	0.1	0.9	3.9	6.5

자료 : 통계청, 가계 동향 조사

이 표는 부동산과 금융 자산에서 빚을 제외한 순자산을 기준으로 우리나라의 구간별 가구 분포를 보여 준다. 순자산 7억 원 이상이면 상위 9퍼센트에 해당한다. 아마 많은 사람들이 고개를 갸우뚱할 것이다. 소개한 자료는 우리나라 소득 분위별 자산 통계를 통계청에서 발표한 내용이다. 7억 원 이상의 순자산을 소유한 사람들은 현재 우리 경제의 허리이자, 지금 정부가 화수분처럼 쓰고 있는 세금을 지탱하는 계층이다. 아래 표는 자산을 기준으로 분류한 것인데, 이 표처럼 연봉으로 재구분하면 더욱 실감이 날 것이다.

분위별 근로자 연봉 현황(2017)

구분	1분위 90~100%	2분위 80~90%	3분위 70~80%	4분위 60~70%	5분위 50~60%	6분위 40~50%	7분위 30~40%	8분위 20~30%	9분위 10~20%	10분위 0~10%
연봉 하한액 (만원)	72	1,080	1,652	1,950	2,335	2,720	3,236	3,900	4,901	6,746
평균 연봉 (만원)	656	1,416	1,801	2,140	2,507	2,967	3,548	4,365	5,714	9,620

자료 : 소득 분위별 근로자 임금 분석, 한국경제연구원, 2018.

이 표에서 나타나듯 상위 9퍼센트의 순자산을 보유하고 상위 10퍼센트의 연봉을 받고 있는 사람들 대부분이 스스로를 중간 정도에 있다고 생각하고 있다. 하지만 이러한 통계적 사실을 알게 되면 자신이 바로 사회적 책임을 가장 많이 져야 할 최상위층임을 알고 놀랄 것이다.

여기서 한 가지 짚고 넘어갈 것은 소위 민주노총 등 노조에 속한 사람들의 소득 수준이 상위 20퍼센트 안에 포함된다는 것이다. 2015년 12월 14일자《매일경제》보도 내용을 인용하면, 한국과 일본 공시 시스템을 바탕으로 분석한 결과 민주노총의 핵심 세력인 현대자동차 직원의 평균 연봉이 2013년 기준으로 9400만 원이었다. 같은 해 우리나라 1인당 국민소득GNI 2833만 원의 3.3배에 달하는 액수다. 이런 고소득 노동자들이 본인들의 권리를 침해받지 않기 위해 노동 시장의 유연성을 확대하려는 노동 개혁에 완강하게 저항하고 있다. 이들이 과연 비정규직의 보호자인가, 아니면 고임금 철밥통을 지키려는 비정규직의 약탈자인가?[72]

안타까운 점은 현 정부의 정책 대부분이 그들의 말처럼 어려운 사람들을 위한 것이 아니라 상위 10퍼센트 안에 들어가는 노조원들의 권익 보호에 맞춰져 있다는 점이다. 노-노 합의에 의한 고임금 노조의 양보와 저임금 노동자의 임금 상향 조정으로 임금 구조를 바로잡지 않으면 소위 '노동 독재 세력'에 포획된 정부는 아무 일도 하지 못할 것이다.

복지 정책의 부작용

사회적으로 뒤처진 사람들이 스스로 해결하거나 얻을 수 없는 부분들을 사회와 국가가 지원해 계층 간의 격차를 최소화하는 방안이 바로 복지 정책이다. 우리나라를 비롯해 모든 나라들이 빈부 격차를 줄이고 경제 약자를 보호하기 위해 다양한 복지 정책을 개발하고 시행하고 있다. 그러나 복지 정책이 실제로 효과를 내기까지는 여러 난관이 가로막고 있다. 지원의 범위와 규모, 그에 대한 국민적 공감대 형성, 복지 재정 확보를 위한 조세 정책, 수혜자들의 태도와 수용성, 정치적 포퓰리즘 논쟁 등 복지 정책을 올바르게 실현하고 효과를 얻기까지 걸리는 시간과 노력은 엄청나다. 이상론에만 의지하는 복지 정책은 예산과 시간의 낭비를 가져올 뿐이다.

    섣부른 복지 정책의 부작용에 대해 이야기를 해보겠다. 얼마 전 노숙인을 상대로 침낭을 나눠 주는 사업을 시행했던 서울시의 사례를 보자. 노숙인을 위한 복지 정책이었는데 그 결과가 흥미롭다. 추운 겨울 노숙인의 동사를 막기 위해 총 320명의 노숙인에게 침낭을 무상으로 공급하는 정책을 시행했다. 그런데 어찌된 일인지 공급된 침낭의 수는 1566개로 집계됐다. 노숙인의 숫자보다 나눠 준 침낭의 수가 5배나 더 많았다. 상당수 노숙인들이 지급받은 침낭을 중고 시장에 팔아 그 돈으로 술과 담배를 구입하는 바람에 나타난 결과다.

    2017년 서울시가 노숙인을 대상으로 편성한 예산 규모를 보면, 노숙인 1인당 소요되는 예산이 1473만 원으로 1500만 원에 육박한다. 2011년 792만 원으로 시작된 예산이 6년 만에 두 배로 증가했다. 서울시의 노숙인 복지 예산 총액도 2011년 363억 원에서 2017년 477억 원으로 늘어났다. 기이한 것은 노숙인의 숫자는 오히려 2011년도 4586명에서 2017년 3241명으로 꾸준히 줄어들었다는 점이다. 복지 정책의 혜택을 받을 사람은 줄어드는데 예산은 늘어나는 기현상이 벌어진 것이다. 1500만 원이면 편의점 아르바이트생의 연 수입과 엇비슷한 수준이다. 큰 효과를 얻지 못하는 복지 정책으로 소요되는 비용이 이 정도라면 차라리 현금으로 지원하는 것이 나을 지경이다.

정책의 부작용을 보여 주는 사례는 역사적으로도 많이 등장한다. 프랑스 혁명 이후의 사례를 한번 살펴보자. 프랑스 혁명의 주역인 로베스피에르Maximilien Robespierre는 혁명 이후 국민들에게 혁명의 성과를 나눠 주기 위해 우유 가격을 절반으로 인하했다. 모든 사람에게 우유를 값싸게 공급하기 위한 정책이었다. 그런데 결과는 전혀 다르게 나타났다. 더 이상 우유로 소득이 발생하지 않자 소 사육자들이 소 사육을 포기하기 시작했다. 소 사육자들의 수가 줄면서 소 먹이인 건초 가격이 떨어졌다. 결국 건초 재배업자들까지 줄도산하는 악순환이 발생했다. 우유 - 축산 - 사료로 순환되는 경제의 한 축이 무너져 버린 것이다.

지금 우리나라에서 나타나는 급격한 최저 임금 인상에 따른 노동 시장 왜곡 현상과 유사하다. 복지 정책에 대한 깊은 성찰과 고민이 필요한 대목이다.

부메랑이 될 현금성 복지 지원

2020년 우리나라 일자리와 복지 예산은 180조 원을 훌쩍 뛰어넘을 것이 확실시된다. 이는 공공 일자리 확대와 기초연금 인상, 한국형 실업부조 도입 등 현금성 복지의 폭증에 따른 것이다. 현금성 복지는 수혜자가 기여금·보험료를 내지 않아도 지급되는 복지 혜택이다. 현금성 복지 예산은 한번 늘어나면 좀처럼 줄이기 어려운 경직성 높은 예산이라는 점에서 향후 국가 재정에 상당한 부담으로 작

선심성 현금 복지 종류

어르신 공로수당	서울 중구	만 65세 이상 기초연금 및 기초노령연금 수급자에게 지역화폐로 월 10만 원 지급
독서수당	경기도 성남시	성남 지역 공립도서관에서 6권 이상 도서를 대출한 만 19세 청년에게 지역화폐 2만 원 지급
어린이 무상의료	경기도 성남시	만 18세 미만 환자의 병원비 100만 원 초과분은 성남시에서 모두 환급
청년배당	경기도	만 24세 청년 1인당 연 100만 원의 지역 화폐 지급
청년연금	경기도	만 18세 청년에게 국민연금 최초 가입 보험료 9만 원 지원
해녀수당	제주도	만 70세 이상 해녀에게 월 10만 원, 만 80세 이상은 월 20만 원 지급
경로당 지키미수당	충청북도	읍·면·동 단위 경로당 관리자에게 월 10만 원, 경로당 회장에게 월 5만 원 지급
무상 교복	경기도	고교 신입생 교복 무상 지원
	전남 나주시	중·고교 신입생 교복 무상 지원
	서울 강남구	고교 신입생에게 1인당 최대 30만 원
	서울 마포구	중·고교 신입생 및 대안학교 신입생 1인당 최대 30만 원
	서울 중구	중·고교 신입생 1인당 최대 30만 원

용할 것으로 전망된다.

　　세계에서 가장 빠른 대한민국의 고령화는 국가 재정 건전성을 위협하는 핵심 요소다. 즉 고령화 속도가 빨라질수록 복지 지출이 증가하기 때문에 되돌릴 수 없는 경직성 예산 비중도 높아질 수밖에 없다. 그럼에도 문재인 정부는 세수 호황 외에는 재정 건전성 악화를 보완할 방안을 제시하지 않는다. 선거를 의식해 대기업과 고소득층 위주의 증세만 추진할 뿐 보편적 증세와 사회보험료 현실화 등은 외면하고 있다.

　　사회 안전망 강화를 위해 복지 예산을 늘리는 건 맞지만, 정부의 복지 사업이 대부분 보조금 지급 방식인 것은 저출산·고령화 추세로 볼 때 눈덩이처럼 불어나 부메랑으로 되돌아 올 수 있다. 정부는 "생산성 향상 없는 현금 분배는 인적 자원을 파괴한다."고 갈파한 노벨 경제학상 수상자 폴 로머 Paul Romer 뉴욕대학교 스턴 경영대학원 교수의 경고를 무겁게 받아들여야 한다. 무차별적인 현금 복지 포퓰리즘을 지양하고, 국민 경제적 비용을 고려해 지출 확대 규모를 신중히 결정해야 한다.

역대 최악의 빈부 격차

'소득 주도 성장'을 부의 양극화 해결책으로 앞세운 문재인 정부의 초라한 성적표가 공개됐다.

　　통계청이 발표한 '2019년 2분기 소득 부문 가계동향조사'에 따르면 2019년 4월부터 6월까지의 '1분위 소득(월 132만 5500원)'은 전년 동기 대비 0.04퍼센트 증가하며 보합세를 기록했지만 세금 등 의무적으로 납부해야 하는 돈을 제외하고 한 가구가 자유롭게 사용할 수 있는 소득의 총량을 뜻하는 처분가능소득은 전년 대비 1.3퍼센트 줄어들었다. 반면 소득 상위 20퍼센트를 뜻하는 '5분위 가구 소득(월 942만 6000원)'은 지난해보다 3.2퍼센트 증가했다. 이는 아동수당, 실업급여 등 복지급여 확대와 기업들의 임금 인상으로 근로소득이 증가한 데 기인한다. 이처럼 저소득 가구소득이 멈춰선 동안 고소득 가구 소득은 증가하면서 빈부 격차 지표는 관련 통계를 작성한 2003년 이래 최대치로 벌어졌다. 특히 상위 20퍼센트 소득을 하위 20퍼센트 소득으로 나눈 '소득 5분위 배율(처분 가능 소득 기준)'은 역대 2분기 중 가장 컸던 2008년의 5.24배를 넘어선 5.3배로 나타났다.

　　1분위 가구 소득이 증가하지 못한 이유는 근로소득은 물론이고 근로소득과 사업소득을 합한 고용소득마저 줄어들었기 때문이다. 해석하자면 자영업 환경 악화로 자영업자가 1분위로 떨어졌을 뿐만 아니라 일해서 얻는 소득 자체가 줄었다. 또 고령화로 일자리 없는 노인 인구가 늘면서 무직 가구 비중 역시 상승했음을 의미한다.

　　문제는 이 같은 1분위 소득의 정체 현상이 앞으로 수년간 계속될 가능성이 높다는 점이다. 현재 저소득층 구성원의 상당수를 차지하는 노인 인구는 정부가 제공하는 일자리와 생계급여 등 이전 소득을 제외하면 소득을 늘릴 마땅한 방법이 없다. 우리나라 고용 구조상 정부의 이전소득으로 소득 격차를 줄이는 것은 불가능에 가까운 일이다. 역대 최고 수준의 불평등 수치를 받아 든 문재인 정부는 '소득 주도 성장'의 이상이 현실과 맞지 않는다는 것을 받아들이고, 정책 궤도를 수정해야 한다.

목표가 선하기 때문에 결과도 잘 나올 것이라는 막연한 믿음은 아마추어의 특징이다. 경제에 이데올로기가 개입되면 필연적으로 실패한다.

기본 소득과 안심 소득

기본 소득과 안심 소득은 기존 복지 정책의 전환에 관한 이야기다. 전기 자동차 제조사인 테슬라 Tesla의 창업자 일론 머스크 Elon Reeve Musk는 기본 소득은 돈의 문제가 아닌 4차 산업혁명 시대의 새로운 가치관이 될 것이라고 전망했다. 일론 머스크는 4차 산업혁명과 자동화로 인해 물질, 서비스 생산성이 매우 높아져 모든 것이 풍성해지고 저렴해지겠지만, 일자리가 감소하고 구매력이 줄어들어 불황으로 이어질 수 있으므로 기본 소득을 도입해야 한다고 주장한다.

기본 소득이란 최소한의 인간다운 삶을 누릴 수 있도록 국가가 국민에게 조건 없이 지급하는 소득이다. 재산의 많고 적음이나 근로 여부에 관계없이 모든 사회 구성원에게 기초 생활을 보장하는 수준의 소득을 무조건적으로 지급한다. 토머스 모어 Thomas More의 소설 《유토피아》에서 처음 등장한 개념으로, 한 사회를 이루는 가치의 총합은 구성원들이 함께 누려야 한다는 생각에서 비롯되었다.

유사한 개념이지만 안심 소득은 기초 생활 보장 제도의 7개 급여 가운데 생계, 주거, 자활 급여 및 국세청의 근로 장려금과 자녀 장려금을 폐지하는 대신 일정 소득(4인 가구 기준 5000만 원) 미만의 가구에게 소득 부족분의 일정 비율을 지원하는 제도이다. 소득이 높은 사람은 세금을 내고 소득이 적은 사람은 오히려 돈을 받는 음(-)의 소득세 개념을 전제로 한다. 안심 소득의 핵심은 차등 지급에서 나온다. 기준 소득 이상의 소득을 가진 가구는 지원하지 않고, 필요한 사람에게만 지원하기 때문에 소득 불균형 완화 측면에서 효과가 매우 크다.

기본 소득과 안심 소득은 모두 사람들의 노동 의욕을 떨어뜨리지 않으면서 가난한 사람들에게 도움을 준다는 공통의 목표를 가지고 있다. 실제로 이러한 기본 소득에 관한 실험은 전 세계적으로 선진국과 후진국을 막론하고 꾸준히 이뤄져 왔다. 복지 정책을 시행하는 나라들은 모두 다 한 번씩 고민해 본 내용이다.

네덜란드에서는 2017년 1인당 월 970유로(약 125만 원)를 지급하는 실험을 진행했고, 스위스에서는 1인당 월 2500스위스 프랑

(약 284만 원)을 지급하는 기본 소득의 시행을 두고 2016년에 국민 투표를 실시하기도 했다(찬성 23퍼센트, 반대 77퍼센트로 부결). 복지 선진국인 핀란드는 보다 구체적인 실험에 나서고 있다. 핀란드에서는 2017년부터 25~28세 성인 남녀 가운데 일자리가 없는 2000명을 대상으로 2년간 매달 560유로(약 72만 원)를 지급하고 실험 기간 동안 취업을 하더라도 계속 지급하는 방식으로 시행하고 있다. 다만 이전까지 지급해 오던 기존 사회 복지 제도의 혜택은 중단했다. 아직 최종 분석 결과가 발표되지는 않았지만 실험 이후 추진하려던 기본 소득 지급 대상의 확대는 무산됐다.[73] 당초 핀란드는 2018년 말까지 2년간 기본 소득 실험을 진행한 후 결과에 따라 기본 소득의 지급 대상을 확대할 계획이었지만 관련 예산 증액이 이루어지지 않았다. 이 견점을 두고 핀란드 기본 소득 실험은 실패한 것이라는 보도들이 나온 바 있다. 기본 소득 수혜자들의 취업 행태 등 심층 분석이 남아 있다고 하니 최종 평가를 지켜볼 일이지만 일단 핀란드 정부의 결정이 이 실험에 대한 부정적 평가를 바탕으로 하고 있는 점만은 분명해 보인다.

후진국의 기본 소득 실험

여러 나라에서 시행하고 있는 기본 소득 실험 가운데 흥미로운 것은 기본 소득 실험 결과가 후진국에서는 긍정적으로 나타났다는 것이다. 나미비아의 경우가 그렇다. 나미비아는 인구의 10퍼센트 미만인 백인이 국토의 80퍼센트를 소유하고 있으며 실업률이 60퍼센트에 달하는 나라이다. 게다가 어린이의 42퍼센트가 영양실조로 고통받고 있다.

　이런 나미비아에서 기본 소득 실험을 진행했다. 시골 마을의 주민 930명에게 매달 100나미비아 달러, 우리 돈으로 1만 6000원가량을 지급했는데, 일할 동기를 없애 근로 의욕을 저하시킬 것이라는 우려와 달리 빵을 구워 팔고 옷을 만들어 파는 등 생계를 위한 자본으로 활용하는 결과가 나왔다. 나미비아에서는 노동 의욕을 떨어뜨리지 않으면서 가난한 사람들에게 도움을 준다는 기본 소득의 본래 목표가 달성된 것이다. 절대 빈곤 국가에서는 기본 소득이 큰 효과를 발휘한다는 사실을 보여 준 사례다.

　실험하는 나라의 상황과 사회적 조건, 그리고 국민의 태도에 따라 결과가 달라지겠지만 기본 소득과 안심 소득에 대한 실험은 여전히 진행 중에 있다. 이러한 시도들은 기존 복지 정책의 한계를 극복하기 위한 노력 가운데 하나로 검토할 가치는 충분하다.

　여기서 우리는 복지 정책의 비효율성과 부작용을 최소화하기 위한 국가적 노력이 복지 정책을 시행하는 많은 나라들에서 진행 중이라는 점에 주목해야 한다. 나는 복지 정책을 기본 소득이나 안심 소득으로 바꾸는 것이 정답이라고 이야기하는 것이 아니다. 현재 시행 중인 복지 제도가 지닌 한계를 돌아보고 4차 산업혁명의 시대가 가져올 미래 복지에 대한 지혜를 모아야 한다는 것이다.

정책 전환의 선결 과제

복지의 방향을 기본 소득이나 안심 소득의 방향으로 전환하기 위해서는 선결 과제가 있다. 현재 진행 중인 복지 정책에 대한 재평가와 함께 발상의 전환이 필요하다. 우선 현재 시행 중인 다양하고 복잡한 복지 프로그램을 재정리하고 정부에서 지원하는 각종 보조금을 대폭 정비해야 한다. 한정된 재원으로 보다 효율적인 복지 정책을 시행하기 위해 필수적인 단계다.

여기에서 정책 전환에 대한 고민이 시작된다. 예를 들어 정부 보조금은 지원받는 단체의 운영 비용과 직결되는 문제이기 때문에 폐지할 경우 거센 반발에 부딪힐 수밖에 없다. 정부 보조금만이 아니다. 현금 지급은 아니더라도 사람들에게 다양한 혜택을 제공하던 복지 프로그램이 통폐합되거나 정리될 경우도 마찬가지다. 국민적 동의와 합의가 필요한 이유다.

복지 정책에 대한 국민적 합의와 동의는 정책의 전환 시기에만 필요한 것이 아니다. 복지 정책의 구상과 실현 과정에도 반드시 필요하다. 자신이 낸 세금이 어디에, 어떻게, 정책의 취지에 맞게 사용되었는지를 확인하는 것은 납세자의 권리이기 때문이다.

일자리 정부라고 장담하며 일자리 상황판까지 대통령 집무실에 만들었던 문재인 정부가 출범 초기에 일자리 창출을 명목으로

54조 원의 예산을 쏟아부었지만 실제 만들어 낸 일자리는 5000개에 지나지 않았다는 보도가 있었다. 그 예산이 어디에 어떻게 사용되었는지에 대해 아는 국민은 별로 없다. 54조 원이라는 어마어마한 예산은 2018년 초에 취업 정보 사이트인 잡코리아와 알바몬이 신입 취업 준비생 1459명을 대상으로 진행한 설문 조사에서 평균 희망 연봉으로 집계된 2876만 원 수준 일자리를 180만 개 정도 만들어 낼 수 있는 금액이다. 그러나 결과는 일자리 5000개에 그쳤다.

이런 식의 복지 정책으로는 국민의 신뢰를 잃을 수밖에 없다. 철저한 정책 구상과 투명한 예산 집행, 그리고 국민적 동의가 필요한 것이 바로 복지 정책이다.

복지 '행정' 비용

복지 정책을 집행할 때 필요한 과도한 행정 비용 낭비도 간과할 수 없다. 얼마 전 선별적 아동 수당 지급과 관련해서도 행정 비용이 논란의 중심에 섰다. 아동 수당을 집행하기 위해 배제 대상인 소득 상위 10퍼센트를 가려내는 데 1150억 원이 소요된다고 정부가 주장하고 나선 것이다. 10퍼센트를 선별해서 얻는 예산 절감액은 1800억 원인 반면 선별 과정의 행정 비용이 1150억 원이 소요된다는 주장이다. 그러므로 애써 10퍼센트를 선별해도 발생하는 반사 이익은 실제로 거의 없다는 주장이 설득력을 얻었다.[74]

현재 인공지능과 빅데이터, 블록체인 기술의 수준은 이미 상당한 단계에까지 도달해 있다. 또 기술의 발전을 바탕으로 수많은 관련 데이터가 축적되고 있다. 이런 신기술을 활용해 개인별 소득 산출 방식을 개발하면 선별을 위한 추가적이고 소모적인 작업과 행정 비용이 대폭 줄어들게 된다. 디지털 기술을 활용한 미래 지향적인 행정 기법을 개발하고 도입을 시도하면 앞으로 여러 복지 정책을 시행할 때 효율적으로 사용될 바탕을 마련할 수 있다. 이런 적극적인 생각은 미리 포기하고 행정 비용을 빌미로 정치적 입장을 관철하려는 보건복지부 장관의 마음가짐도 문제지만, 이런 중요한 문제를 두고 깊은 연구와 고민 없이 현재의 불편함만을 앞세워 인기에 영합하는 정치권의 모습도 바람직하지 않다.

수많은 복지 정책에 적용할 수 있는 기준과 원칙은 4차 산업 혁명 시대에 맞게 수립해야 한다. 복지의 기준과 원칙이 보편적으로 적용될 수 있는 체계로 재정비되어야 소모적인 비용의 발생을 최소화할 수 있다. 아동 수당 논쟁은 현 정부의 복지 철학과 정책 운용의 과정이 믿을 수 없을 만큼 비합리적, 비효율적이라는 사실을 드러낸 극명한 사례다.

기부금 운용 실태에 대한 적나라한 현실도 마찬가지다. 최근 기부에 대한 관심이 높아지고 노블레스 오블리주[75]를 실천하고자 하는 움직임이 커지면서 기부금 문화가 활성화되고 있지만 모금된 기부금의 70~80퍼센트가 단체 운영비로 사용되고 있다는 보도는 더 이상 낯설지 않은 뉴스다.

　　복지는 자립이 어려운 사회 약자를 보호하기 위한 국가와 사회의 책무이다. 이러한 복지의 성격상 복지 제도의 구상과 집행은 대체로 정부 기관에 의해 시행될 수밖에 없고 재원은 국민의 세금으로 충당된다. 사회 복지의 이름으로 납부한 세금의 상당 부분이 정부의 비효율적인 정책 집행으로 새어 나가 버린다면 어느 국민도 납득할 수 없다. 지금 우리가 납부하고 있는 복지 정책의 비용이 복지를 위한 비용이 아니라 정책 집행을 위한 행정 비용으로 낭비되고 있다는 점을 간과해서는 안 된다.

　　민주주의가 겪어야 되는 필연적 비용도 있다. 선거에 의해 운영되는 민주주의의 원리상 선거 승리를 위해 많은 자금과 인력이 동원된다. 이 때문에 선거 후 도움을 준 사람들에게 각종 명목으로 혜택을 주기도 한다. 정부 지원금 중 상당 부분이 그렇게 사용되는 것을 우리는 직간접적으로 접해 알고 있다. 주요 관변 단체에 임명되는 캠코더(문재인캠프·코드·더불어민주당) 인사도 이와 같은 경우일 것이다.

　　물론 잘못된 관행이고 뿌리 뽑아야 하는 대상이지만 우리나라와 같은 승자 독식의 정치 구조와 인맥 동원식 선거 문화가 계속되는 한 잘못된 관행에 기인한 예산 낭비를 막아 내기는 어려울 것이다.

　　복지 정책 혁신을 위한 과정은 힘들고 까다롭다. 지금까지 제공되던 혜택이 줄어들 가능성이 있고 당연한 것처럼 받아들이던 여러 정책들이 사라질 수도 있다. 이 와중에 이익 집단의 반발에 부딪혀 개혁의 동력을 잃을 수도 있다. 준비된 미래 사회로 나아가고자 하는 의지와 선의만으로는 목표 달성이 어렵다. 일관되고 진정성 있는 설득과 투명하고 바른 신념이 동반되어야 비로소 가능하다.

누차 강조하지만, 국민이 동의하고, 이익 집단이 양보하며, 정부가 투명하고 신뢰할 수 있는 정책을 만들어 갈 때 4차 산업혁명 시대에 필요한 복지 정책의 혁신이 가능해질 것이다.

복지 정책의 4대 원칙

4차 산업혁명 시대에 맞는 복지 정책을 만들기 위해 몇 가지 원칙을 제안하고자 한다. 2016년에 저술했던 《왜 지금 공존과 상생인가?》에도 소개한 바 있지만, 복지 정책에 대한 사회적 관심과 환기를 위해 다시 한 번 이야기하고자 한다.

이 네 가지 원칙은 정권이 바뀔 때마다 변하는 정책의 단절을 막고, 분명한 지원 대상을 선별해 복지의 취지를 살리며, 복지 서비스 이용자의 자립 의식을 고취해 복지의 효과를 높여, 정부와 민간이 함께 만들어 가는 공감의 복지를 골자로 한다.

첫째, 세금을 거둘 수 있는 정도에 맞추어 복지를 점차 확대해 간다는 큰 틀의 원칙하에 30년 정도의 기간 동안 시행될 복지 로드맵을 세워야 한다. 복지 선진국인 북유럽 국가들의 국민 부담률이 45퍼센트인데 반해 우리는 25퍼센트 수준이다. 이들 국가들의 복지 수준은 우리보다 높아 취약 계층은 물론이고 중산층까지 포괄하고 있다. 만약 이들 국가들의 수준까지 복지를 원한다면 향후 30년 동안 국민 부담률을 45퍼센트까지 꾸준히 끌어올려야 한다.

우리나라 조세 부담률은 2016년 기준으로 19.4퍼센트이고, 국민 부담률은 26.2퍼센트다. OECD 회원국 평균 조세 부담률(25.1퍼센트) 및 국민 부담률(34.3퍼센트)에 비해 낮은 수준이다. 국민 부담률이 미국(26.0퍼센트)보다는 높고, 프랑스(45.3퍼센트)와 스웨덴(44.1퍼센트)보다는 낮다. OECD 평균인 34.3퍼센트와 8퍼센트포인

조세 부담률 및 국민 부담률 국제 비교(2016년 기준)

구분	한국	미국	스웨덴	프랑스	독일	이탈리아	영국	OECD 평균
조세 부담률 (%)	19.4	19.8	34.1	28.5	23.4	29.9	26.9	25.1
국민 부담률 (%)	26.2	26.0	44.1	45.3	37.6	42.9	33.2	34.3

출처 : OECD Revenue Statistics(2017년판)

트 정도 차이가 나지만 세계에서 가장 빠른 복지 지출 증가 속도를 보이고 있는 대한민국의 조세와 사회 보험료 증가는 피할 수 없다.

현실적으로 우리나라가 도달할 수 있는 최고점은 독일 수준이고, 프랑스나 스웨덴 같은 수준으로 가기는 힘들어 보인다. 프랑스의 경우 재정 적자가 독일보다 훨씬 크다. 독일은 재정을 안정적으로 운용하면서 상당한 수준의 복지를 유지하는 나라이다. 우리

나라는 교육비와 주택에 과도한 부담이 주어지기 때문에 이를 해결하지 않고 국민 부담을 올리기는 쉽지 않다. 더구나 현재 전 국민의 48퍼센트가량이 근로 소득세를 전혀 부담하지 않는 상황에서 국민 부담률을 올리기는 더더욱 어렵다.

　복지 확대를 위한 국민 부담률 증가가 필요하지만, 2018년 9월 국민연금 개혁안에 대한 민주노총의 보험료율 인상 반대 발표에서 나타났듯이 국민들의 조세 저항도 만만치 않다. 문제의 해결은 국민적 공감대 형성과 정치 세력의 대타협으로만 가능하다.

　증세는 모든 국민들이 가장 꺼리는 말 중에 하나다. 그렇기 때문에 복지 수준에 대한 국민적 동의와 합의가 우선시되어야 한다. 선거철마다 반짝 등장하는 선심성 복지 정책이야말로 복지의 근간을 흔드는 나라 곳간을 좀먹는 망국의 벌레다. '고부담 고복지'로 갈 것인지 '중부담 중복지'로 갈 것인지에 대한 국민적 합의와 공감대를 만들어 내는 것이 복지 정책의 시작이다.

　둘째, 취약 계층부터 돌보는 복지 정책이 되어야 한다. 다른 모든 예산도 마찬가지겠지만 특히 복지 재원은 한정된 재원을 사회 약자를 위해 우선적으로 사용하기 위한 재원이다. 따라서 누구에게 어떤 식으로 사용할지를 결정하는 것이 무엇보다 중요하다. 당연히 취약 계층에 대한 지원이 우선이 되어야 한다.

　무상 급식의 경우를 돌아보자. 나는 무상 급식이 이런 복지의 기본 원칙을 지킨 것이라고 생각하지 않는다. 무상 급식의 시작은 표면상 소득에 관계없이 똑같은 액수를 나누어 주어야 아이들이 받는 '낙인감'을 줄일 수 있다는 명목으로 시작되었다. 하지만 실제로는 포퓰리즘적 무상 복지의 시작이었다. 그리고 무상 복지가 이제는 마치 우리가 지향해야 하는 보편적 복지의 정신인 것처럼 당연시되고 있다. 무상 복지라는 달콤한 사탕을 손에 쥔 위정자들에 의해 오랜 기간 왜곡되고 선동되는 바람에 복지 정책의 기본 원칙뿐만 아니라 보편적 복지라는 용어조차 오염되어 버렸다.

나는 서울시장 재직 시절에 똑같은 액수를 나누는 식의 복지는 취약 계층에 대한 지원을 감소시켜 오히려 불평등을 야기한다는 주장을 펼쳤다. 그러나 정치인들의 '나쁜 투표'라는 선동에 의해 마치 무상 급식이라는 보편적 복지의 정신 자체를 반대하는 것처럼 덧씌워져 버렸다. 모든 사람들에게 똑같이 나누면 취약 계층에게 돌아가는 복지 혜택이 줄어드는 것은 당연하다. 이것이 그들이 말하는 평등이고 정의인지 다시 한 번 묻지 않을 수 없다.

셋째, 근로 의욕을 저하하는 현금 복지를 최소화해야 한다. 대신 복지 재원을 사회 복지 서비스 분야에 투자해 일자리를 만들어 내야 한다.

과거 서울시와 성남시에서 추진한 청년 수당은 재정 자립도가 낮은 지방의 청년들에게 상대적 박탈감과 불이익을 안겨 주기도 했다. 현재의 모습도 크게 다르지 않다. 국회 예산정책처의 자료에 따르면 2013년도에 11.6조 원이던 현금 복지는 2018년 21.7조

원으로 증가했다. 2019년에 추가로 인상되는 기초 연금과 청년 구직 활동 지원금을 고려하면 25.8조 원을 넘어설 것이라는 언론 보도도 있다.[76]

고소득층에게 주어지는 아동 수당도 확대됐다. 한국경제연구원이 EU 28개 회원국 자료를 분석한 결과에 따르면, 선별적 현물 지원액이 1퍼센트 증가하면 상대적 빈곤율이 0.5퍼센트 정도 감소하는 것으로 나타났다. 하지만 아동 수당과 청년 구직 촉진 수당 등 현금 급여액의 인상은 실제 빈곤율에는 영향이 없고 오히려 주관적 빈곤율만 증가시키는 결과를 초래할 수 있다고 밝히고 있다.[77] 그런데도 현금 복지는 계속 늘어 간다.

현금 복지가 불가피하다면 수급자가 최소한의 노력이라도 해야 하는 조건으로 지급해야 부작용과 낭비를 막을 수 있다. 일단 현금 복지가 시행되면 그 수준을 줄이는 것은 불가능하기 때문이다. 다만, 현재 영국 연방 국가들에서 시행되고 있는 개인 예산 제도는 장애인들의 개별적 욕구를 바탕으로 1년 정도의 서비스 비용을 전문가와 산정하여 현금을 지급하는 형태로 시행되고 있는데, 이는 서비스 제공의 경직성 경비를 줄이고 장애인 당사자들의 서비스 선택권과 통제권을 강화시키는 것으로 평가되기도 한다. 그러나 이 제도도 엄격한 선별 과정이 수반된다.

넷째, 복지 재원은 원칙적으로 정부가 책임지되 민간 차원의 협력도 함께해야 시너지를 만들 수 있다. 증세에 대한 국민적 거부감을 완화하고 복지의 점진적 확충을 위해 민간 기부를 유도해 그 간극을 줄여야 한다.

이른바 미국식 방법론인데, 미국의 기업가들과 수많은 국민들이 펼친 기부와 선행이 미국 사회의 성장을 견인해 왔음에는 이견이 없다. 우리나라 역시 기부에 대한 사회적 관심이 높아지고 실천도 조금씩 이루어지고 있기 때문에 충분한 가능성과 역량을 집결할 수 있을 것이다.

서울시장 재직 시절, 이러한 복지 원칙을 바탕으로 복지 정책을 추진했다. '희망 플러스 통장', '꿈나래 통장' 사업이 대표적 사례다. 경제적으로 취약한 계층을 대상으로 했지만 무조건적인 현금 지급이 아니라 서비스 이용 당사자의 자립 의지와 노력에 연동된 형태의 지원 방안이었다. 서울시 재정에 더해 민간의 자발적 참여를 통해 재원을 마련했고, 스스로 일어나려는 자립형 복지에 주안점을 두었다. 결과는 성공적이었다. 같은 내용의 복지 정책이 중앙 정부의 '희망 키움 통장' 사업으로 확장되어 전국적으로 시행되기도 했다.

일방적인 현금 복지와 왜곡된 보편 복지의 폐해를 극복하는 것이 복지 정책의 기본 원칙이 되어야 올바른 복지 정책이 만들어지고 정의로운 집행이 가능하다. 아울러 복지의 필요성에 대한 국민적 공감대와 어려운 사람이 먼저라는 이타심이 복지 정책의 근간이 되어야 포퓰리즘적 선동이 사라질 수 있을 것이다.

교육 혁명

미래형 인적 자원

대한민국 경제는 세계로부터 '한강의 기적'이라 불릴 만큼 눈부시게 성장해 왔다. 자원이 부족한 우리나라가 이렇게 빠른 경제 성장을 이룰 수 있었던 것은 추격형 fast follower 전략을 통해 기술을 개발하고 우수한 인적 자원을 적극적으로 양성했기 때문이다.

지난 30여 년간 전자, 조선, 자동차 산업이 우리나라 경제를 견인할 수 있었던 것은 1970년대 중화학 공업 육성 정책과 더불어 지방 국립대 특성화 정책 등 정부의 적극적인 지원과 투자로 관련 산업 분야에서 수천 명의 우수한 인재를 길러 낸 덕분이다. 하지만 다가오는 4차 산업혁명 시대에도 전자, 조선, 자동차 산업이 우리나라 경제를 계속해서 이끌어 갈 수 있을까?

20세기 말에 불어닥친 디지털 혁명은 21세기에 들어서면서 융합 혁명으로 빠르게 발전하고 있다. 과거에는 독자적인 기술 하나만 가지고 있어도 충분히 먹고살 수 있었지만, 이제는 다양한 기술들을 서로 융합하지 않으면 새로운 산업이나 고부가 가치를 창출하기 어려운 상황이 됐다.

2016년 다보스포럼에서 발표한 '미래 고용 보고서'는 로봇과 인공지능의 발달로 인해 앞으로 5년간 일반 사무직을 중심으로 제조·건설·예술·미디어 분야 등에서 전 세계 720만 개의 일자리가 사라지고 고용 시장의 양극화가 더욱 심각해질 것이라는 전망을 담고 있다.

반면 새로 생겨나는 일자리는 컴퓨터·수학·건축 분야 등 200만 개에 불과하며, 전 세계 7살 아이들의 65퍼센트가 현재는 존재하지 않는 새로운 직업을 가지게 될 것이라고 내다봤다. 우리의 미래 세대들은 현재에 존재하지 않는 일을 하고, 현재로서는 상상조차 하기 힘든 새로운 직업을 가지게 될 것이다.

따라서 4차 산업혁명 시대에 나타날 고용 시장의 변화를 준비하기 위해서는 다양한 가치의 융합을 통해 새로운 가치를 창조할 수 있는 창의적 인재를 양성하는 것이 중요하다. 이것은 국가 경제 발전의 사활이 걸린 문제다.

이미 미국을 비롯한 많은 나라가 창의적 인재 육성에 적극 나서고 있다. 우리나라 역시 창의적 인재를 육성하기 위한 교육 시스템의 구축이 절실하다는 것에 대해 교육계는 물론 사회 전반에 공감대가 확산되어 있다. 하지만 이런 공감대가 실질적 교육 개혁으로 이어지지 못하고 있는 것이 현실이다. 창의적 인재의 필요성은 모두 인정하면서도 교육 현장은 아직도 주입식 교육 방식, 획일화된 대학 교육 체제 등으로 산업 현장의 수요를 따라가지 못하는 인재 양성 시스템에 머물러 있다. 세계 최고의 인적 자원을 가지고 있으면서도 이를 국가 경제 발전의 자원으로 활용하지 못하고 있다.

그렇다면 창의적 인재는 어떻게 양성해야 할까? 창의적 인재를 양성하기 위해서는 지식 위주의 교육보다는 지식을 찾고 활용할 수 있는 역량 중심의 교육이 먼저 이뤄져야 한다. 그리고 창의성과 아이디어를 바탕으로 문제를 인식하고 스스로 문제를 해결하는 능력인 컴퓨팅적 사고 CT · Computational Thinking 능력을 키우는 교육 시스템을 하루빨리 구축해야 한다.

우리나라는 자원이 부족한 나라다. 우수한 인적 자원이야말로 가장 소중한 가치다. 지금까지 그 힘을 바탕으로 눈부신 성장을 해왔다. 4차 산업혁명 시대는 창의적 능력이 개인과 기업, 그리고 국가의 미래 경쟁력이 되는 시대다. 그렇기 때문에 우리나라의 미래를 준비하는 창의적 인재를 양성하기 위한 로드맵을 서둘러 세워야 한다.

창의 교육

앞으로의 사회는 한편으론 경쟁하면서도 다른 한편으로는 협업과 공생으로 승부할 수 있는 단계로 나가야 하고, 이를 실현시킬 수 있는 것은 교육밖에 없다. 이제 화이트칼라, 블루칼라로 구분되던 시대에서 4차 산업혁명의 디지털 전환에 적응해 새로운 것을 연구하고 개발하는 사람들의 시대인 뉴칼라의 시대로 돌입하게 된다.

뉴칼라의 시대에 걸맞은 창의적인 교육이 필요한 시점이다. IB 교육 과정은 인공지능이나 로봇이 할 수 없는 인간만의 윤리적 인성과 창의력을 길러 주는 교육 과정으로 International Baccalaureate의 약자이다. 3~19세 학생들에게 다양한 교육 프로그램을 제공하는 국제 교육 기관인 스위스의 IBO International Baccalaureate Organization에 의해 주관되는 국제 학력 인증 프로그램이다. 프로그램은 다양한 국적의 학생들을 하나로 묶어 주면서 동시에 3차원의 입체적 교육 방식을 통해 자주적 문제 해결 능력과 비판적 사고 능력을 고취시키는 데 중점을 두고 있다. 또한 창의적이며 도전적인 교육과 글로벌 시대의 인재로 성장할 수 있는 교육 방식을 채택해 현존하는 최고의 교육 프로그램으로 알려져 있다. 이런 IB 교육은 인공지능이나 로봇이 할 수 없는 인간만의 윤리적 인성과 창의력을 길러 주는 교육 과정으로 평가되면서 4차 산업혁명 시대에 적합한 교육의 하나로 주목받고 있다.

유럽의 많은 국가들은 이미 IB 교육을 시행하고 있다. 주입식 교육의 원조인 독일도 교육의 기본 정신을 경쟁이 아닌 협력에 두고 개인의 능력과 적성을 고려한 교육을 실시하고 있다. 획일적인 우열이 아닌 다양한 차이를 존중하고 지식 교육뿐만 아니라 정치 교육과 생태 교육에 이르기까지 교육의 범위를 다양화하고 있다.

유럽뿐만이 아니다. 미국에서도 미네르바 스쿨[78]의 교육 혁신이 주목받고 있다. 미네르바 스쿨은 특이하게도 캠퍼스가 없는 대신 매 학기마다 베를린, 런던, 부에노스아이레스 등 세계 7개 도시를 옮겨 다니며 공부한다. 영상 통화로 진행되는 온라인 강의, 소규모 참여형 수업, 융합 전공을 통한 혁신과 리더십 교육 등 폭넓은 사고력의 발달을 통해 4차 산업혁명에 대응할 수 있는 인재를 양성한다. 2017년에는 입학 경쟁률이 100대 1에 달해 하버드대학보다 들어가기 어려운 수준으로 성장했다.[79]

반면 단기간에 빠른 경제 성장이 국가의 목표였던 우리나라는 아직도 과거 독일의 주입식 교육에 머물러 있다. 능력주의와 성과주의로 대변되는 사회 시스템 속에서 경제 논리를 반영한 교육을 진행해 왔다. 그러나 우리와 같은 주입식 교육을 해왔던 일본도 이미 교육 개혁을 시작했다. 일본은 소위 신新메이지 유신을 하겠다며 교육 혁명에 착수했다. 일본은 이미 지난 1979년에 아시아 최초로 IB 공교육을 도입했다. 그리고 2013년부터 집중적인 IB 교육 과정 촉진을 위한 새로운 정책을 수립·보급해 왔다. 일본어로 된 IB 교육 과정이 시작되었으며 2018년까지 IB 인정 학교를 200개까지 확충한다는 계획도 밝혔다.[80]

전 세계적으로 이렇게 빠르고 획기적인 교육 혁신이 이뤄지고 있지만, 우리나라는 최근에서야 중앙이 아닌 지방 교육청들이 먼저 IB 교육을 도입하겠다는 의지를 밝히고 있다. 현재 제주, 대구, 충남 교육청에서 IB 교육 과정을 공교육에 도입하겠다고 나섰다. 단지 IB 교육의 도입을 잣대로 교육 개혁을 말하는 것이 아니다. 교육 개혁의 필요성에 대한 국가적 고민이 얼마나 진행되고 있는지에 대한 의문을 던지는 것이다. 4차 산업혁명이라는 혁명적 변화를 앞두고 새로운 시대를 선도할 인재상의 창출이 과연 현재의 교육으로 가능할 것인지에 대한 우려를 말하고자 한다.

잠시 우리나라 교육의 상황을 돌아보자. 우리나라는 GDP 대비 교육비 투자율이 5.9퍼센트로 4.5퍼센트인 일본과 4.3퍼센트인 독일보다도 높다. 순위로 보면 OECD 8위다. 대학 진학률은 어떤가. 그리스에 이어 세계 2위다. 이런 내용을 놓고 보면 우리나라 교육은 겉으로 보기에는 큰 문제가 없다. 그런데 한 단계만 더 들어가 보면 달라진다. 교육 시스템의 질적 측면을 들여다보면 우리의 교육 수준은 세계 75위권으로 추락한다. 우리나라보다 교육비 투자율이 낮은 일본과 독일도 교육 시스템의 질적 수준이 각각 37위와 13위로 우리보다 높다. 중국도 우리보다 30여 단계 위인 43위에 올라 있다.[81] 투입되는 자원과 노력의 양은 많지만 방향이 잘못되어 있다는 사실을 여실히 보여 준다.

많은 경고음이 나올 수밖에 없다. 지금 우리 사회는 여전히 산업화 시대의 모습을 그대로 이어받아 모든 것을 획일화된 점수로 줄 세우는 서열 중심의 피라미드 사회다. 치열한 입시 경쟁의 사회

이자 학벌로 인한 경제적 불평등이 팽배한 사회다. 비용을 최소화하고 이윤을 극대화하는 경제 논리를 교육에 적용해 왔던 지금까지의 모습이 과연 올바른 방향인가에 대해 의문이 든다.

다른 나라들은 이미 변했고 지금도 변하고 있다. 우리도 더 이상 늦출 수 없다. 풍선 효과만 발생시키는 땜질식 교육 정책과 수시로 바뀌는 교육 과정은 혼란만 가중시킬 뿐이다. 입시에 모든 신경을 곤두세우는 우리나라 형편상 입시 제도부터 창의적 인재를 찾는 방식으로 진화해야 교육 개혁 논의의 물꼬가 트일 터인데, 변화의 조짐조차 찾을 수 없다.

문재인 정부는 두 번째 교육부 장관이 취임했지만, 이에 대한 고민은 보이지 않는다. 첫 번째 교육부 장관은 수시 비중을 줄이고 정시 비중을 늘리는 정도의 변화, 교육 개혁의 본질과는 전혀 상관없는 변경만을 가지고도 직접 결정하지 못하고 하청에 재하청을 주면서 시간을 낭비하다가 퇴진했다. 현재의 교육부 장관 역시 이런 미래 지향적 고민에 대한 언급조차 찾기 힘들다. 혁신 성장을 경제 정책의 중요한 축으로 설정해 놓고도 대통령조차 이에 관심을 기울이지 않는다. 미래 교육 비전을 기준으로 교육 수장을 선택하지 않으니, 현 정권에서의 교육 개혁은 물론 미래의 혁신 성장 동력도 암울하기만 하다.

소프트웨어 교육

인공지능, 사물 인터넷, 로봇 등 하이 테크놀로지로 대표되는 4차 산업혁명 시대는 소프트웨어의 혁명이라 해도 과언이 아니다. 소프트웨어가 혁신과 성장, 가치 창출의 중심이 되고, 개인과 기업, 국가 경쟁력까지 좌우하고 있다. 세계 IT 기업 중 시가 총액 10대 기업을 보더라도 1990년대에는 소니, 히타치 등 하드웨어 중심 기업들이 주도했지만 현재는 애플, 구글, 마이크로소프트 등 소프트웨어 경쟁력을 보유한 기업이 강세를 보이고 있다.

　　소프트웨어는 그 자체로도 중요하지만 다른 제조업 및 서비스업에 적용되어 생산성을 향상시키고 부가 가치를 높이는 중요한 역할을 한다. 스마트폰 등 전자·통신 제품을 비롯해 자동차, 조선, 항공 등 전통 제조업 및 서비스업과 융합해 그 기능과 활용 범위가 급속하게 확대된다.

　　이렇게 소프트웨어의 비중이 늘어나면서 필연적으로 인력 수급의 문제가 발생하고 있다. 현재 우리나라에도 많은 소프트웨어 인력이 있다. 하지만 소프트웨어 전체 구조를 이해하며 기획하고 설계할 수 있는 능력을 가진 소프트웨어 전문 개발 인력(아키텍트급 인력)은 많이 부족하다.

　　소프트웨어 산업은 제조업과 달리 대규모 투자 대신 우수한 소수 인력의 창의적 아이디어를 바탕으로 발전한다. 때문에 소프트웨어 전문 개발 인력을 확보하는 것이 무엇보다 중요하다. 이미 미국, 이스라엘, 핀란드 등 선진국들은 소프트웨어 교육의 중요성을 인식하고, 소프트웨어 교육을 통해 4차 산업혁명 시대에 경쟁력을 갖춘 인재를 양성하기 위해 빠르게 움직이고 있다.

우리나라 역시 이러한 변화의 흐름에 맞춰 2014년 '소프트웨어 중심 사회 실현 전략'을 발표하는 등 미래 인재의 소프트웨어 역량 강화를 위해 노력하고 있다. 2018년부터 전국의 중학교와 고등학교를 시작으로 2019년에는 초등학교에서도 소프트웨어 교육이 의무화된다. 지금이라도 소프트웨어 교육의 중요성을 깨닫고 초등학교에서부터 소프트웨어 교육을 의무화한 것은 다행스러운 일이다. 하지만 아직 갈 길이 멀다. 초등학교 17시간, 중학교 34시간, 고등학교 68시간의 소프트웨어 교육 시간은 연간 270시간을 소프트웨어 교육에 집중 투자하고 있는 이스라엘 등과 같은 선진국에 비해 턱없이 부족한 실정이다.

이렇게 부족한 소프트웨어 교육 시간으로 우리 아이들에게 얼마나 많은 것을 가르칠 수 있을까? 소프트웨어 교육을 강화하여 미래 인재를 양성하겠다는 목적 달성은커녕 야심 차게 시작했던 소프트웨어 교육이 일회성 체험 교육에 그치지 않을까 우려스럽다.

또 다른 문제는 성공적인 소프트웨어 교육을 위해 우선적으로 필요한 전문성 있는 소프트웨어 교사 부족 등 인프라가 여실히 부족하다는 점이다. 소프트웨어 교육을 할 수 있는 우수한 전문 교사를 확보하는 문제는 단기간에 해결될 사안이 아니다. 다른 교과

목도 마찬가지이지만 소프트웨어는 계속해서 내용이 변화하고 진화하는 분야이기 때문에 해당 교사들이 제대로 소프트웨어를 이해하고 체계적인 교육을 받을 수 있도록 교육 인프라 구축에 더 많은 시간과 투자를 해야 한다.

4차 산업혁명 시대를 대비하기 위해서는 기업이든 국가든 논리적이고 창의력이 뛰어난 인재를 확보하는 것이 가장 중요하다. 그렇기 때문에 선진국들이 소프트웨어 교육을에 앞다투어 나서고 있는 것이다. 이제 소프트웨어 교육은 선택이 아니라 필수다.

산학 연계 교육

앞서 언급했듯 4차 산입혁명 시대에는 지식을 창출하고 기술 혁신을 주도할 전문 인력을 양성하는 것이 국가 경쟁력 강화의 전제 조건이다. 이러한 전문 인력은 주로 교육과 훈련을 통해 배출된다는 점에서 대학 교육은 아주 중요하다.

전통적으로 대학은 교육과 연구라는 기본적인 기능을 수행하며 발전해 왔지만, 시대적 요구가 변화하면서 대학의 역할도 다양하게 변화하고 있다. 4차 산업혁명 시대를 대비하기 위해 대학이 맡아야 할 역할은 혁신 생태계의 중심지가 되는 것이다. 다시 말해 대학은 기업에 필요한 인재와 기술을 제공하고, 기업은 대학에 축적된 경험을 전수하는, 대학과 기업이 서로 이득을 보는 방향으로 발전해 나가야 한다.

선진국들이 과거 산업혁명의 흐름 속에서 뒤처지지 않고 항상 앞서 나갔던 이유는 산업혁명에 필요한 새로운 인재를 끊임없이 양성하고 기술 변화를 선도하는 대학이 있었기 때문이다.

우리나라는 세계 최고의 대학 진학률 속에서 매년 수만 명의 공대 졸업생이 배출되고 있지만 정작 산업 현장에서는 경쟁력 있는 인재를 구하기 어렵다고 아우성이다. 대졸 신입 사원을 채용해도 많은 시간과 비용을 들여 처음부터 다시 교육을 진행하는 경우가 다반사다.

대학의 인력 양성과 산업 현장의 인력 수요 사이의 불균형을 완화하고 산업 현장에서 필요한 인재를 양성하기 위해서는 어떻게 해야 할까? 우선 대학에서 현장 밀착형 교육이 먼저 이뤄져야 한다. 기존의 이론 위주 전공 지식 전달에서 벗어나 기업의 업무를 이해할 수 있는 다양한 실험 실습 교육과 프로젝트 참여 등을 통해 산업 현장에서 요구하는 직무 역량을 키워 줄 수 있는 교육 프로그램을 개발해야 한다. 아울러 대학에서 창업과 기술 사업화가 활성화될 수 있도록 학생들의 창의력과 기업가 정신을 고취할 수 있는 교육 시스템을 개발하는 것도 방법이 될 수 있다.

현재 우리나라 대학은 일정 학점 이수 혹은 논문 제출이나 졸업 시험을 치러야만 졸업할 수 있다. 만약 이러한 대학 졸업 요건에 창업을 포함시켜 창업이 기존의 졸업 요건을 대체할 수 있다면 학생들에게 창업에 도전할 수 있는 더 많은 기회를 제공할 수 있을 것이다. 또한 기술 이전이나 기술 사업화와 같은 성과 자체가 논문이나 학위로 인정되면 지나치게 이론에만 몰두하는 대학의 연구 풍토를 바꿀 수 있지 않을까 생각한다.

대학이 획일화된 교육 체계에서 벗어나 개인별 특성에 따른 맞춤형 교육을 실천할 수 있다면, 또 자립적 문제 해결 능력이 있는 창의적 인재를 양성할 수 있다면 다가오는 4차 산업혁명도 충분히 감당해 낼 수 있을 것이다. 실리콘밸리처럼 우리나라 대학에서도 창의적이고 혁신적인 아이디어와 도전 정신으로 무장한 창업 벤처들이 나오기를 기대한다.

대학에서 산업 현장의 인력 수요를 정확히 파악하기 위해서는 산업 수요 중심 교육이 이루어져야 하는데 단순히 전공과목의 비중을 늘리기만 한다고 해결될 일은 아니다. 물론 기초가 되는 전공과목도 뒷받침이 되어야 하겠지만 무엇보다 산학 협력을 통한 내실 있는 실험·실습이 함께 이루어져야 비로소 전공과목의 비중을 늘린다는 의미가 살아날 수 있다. 하지만 이러한 교육을 담당할 만한 교수진을 갖추고 있지 못하다면 산업 수요 중심 교육은 이뤄지기 어렵다.

현재 우리나라 대부분의 대학은 대학별 특성이나 교육 여건과 무관하게 일률적으로 학위 위주로 교수를 채용하고 있다. 또한, 이공계 대학 교수의 대다수가 박사 학위를 취득하고 나서 연구 기관이나 산업체 근무 경험 없이 대학으로 직접 들어오는 구조다 보니 상당수 교수들의 산업 현장 경험이 부족한 상황이다. 결국 산업 수요 중심 교육의 필요성을 인정하더라도 실제로 그러한 교육이 이루어질 것으로 기대하기는 어렵다.

독일의 MIT라고 불리는 아헨공과대학교 Rheinisch Westfalische Technische Hochschule Aachen 는 실용 연구에 특화된 독일 명문 대학으로서 산학 협력 기반이 잘 구축되어 있는 대학 중 하나이다. 재직 교수 대부분이 산업체 출신으로 구성되어 학교 교육 과정과 실제 기업 간의 시각차를 좁히고 있다.

기계공학과 교수의 대부분이 유명 기업에서 근무를 했고, 이들 교수의 60퍼센트 이상은 현재 본인이 직접 경영하는 기업체를 보유하고 있다. 또한 교수들이 학교 내에 직접 기업 연구소를 설립하거나 기업의 연구 과제를 진행하기 때문에 학생들이 학위 과정 중에 자연스럽게 기업의 실제 연구 환경을 경험할 수 있다.

독일 아헨공과대학교처럼 산업 현장 경험이 풍부한 교수의 채용을 확대하고 대학 교수가 산업 현장과 긴밀한 관계를 지속하는 등 대학 교수의 현장성을 제고하는 것이 중요하다. 산업 현장 경험이 풍부한 인력이 대학 교육에 많이 참여해야지만 산업체에서의 경험과 실무 노하우가 대학에 그대로 전수되고, 자연스럽게 산학 연계 교육도 체계적으로 이뤄질 수 있을 것이다.

또한 대학과 기업 간의 인적 교류를 활발히 하여 대학과 기업 간의 격차를 줄여야 한다. 산학 협력 활동을 촉진하기 위해서는 일률적인 학술 논문 위주의 교수 평가 기준을 다양화하고, 대학 특성에 맞춰 산학 협동 실적의 비중을 높이는 등의 노력도 함께 기울여 나가야 한다.

독일 기업의 직업 재교육

4차 산업혁명 시대에는 고품질의 데이터를 분석, 관리, 운영할 수 있는 역량을 강화하는 교육이 요구된다. 또한, 새로운 R&D, 기술 개발, 새로운 제품과 상품의 개발을 위한 재교육이 요구된다. 4차 산업혁명에서 앞서가는 독일은 플랫폼 인더스트리 4.0을 개발하여, 연구 기관, 대기업, 중소기업, 노동조합 등의 협업을 통해서 주도적 성장을 이룩하고 있다. 또한, 기업이 여러 협력 기관과 사내 재교육 프로그램을 공동으로 개발하기도 한다.

한편, 현재 우리나라 경제의 고용을 대부분 책임지고 있는 중소기업이 4차 산업혁명에서 주역이 되어야 한다. 독일과 같은 세계적인 히든 챔피언 hidden champion이 우리나라에서도 많이 나올 수 있도록 기업 생태계를 조성하는 것이 중요하다. 개인의 신분 상승 사다리뿐만 아니라 기업도 중소 - 중견 - 대기업으로 이동할 수 있는 성장 사다리가 필요하다. 이를 위해서는 지금처럼 보조금 지원을 위주로 하는 칸막이식 지원 제도를 탈피하여 지역 클러스터, 산학 연계 프로그램, 벤처 스타트업의 재도전 활성화 기반을 구축하는 것이 중요하다. 이와 함께 인적 자본에 기초하여 성장을 도모하는 중소기업 정책으로, 중소기업의 직업 능력 개발 패러다임이 전환되어야 한다는 목소리가 높다.

인재 전쟁

전 세계는 우수한 인재를 확보하기 위해 총성 없는 전쟁을 하고 있다. 4차 산업혁명 시대의 변화를 이끌어 갈 이공계 고급 인력에 대한 수요는 커지고 있지만, 정작 이를 뒷받침할 박사급 이공계 고급 인력들의 상당수가 국내에서 자리를 잡지 못하고 매년 해외로 유출되는 등 인력 미스 매칭 문제가 심각하다.

스위스 국제경영개발원IMD 의 '2015 세계 인재 보고서'에 따르면 우리나라의 두뇌 유출 지수(고급 및 기술 인력의 국외 유출이 국가 경제 경쟁력에 미치는 영향 평가)는 61개국 중 18번째로 심각한 수준이다.

또한 과학기술정책연구원이 발표한 '2015년 이공계 인력의 국내외 유출입 수지와 실태' 보고서에 따르면 외국에서 취업을 해서 한국을 떠난 박사 학위의 이공계 기술 인력 수는 2003년 1만 2312명에서 2013년 1만 8360명으로 급증했다.

인력의 해외 유출은 규모도 문제지만 4차 산업혁명 시대를 이끌어 가야 할 기업, 대학, 공공 연구소의 고급 인력이 해외로 빠져나가는 바람에 국가의 성장 잠재력이 크게 위협받고 있다는 점이 더 큰 문제다.

그렇다면 우수한 이공계 고급 인력들이 한국을 떠나는 이유는 무엇일까? 생물학연구정보센터 BRIC의 최근 설문 조사에 따르면 '지나친 단기 실적주의와 연구 독립성 보장의 어려움'과 '국내 일자리 부족'이 가장 많은 비중을 차지하고 있다.

우리나라 정부 출연 연구 기관의 과제들은 10년 이상 장기 프로젝트보다는 당장 성과를 낼 수 있는 3~5년 단기 프로젝트가 대부분이다. 오랜 시간 끈기 있게 연구를 지원해 주는 분위기가 조성되어야 하는데, 1~2년 만에 성과 창출을 기대하는 풍토가 만연하다 보니 연구자 대부분이 보여 주기 위한 연구만 수행하고 있는 실정이다. 이런 단기 실적주의가 당연하다는 인식이 바뀌지 않는 한 자유롭게 연구하고자 하는 능력 있는 젊은 연구자들의 해외 유출을 막기는 힘들어 보인다.

또한 이공계 비정규직 연구자의 처우 개선도 시급한 문제이다. 잠재적 고급 두뇌인 신진 연구자들은 처음부터 정규직으로 들어가기 어렵기 때문에 대부분 비정규직으로 연구 활동을 시작하게 된다. 비정규직 연구자는 직업 안정성을 위협받고 연구 활동의 한계, 임금, 교육 훈련, 복지 제도 등에서도 정규직에 비해 많은 차별을 받는다. 이공계 고급 인력을 위한 일자리가 많고 대우가 훨씬 좋은 해외로 눈이 돌아가는 것은 어쩌면 당연한 일인지도 모른다. 결국 선진국에 비해 열악한 연구자의 처우와 고용 불안, 만족스럽지 못한 연구 환경 등이 복합적으로 작용해 해외에 머물러 있는 고급 인력의 수를 증가시키고 있다.

    이공계 고급 인력의 해외 유출은 연구 개발 능력을 저하시켜 기업과 국가의 경쟁력을 약화시킨다. 어쩌면 4차 산업혁명 시대의 미래 신성장 동력 산업을 해외 인력과 기술에 의존해야 하는 극단적인 상황까지 벌어질 가능성도 배제할 수 없다.

    4차 산업혁명 시대는 한 명의 인재가 1000명, 1만 명을 먹여 살리는 시대다. 해외에 있는 우수 인재를 영입하기 위해 언제까지 그들이 가지고 있는 애국심에 눈물로 호소할 것인가?

    고급 인력의 유출은 국가 차원에서 매우 중요한 사안이라는 것을 명심하고 연구의 독립성 보장, 안정적인 일자리 제공, 글로벌 수준의 처우 개선 등 이공계 고급 인력이 자긍심을 갖고 연구할 수 있는 토양을 만드는 것에서부터 출발해야 한다.

블록체인의 미래

신뢰의 기술

블록체인은 정보를 '블록'에 담아 '체인'으로 연결하는 데이터 저장 기술이다. 거래 기록을 중앙 서버에 보관하지 않고, 거래에 참여하는 이용자들의 서버에 분산 저장한다. 이런 개인 서버를 노드node라 부른다. 다수의 저장소에 같은 정보를 저장하기 때문에, 블록체인 시스템이 정보의 정합성整合性을 보장해 준다. 만약 하나의 노드에 저장된 정보가 다른 노드들과 다른 값을 갖게 되면, 시스템이 이 사실을 모든 노드들에게 공유한다. 이런 과정을 거쳐 정보의 해킹이나 위변조를 원천 차단할 수 있다. 그래서 블록체인을 신뢰의 기술이라고 부른다.

블록체인은 어떤 작업에 활용될 수 있을까? 기존에는 여러 기관이 공동으로 사용하는 데이터를 관리하기 위해 제3의 기관이 필요했고, 방대한 양의 데이터를 모아 별도의 데이터베이스를 구축했다. 각 기관은 데이터가 생성, 갱신될 때마다 중앙 기관에 데이터를 동기화해야 했고, 시스템 인프라를 관리하는 데 많은 시간과 비용을 투입해야 했다. 데이터의 정합성 검증을 위한 비용 지출도 적지 않았다.

그러나 블록체인을 적용하면 동일한 거래 장부를 모든 참여 기관이 분산 관리하면서, 변동 사항을 실시간으로 공유할 수 있어서 별도의 중앙 기관 없이도 거래 변화 이력을 확인할 수 있다. 블록체인 네트워크는 공유 원장을 통해 특정인이 임의로 블록 정보를 수정할 수 없고, 누구나 자격 조건만 갖추면 블록 정보를 열람할 수 있어 위변조 방지는 물론이고 원장의 원본성을 확보할 수 있다. 정보 처리와 관련된 시간과 비용, 위험은 줄이면서 신뢰와 가시성, 투명성을 향상시킬 수 있다.

블록체인이 바꾸는 세상

블록체인은 4차 산업혁명의 핵심 기술이다. 1차 산업혁명은 농업과 수공업 기반의 생산에서 증기 기관을 이용한 대량 생산 시대로의 전환을 의미한다. 증기 기관차와 증기선이 등장하면서 물자의 이동과 원거리 교역이 크게 늘었다. 개인이 자급자족하던 물건들이 혁신적인 교통수단을 통해 널리 유통되면서 거래 대상이 확대되고 거래 구조에도 변화가 일어났다.

2차 산업혁명 시기에는 석유와 전기의 출현으로 공장 자동화가 이루어졌고, 생산성의 폭발적인 향상이 일어났다. 제조 품목이 다양해졌고 자동차 같은 운송 수단이 대중화되었다. 이는 또 다시 개인이 거래할 수 있는 품목을 다양화했고, 거래 구조와 거래 주체에도 변화를 가져왔다.

    컴퓨터와 인터넷이 불러온 3차 산업혁명은 그동안 오프라인에서 이뤄지던 거래가 온라인, 즉 비대면으로 확장되는 변화를 낳았다. 역시 거래 구조와 대상, 주체의 변화를 일으켰다.

    앞선 세 차례의 산업혁명 과정에서 우리 삶에 일어난 변화를 되짚어 보자. 인간의 삶은 모두 '거래'라는 구조를 통해 물자와 서비스를 주고받는다. 상호 간의 신뢰를 바탕으로 이뤄지던 거래는 중간자가 나타나면서 하나의 사업 또는 산업으로 발전한다. 예컨대 국제 무역이 발전함에 따라 서로 대면하지 못하는 사람 사이에서 제공한 물품의 대가를 제대로 지급받기 위해, 물건의 품질을 보장받기 위해 보험이라는 산업이 나타난다. 서로 인정하는 품질 보증인이나 시스템이 등장해 중간자 역할을 맡는 것이다.

    만약 거래에 필요한 신뢰를 제공하는 기술을 모두가 자유자재로 활용할 수 있다면, 사람들 사이의 거래에, 정부와 국민 사이의 거래에 어떠한 변화가 일어날까? 거래의 구조와 대상, 주체의 변화와 다양화가 우리 삶에 어떤 변화를 가져올까? 그리고 지금까지 품질과 신뢰를 보증하는 역할을 담당했던 정부에게는 또 어떤 변화가 일어날까? 우리가 지금 블록체인에 주목해야 하는 이유다.

거래의 비용

1991년 노벨 경제학상을 수상한 로널드 코즈 Ronald H. Coase는 개인이 일대일로 거래할 때 드는 비용 transaction cost 보다 기업을 조직하고 유지하는 데 드는 비용이 더 낮기 때문에 기업이 본질적 가치를 가진다고 정의했다.

과거 물물 교환을 하던 시절보다 생산 기술, 교통수단, 인터넷 기술 등의 발전으로 거래 대상과 규모가 늘어났고, 거래하는 지역도 한 동네에서 다른 도시로, 나아가 국경을 넘어 세계 각지로 넓어짐에 따라 거래의 구조에는 점점 더 참여자가 많아졌다.
예를 들어 거래 당사자를 신뢰하기 위한 에이전트나 신용 평가 기관 등이 나타나고, 상품의 품질이나 가치를 보증하기 위한 다양한 수단, 대금 지급·결제의 안정성과 신뢰를 확보하기 위한 금융 기관 등 무수히 많은 중간자가 등장하면, 그에 따라 신뢰의 비용 trust cost 이 발생한다.

이 모든 중간자들은 결국, 거래 당사자 사이에서 혹시 일어날 수 있는 사고를 방지하기 위한 거래의 신뢰 비용으로 간주되었고, 이 거래 비용은 지속적으로 증가해 왔다.

그리하여 부동산을 매매하거나, 자동차를 구매하는 경우 아직까지 대면 채널로 다양한 보증 수단(신분증, 소유권 증명, 품질 인증 등)을 활용하고 실물의 상태를 직접 보고 거래한다. 또한 기업 간 거래의 경우 대부분 오프라인에서 이루어진다.

블록체인은 앞서 이야기한 거래의 구조와 비용을 혁신적으로 바꿔 놓을 수 있는 기술이다. 디지털 세상에서 손쉽게 신뢰를 만들어 냄으로써 이제까지 온라인으로 하지 못했던 많은 거래를 가능하게 할 것이다. 이로 인하여 기업의 본질인 거래 비용에 커다란 변화가 예상된다.

기업의 거래 방식 변화는 산업 전반에 혁신을 불러올 것이다. 이는 우리 사회 전체와 국가 운영의 방식에도 영향을 줄 것이다.

전자 정부의 미래

인구 270만 명의 두바이는 2020년까지 블록체인 기반의 정부 시스템을 구축하겠다는 전략을 발표했다. 모든 공공 문서를 블록체인으로 기록, 관리하는 서류 없는 paperless 정부, 현금 없는 사회를 비전으로 제시했다. 두바이 왕세자가 주도하는 스마트 두바이 사무소 Smart Dubai office는 블록체인을 정부 운영 시스템에 접목해, 비자 신청부터 세금 납부, 라이선스 갱신 등 모든 서류를 디지털로 전환하고 블록체인을 통해 안전하게 관리함으로써 연간 55억 달러(약 6조 1500억 원)의 예산을 절감할 계획이다.

또한 두바이 국제공항은 블록체인과 생체인식 기술을 활용해 3D 스캔으로 얼굴을 인식하고 디지털 여권과 대조해 출입국 심사를 대체하는 최첨단 서비스를 제공할 계획이다. 비즈니스와 관광 목적으로 두바이를 방문하는 여행객들의 여권 확인, 출입국 심사, 차량 렌탈 등 모든 서비스를 빠르고 간편하게 이용할 수 있도록 하고, '글로벌 신뢰 네트워크'를 통해 이 서비스를 유럽, 북미, 아시아 지역과 연계하겠다고 밝혔다. 두바이 세관과 무역 기업의 물품 수출입 추적, 선적 상태에 대한 실시간 정보 시스템을 구축하는 프로젝트도 추진 중이다.

이뿐이 아니다. 스마트폰 결제 앱 '두바이페이 DubaiPay'에 블록체인 기술을 접목해, 모든 거래에 블록체인 네트워크를 이용해 정부 효율성을 증대하겠다는 구상이다. 두바이페이 포털에는 27개의 정부 기관과 14개의 비정부 기관이 연결되어 있다. 두바이의 통신 사업자 두Du는 아랍 에미리트의 대표적 의료 기관인 NMC 헬스케어와 파트너십을 맺고 블록체인 기술을 활용한 '전자 건강 기록 electronic health record' 파일럿 프로젝트를 진행한다. 개인의 건강과 질병에 대한 기록 관리를 보다 안전하게 공유할 계획이다.

헬스케어, 부동산, 금융, 교통, 도시 계획, 스마트 에너지, 디지털 커머스, 관광 등 제반 산업에 블록체인을 적용하여 프로세스의 혁신을 일으키고 다양한 비즈니스 기회를 만들겠다는 두바이의 전략은 정부 운영의 효율화뿐 아니라 관련 기업에 새로운 성장 기회를 제공할 것으로 보인다.

두바이 사례에서 보듯 블록체인 기술은 각종 민원서류의 Paperless를 가능하게 한다. 민원서류 발급 요청자의 신원 확인과 발급 기관의 발급 인정, 중요 문서에 대한 공증과 발급 증명, 보안이 강화된 디지털 전송과 전송 확인, 문서 수신 확인 등 모든 절차가 블록체인 네트워크상에서 거래 이력을 남기고 공유된다.

모든 절차와 기록이 디지털화되어 소유권 이전 비용과 같이 거래에 들었던 각종 비용의 절감은 물론이고, 거래 투명성과 관리 효율이 높아질 뿐 아니라, 제반 거래 이력이 담보되어 사기 방지 및 자산 가치의 안정성 제고도 기대할 수 있다.

개인의 고유 식별 정보는 물론, 사물 인터넷 기술과 통신, 클라우드를 통해 주요 물리적 자산에 대한 식별과 추적 관리, 실시간 데이터 취합과 빅데이터 분석, 스마트 계약에 기반한 자동화 정보 처리, 블록체인 네트워크를 통한 안전한 데이터의 전송 등은 향후 자율 주행차의 운행과 스마트 홈에서 발생하는 각종 데이터의 처리와 보안에도 적용할 수 있다.

아날로그 문서의 온라인화와 이를 기반으로 하는 원스톱 행정 중심의 '전자 정부'는 블록체인 기술과의 접목을 통해, 부처 간 연계와 중단 없는 행정 처리, 나아가 의료, 교통, 에너지 등 기간산업뿐 아니라 민간의 금융, 거래, 유통, 물류, 서비스 등과 결합되어 우리의 생활을 더욱 편리하고 안전하게 만들어 줄 것이다.

정부의 블록체인 기반 마련과 공공사업에의 적용 추진은 국민의 편익 증진 외에도 우리 기업들의 블록체인 기술 활용 수준을 향상시키고 산업 경쟁력을 제고해, 종국에는 국가의 ICT 경쟁력 향상에 기여할 수 있을 것이다.

주

1　오세훈은 2013년 12월부터 2015년 1월까지 한국국제협력단 중장기 자문단에 지원해 중남미 페루의 수도 리마와 동아프리카 르완다의 수도 키갈리에 머물렀다. 각 나라의 수도 시청에 대한민국의 선진 행정 시스템을 전수하는 등 환경, 도시 행정, 법률 분야에 대해 자문했다. 동시에 우리가 지향해야 할 가치와 성장 동력을 차분히 고민하고 공부하는 시간을 보냈다.

2　8세기부터 15세기에 걸쳐 이슬람교도에게 점령당한 이베리아반도 지역을 탈환하기 위하여 일어난 기독교도의 국토 회복 운동을 뜻한다. 1143년에 포르투갈 왕국을, 1469년에는 에스파냐 왕국을 건설하고 1492년에 이슬람교도들의 마지막 보루였던 그라나다 왕국을 함락함으로써 종식되었다. 〈레콩키스타(Reconquista)〉,《표준국어대사전》.

3　성경 출애굽기 22장 25절.

4　김승욱,《제도의 힘》, 132쪽, 프리이코노믹스쿨, 2015.

5　글자를 읽고 정확히 해석할 수 있는 능력을 가진 사람의 비율을 뜻한다.

6　영국 국교회를 따르지 않은 신교도들에게 신앙의 자유를 보장하겠다는 목적으로 1689년 명예혁명 이후 제정된 법률이다.

7　자본주의 1.0은 아담 스미스의 '보이지 않는 손'을 믿는 고전적 시장주의를 말한다. 자본주의 2.0은 1930년대 세계 대공황 이후 정부 주도의 경제를 주창한 케인스학파의 수정 자본주의를 일컫는 것이다. 자본주의 3.0은 1970년대 석유 파동으로 인한 스태그플레이션 극복을 위해 '작은 정부, 큰 시장'을 내세운 신자유주의를 말한다. 자본주의 4.0은 세계 금융 위기와 더불어 장기 대불황 가능성으로 인한 시장 낙오자를 최소화하기 위해 따뜻한 시장과 공정한 정부가 필요하다는 것이다. 자본주의 5.0은 동반 성장, 공유 가치 창출, 이타적 자율 경영 등 공생 사회와 지속 가능한 발전을 중시한다.

8　기업이 주주와 노동자, 소비자 등 기업과 이해관계가 있는 당사자들의 의견과 기업에 대한 평가를 기업 경영의 의사 결정 과정에 적극 반영하여, 기업에 대한 긍정적인 이미지와 평판을 만들어 내고 확산시키는 활동을 말한다.

미주

9 기업이 수익 창출 이후에 사회 공헌 활동을 하는 것이 아니라 기업 활동 자체가 사회적 가치를 창출하면서 동시에 경제적 수익을 추구할 수 있는 방향으로 이루어지는 행위를 뜻한다.

10 이대우, 〈새로운 전략 공간으로 부상한 인도 - 태평양 지역〉, 《정세와 정책》, 2017. 12.

11 정의길, 〈북한 관련 목소리 높이는 푸틴, 한반도로 돌아오는 러시아〉, 《한겨레》, 2017. 9. 6.

12 이진수, 〈[데스크칼럼]아베의 야욕은 북핵을 먹고 큰다〉, 《아시아경제》, 2017. 9. 13.

13 이창위, 《북핵 앞에 선 우리의 선택》, 궁리, 2019.

14 홍영림, 〈2030세대 92% "北 핵 포기 안 한다"〉, 《조선일보》, 2018. 5. 21.

15 전승훈, 〈유럽까지 셰일 가스 혁명 … 에너지 독립 부푼 꿈〉, 《동아일보》, 2013. 7. 25.

16 혼자 밥을 먹는다는 의미의 신조어. MBC 다큐멘터리의 제목〈지금 혼밥 하십니까?〉으로도 등장했다.

17 김재천, 〈[시론] 北核 협상, 이대로 가면 우리는 중국 세력권에 편입된다〉, 《조선일보》, 2018. 8. 1.

18 정효식, 〈"北, 제네바 합의 서명하자마자 핵 능력 개발 착수했다"〉, 《중앙일보》, 2018. 5. 17.

19 이창위, 《북핵 앞에 선 우리의 선택》, 궁리, 2019.

20 김명성, 〈RFA "北 '빛나는 조국' 공연한 5~6세 아이들, 관절염·방광염에 고통"〉, 《조선일보》, 2018. 12. 1.

21 〈DEMOCRATIC PEOPLE'S REPUBLIC OF KOREA 2015 HUMAN RIGHTS REPORT〉, US Department of State, 2018.

22 《김정은 집권 5년 실정 백서》, 국가안보전략연구원, 2016.

23 조지 부시 행정부 1기 때 수립된 북핵 해결의 원칙으로, 완전하고 검증 가능하며 불가역적인(혹은 돌이킬 수 없는) 핵 폐기를 의미한다.

24 김재천, 〈[한반도포커스 – 김재천] 최대 압박, 비핵화 협상의 바트나〉, 《국민일보》, 2018. 3. 26.

25 이영종, 〈[평양 Insight] 돈줄 마른 북한 사회 '고난의 행군' 또 시작〉, 《시사저널》, 2018. 2. 28.

26 정성윤, 〈북한의 6차 핵 실험. 1. 평가와 정세 전망〉, 통일연구원, 2017.

27 이창위, 《북핵 앞에 선 우리의 선택》, 궁리, 2019.

28 양승식·윤희훈, 〈[격동의 한반도 – 전문가 진단 2부②] 신각수 "김정은의 진심은 가을 되면 알 수 있다"〉, 《조선일보》, 2018. 6. 22.

29 이창위, 《북핵 앞에 선 우리의 선택》, 궁리, 2019.

30 Charles D. Ferguson, 〈How South Korea Could Acquire and Deploy Nuclear Weapons〉, 2015.

31 김철환, 〈전력화 진력 … 2020년대 중반 '한국형 3축 체계' 완성〉, 《국방일보》, 2016. 12. 30.

32 조준형, 〈美전문가 "남북 군사 긴장 완화 과정서 韓美 사전 조율 긴밀해야"〉, 《연합뉴스》, 2018. 10. 28.

미주

33 김복순, 〈65세 이상 노인 인구의 고용 구조 및 소득〉, 《노동리뷰》, 2014. 10.

34 Pensions at a Glance 2013, OECD and G20 Indicators, Korea, OECD.

35 자립할 나이가 되었는데도 부모에게 경제적으로 기대어 사는 젊은이들을 일컫는 신조어. 〈캥거루족〉, 《한경 경제용어사전 - 네이버 지식백과》.

36 이상호, 〈한국의 지방 소멸 2018 - 2013~2018년까지의 추이와 비수도권 인구 이동을 중심으로〉, 한국고용정보원, 2018.

37 김유경, 〈[유럽의 저출산 대책은] 워라밸 이뤄주고 출산·육아 돈 걱정 없게〉, 《이코노미스트》, 2018. 7. 23.

38 정종훈·이에스더, 〈북유럽·프랑스 등 혼외 출산 많은 선진국, 출산율도 높다〉, 《중앙일보》, 2018. 3. 30.

39 김진일·박경훈, 〈인구 구조 고령화의 영향과 정책 과제, 제2장 고령화에 대응한 인구 대책: OECD 사례를 중심으로〉, 한국은행, 2017. 9.

40 〈OECD 회원국의 노동 시장 지표 비교 연구〉, 한국고용노사관계학회, 2013. 12.

41 박경훈, 〈논고 - 고령화의 원인과 특징〉, 《조사통계월보》, 2017. 6.

42 일본 최초의 국가적 저출산 대책이다. 보육 지원에 중점을 두고 보육 서비스 확충과 보육 시설 기반 정비를 우선 사업으로 추진했다. 신윤정, 〈일본의 "새로운 저출산 정책 현황" 및 시사점〉, 2009.

43 일본의 제2기 저출산 대책이다. 기존의 보육 지원 중심 정책에서 벗어나 보육 상담, 모자 보건, 교육, 주택 등 자녀 양육을 위한 보다 포괄적인 분야로 정책 범위를 확대했다. 일·가정 양립을 위한 직장 문화 조성을 정책에 포함했다. 신윤정, 〈일본의 "새로운 저출산 정책 현황" 및 시사점〉, 2009.

44 일본의 제3기 저출산 대책이다. 엔젤플랜과 신엔젤플랜의 범위를 확대해 젊은이의 자립과 일과 노동에 관한 의식 개혁까지 포함했다. 신윤정, 〈일본의 "새로운 저출산 정책 현황" 및 시사점〉, 2009.

45 25세~34세 남성의 비정규직 고용 비율은 2002년 9.2퍼센트에서 2015년 16.6퍼센트까지 상승했다.

46 여성이 직장 생활에서 최대한의 능력을 발휘할 수 있는 환경을 조성하기 위한 정부, 지자체, 기업의 책무를 규정한 10년 제한의 한시법으로 2015년 9월 공포됐다.

47 황남희, 〈한중일 고령 친화 산업의 정책현황과 시사점〉, 한국보건사회연구원, 2016. 3.

48 김인유·강영훈·류수현, 〈과천, 미니 신도시에 반대 여론…의왕시는 환영〉, 《매일경제》, 2018. 9. 6.

49 신상호, 〈박원순 취임 후 공공주택 급감… 오세훈보다 못했다〉, 《오마이뉴스》, 2018. 10. 22.

50 선한결, 〈강화된 안전 진단…준공 41년 '여의도 광장 1·2동' 재건축 첫 탈락〉, 《한국경제》, 2018. 6. 21.

51 김동빈, 〈민주 "재건축 완화, 부동산에 기름 붓는 격" 한국당 대책 비판〉, 《노컷뉴스》, 2018. 9. 13.

52 정순구, 〈[뒷북경제] 부동산 투기와의 전쟁… 이번에는 해결할 수 있을까?〉, 《서울경제》, 2018. 9. 23.

53 황예랑, 〈국민연금 보험료율, 20년 만에 '10퍼센트의 벽' 넘어서나〉, 《한겨레》, 2018. 8. 17.

54 홍미현, 〈최대집 회장 "문재인 케어는 반드시 실패할 것"〉, 《의사신문》, 2019. 7. 4.

55 디지털 기술을 사회 전반에 적용하여 전통적인 사회 구조를 혁신시키는 것. 일반적으로

미주

기업에서 사물 인터넷, 클라우드 컴퓨팅, 인공지능, 빅데이터 솔루션 등 정보통신기술(ICT)을 플랫폼으로 구축·활용하여 기존 전통적인 운영 방식과 서비스 등을 혁신하는 것을 의미한다. 〈디지털 전환〉, 《IT용어사전 - 네이버 지식백과》.

56 방승배, 〈경제학자들 "장하성 실장이 통계 왜곡 정점에 있다"〉, 《문화일보》, 2018. 8. 30.

57 주상영, 〈"소득 불평등 지표 변동 원인에 대한 거시적 분석"〉, 《노동리뷰》 2018. 8.

58 이경, 〈앵거스 디턴의 불평등 언급과 한국 현실〉, 《한겨레》, 2016. 10. 5.

59 미래와경영연구소, 《NEW 경제용어 사전》, 미래와경영연구소, 2016.

60 손을춘, 《4차 산업혁명은 일자리를 어떻게 바꾸는가》, 을유문화사, 2018.

61 정식 명칭은 'The Locomotives on Highways Act'로 약칭 Locomotive Act로 잘 알려져 있다.

62 조한대, 〈'드론 군대'까지 만든 한국 … 돈은 중국이 쓸어 담는다〉, 《중앙일보》, 2018. 9. 29.

63 김동영, 〈[4차 산업혁명 이야기] 인공지능이 환자 진단하고 효과적 치료법도 제시해요〉, 《한국경제》, 2018. 8. 20.

64 한 공동체의 지배적인 권력 관계는 정치적, 경제적 자원의 불평등한 분배를 통해서 뿐만 아니라, 여러 가지 형태의 상징적 자원의 불평등한 분배를 통해 정당화되고 재생산된다. 상징적 자원의 핵심적인 부분을 문화적 자본이라고 부른다. 즉 인간의 문화적 행위가 한 사회의 위계적 질서를 유지하고 보존하는 권력의 기제가 된다는 것이다. 김평수, 《문화 산업의 기초 이론》, 커뮤니케이션북스, 2014.

65 미국의 언론인이자 사회 비평가인 얼 쇼리스는 가난한 사람들은 왜 가난한지에 대한 이유와 원인을 찾고자 교도소를 다니면서 재소자들의 인터뷰를 진행하게 된다. "당신은

왜 이렇게 되었나?"라는 얼 쇼리스의 질문에 대해 신기하게도 재소자들은 표현은 다르지만 같은 내용의 답변을 내놓는다. 재소자들의 대답들을 관통하는 주요 내용은 그들 스스로 문화적 경험과 인식이 없어 인생이나 사회에 대한 생각이 부족했고 그런 점이 현재의 실패를 가져왔다는 것이다. 바로 문화 자본의 개념이다. 문화 자본론에 대해 교육받지는 못했지만 그러한 개념에 대해 재소자들 스스로 느끼고 있다는 사실을 확인한 것이다. 여기서 얼 쇼리스는 재소자들의 인생을 바꾸기 위해서는 문화 자본으로 불리는 인문학적·문화적 소양을 심어 줘야 된다고 판단하고 이를 지원하는 클레멘트 코스를 만들게 된다. 〈얼 쇼리스〉, 《해외저자사전 - 네이버 지식백과》.

66 안승갑, 《거리의 남자, 인문학을 만나다》, 따뜻한손, 2009.

67 박현영, 〈[노트북을 열며] 마크롱의 노동 개혁, 문재인의 일자리 정책〉, 《중앙일보》, 2018. 5. 24.

68 장일현, 〈[동서남북] 같이 출발한 文대통령과 마크롱의 중간 성적표〉, 《조선일보》, 2019. 8. 23.

69 빠른 시대 변화에 대응하기 위해 비정규 프리랜서 근로 형태가 확산되는 경제 현상을 뜻한다. 1920년대 미국에서 재즈 공연의 인기가 높아지자 즉흥적으로 단기적인 공연팀(gig)들이 생겨난 데서 유래한 말이다. 〈긱 이코노미〉, 《매일경제 용어사전 - 네이버 지식백과》.

70 〈긱 이코노미(Gig Economy)의 이해와 향후 전망〉, KB 금융지주 경영연구소, 2016. 8. 1.

71 한국농촌경제연구원, 《농업·농촌 70년》, 한국농촌경제연구원, 2015.

72 서동철·최승진·장영석, 〈노동 개혁 막는 고임금 민노총 '4대 축'〉, 《매일경제》, 2015. 12. 14.

73 이종현, 〈[핀란드 기본 소득 실험 사실상 실패] 2000명에게 매달 74만 원 지급 추가 연장 없이 종료키로〉, 《이코노미조선》, 2018. 4. 30.

74 박기용·송호진·김남일, 〈'보편적 아동 수당 포기' 실익 크지 않아〉, 《한겨레》, 2018. 1. 15.

75 높은 사회적 신분에 상응하는 도덕적 의무를 뜻한다. 〈노블레스 오블리주〉, 《두산백과 – 네이버 지식백과》

76 빈난새·김영필, 〈[세금 제대로 쓰자]21조 넘은 '현금 복지'…배분은 주먹구구〉, 《서울경제》, 2018. 9. 10.

77 이진영, 〈'복지 지출이 빈곤에 미치는 영향 분석: 유럽연합(EU)국을 중심으로'〉, 《한국경제연구원》, 2017. 11.

78 2014년 '아직 존재하지 않는 직업'에도 가장 어울리는 인재를 만들겠다는 포부와 기존 대학 교육 체계에 대한 회의감에서 시작된 미네르바 스쿨은 특정 전공에 대한 지식을 익히는 것을 강조하지 않고 15분 내외의 짧은 강의를 수업 전에 미리 듣고 수업에서는 자신의 의견을 개진하고 의문점을 던지는 데 중점을 둔다. 모든 수업에서 개별 학생의 참여도가 전체 수업의 최소 75퍼센트에서 80퍼센트 이상을 채울 수 있도록 만든다. 지식 자체보다 지식을 다양한 전공과 상황에 적용할 수 있는 '지혜'와 '능동적 학습(Active Learning)'을 기르기 위한 교육에 중점을 둔다. 윤은지, 〈세계 대학교육의 도전적 미래 '미네르바스쿨'〉, 《베리타스알파》, 2018. 4. 9.

79 주진우, 〈[강원포럼]100대1의 경쟁 '미네르바 스쿨'〉, 《강원일보》, 2018. 8. 2.

80 정영근, 《2018 일본 정부의 교육 정책과 한국 교육에 주는 시사점 : IB(International Baccalaureate) 교육 과정을 중심으로》, 한국교육개발원, 2018.

81 〈'한국, 텔런트 워(Talent War: 인재 전쟁) 준비되었나? 4차 산업혁명 시대의 인재 육성 보고서'〉, 현대경제연구원, 2017. 4.

미래 : 미래를 보는 세 개의 창

발행일 : 제1판 제1쇄 2019년 1월 28일 제2판 제1쇄 2019년 10월 3일
지은이 : 오세훈
발행인 : 이연대
편집 : 허설
디자인 : 이주미, 김용덕
펴낸곳 : 다이얼 _ 서울시 종로구 사직로 67 2층
전화 : 02 396 6266 팩스 : 070 8627 6266
출판등록 : 2017년 8월 14일 제 2017 000110호
ISBN : 979 11 89864 00 2

이 책 내용의 전부 또는 일부를 재사용하려면
반드시 저작권자와 다이얼 양측의 동의를 받아야 합니다.
책값은 뒤표지에 표시되어 있습니다.